贈与論

資本主義を
突き抜ける
ための
哲学

Iwano Takuji
岩野卓司

青土社

贈与論　目次

序章　贈与のアクチュアリティ　7
贈与の慣習／無意識のうちに僕らを縛る贈与／贈与への期待

第1章　贈与にはお返しを！――マルセル・モース（I）　19
モースの研究／ハウ／ポトラッチ

第2章　理想と危険――マルセル・モース（II）　31
経済的動物／平和／社会保障／贈与の危険性

第3章　ワインとインセスト――クロード・レヴィ＝ストロース（I）　43
ワインの贈与／インセスト・タブー／最高の贈り物としての女性

第4章　クリスマスとハロウィン――クロード・レヴィ＝ストロース（II）　55
サンタクロースの処刑／クリスマスとハロウィン／異界との交流

第5章　贈与のスカトロジー――ジョルジュ・バタイユ（I）　69
糞尿文学／異質学／消費／贈与とウンコ

第6章　太陽による贈与――ジョルジュ・バタイユ（Ⅱ）　83
太陽による贈与／過剰エネルギーの行方／第三次世界大戦の危機とマーシャル・プラン／自己意識と贈与の世界観

第7章　愛の狂気――シモーヌ・ヴェイユ　103
バタイユとヴェイユ／『人間の条件』／愛の狂気／捨てること／純粋な自己贈与

第8章　贈与は贈与でない!?――ジャック・デリダ（Ⅰ）　129
写真と現前／脱構築／贈与は贈与でない!?／時間を与える

第9章　死の贈与――ジャック・デリダ（Ⅱ）　157
死の贈与／イサクの奉献／オノノカセル秘儀／沈黙の言語／犠牲のエコノミー／あれかこれか／われら犯罪者……

第10章　贈与を哲学すると?――ジャン゠リュック・マリオン（Ⅰ）　187
ハイデッガーの衝撃／現象学と還元／「還元と同じくらい、与えがある」／受与者

第11章　贈与としての愛――ジャン゠リュック・マリオン（Ⅱ）　217
愛と哲学／確実さを疑うこと／エロス的還元／〈求める愛〉の限界／〈与える愛〉／神への愛と神の愛／愛と憎しみ

終章　結論にかえて　247
人間中心主義／互酬性／動物から人間への贈与／動物のあいだの贈与／返礼なき贈与／贈与の未来

補章　『借りの哲学』補完計画　277
はじめに／純粋贈与と贈与の出来事／補完その一　システムを可能にするもの／補完その二　応答／補完その三　贈与のスカトロジー／おわりに

注　297
あとがき　321
初出一覧　324
参考文献　326
人名索引　i

贈与論　資本主義を突き抜けるための哲学

序章

贈与のアクチュアリティ

社会が発展してきたのは、社会自身、社会に属する下位集団、社会を構成する個々人が、社会の諸々の関係を安定させるすべを心得ていたからである。つまり、贈与し、受け取り、返礼するすべを知っていたのだ。

マルセル・モース『贈与論』

贈与は損失と考えなければならない。したがって部分的な破壊と考えなければならない。というのも、破壊したいという欲望を、部分的に受取人に振り向けるからである。

ジョルジュ・バタイユ「消費の観念」

贈与とは何か？

こういう問いを立ててみたとき気づくことは、贈与という言葉がいかに僕らの日常からかけ離れているのかという事実である。何かプレゼントを贈るときに、僕は君に贈与するなんて言うことはまずない。文法的には不可能ではないが、なんだか大げさであり滑稽だ。日本語に不慣れな外国人が単語をつなぎ合わせてできた文という感じでもある。恥をさらけだすようで恐縮だが、僕もフランス語で作文をしていて、文法的には正しいがとてもいびつな文を書いてフランス人に笑われた経験がある。特殊な立場や状況におかれない限り、贈与という言葉は、それくらい日常会話で用いられる機会は少ない。多くの人が贈与というこの言葉におめにかかるのは、まずは年間一一〇万円を超えて他人から贈与されたら、税金をとられるという、嬉しくもない贈与税のきまりだろう。それから、法律関係の文献である。民法第五四九条に曰く、「贈与は、当事者の一方が自己の財産を相手方に与える意思を表示し、相手方が受諾することによって、その効力を生じる」と。こんな条文はふだんは見向きもしないが、生活でややこしい問題が生じた場合に参照するような条文である。それともうひとつは、学術の世界である。モースの『贈与論』のような社会学や人類学の研究では、贈与という言葉が当たり前のように使われており、贈与研究というものもこれらの学問のなかの一つのジャンルを形成している。また現代哲学でも、ハイデッガー以来、贈与という言葉がよく使われており、贈与をめぐってアクチュアルな論争が繰り広げられている。

贈与とは、贈り物を与えることであり、極めて単純な意味の言葉である。英語では"gift"、フランス語では"don"という日常的に使われるシンプルな言葉である。だから、西欧の法律や学術研究がこの言葉を採用するとき、言葉が日常と繋がっているのである。『贈与論』だって、『贈り物について』とも訳すこともできる。こういうことを最初にことわっておくのは、贈与という言葉が厳めしい風貌をもつのにもかかわらず、この言葉が指す対象は僕らが日常的に慣れ親しんでいる出来事だということを、知っておいてもらいたいからである。贈与という言葉がとっつきにくかったら、贈ること、与えること、贈り物、プレゼントといった言葉で適宜おきかえてもらったら、贈与について論じることが、僕らの日常と切り離せないことがわかるだろう。贈与についての法律の議論も学問研究も一見すると抽象的にみえても、実は僕らの日常を前提にして行われているのだ。

贈与の慣習

それでは、贈与ということで僕らは何を思い浮かべるだろうか。

例えば、記念日におけるプレゼント。誕生日プレゼントやクリスマス・プレゼントはそのいい例だろう。欧米風の典型的なバースデー・パーティでは、誕生日を迎える者がケーキに刺された年の数だけ蝋燭を吹き消し、皆で歌を歌いながら祝福する。その後で待っているのは、祝福された者が驚きと喜びの表情でプレゼントを開けるという儀式である。そこでは、プレゼントはケーキとともに欠かせないアイテムだろう。クリスマス・イヴの晩には、イエス・キリストの生誕を祝して、プレゼントの交換をしたり、子供の枕元にサンタクロースからの贈り物として両親がプレゼントを置いたりする。ツリーやケーキと並んで、サンタクロースによるプレゼントはクリスマスの三種の神器のひとつとも言えるだろう。日本のようなキリスト教とは無関係な国でクリスマスが一大イベントになった理由はいろいろあげられるかもしれないが、そのひとつとしてプレゼントの贈与は重要な役割を果たしているのではないだろうか。キリスト教の聖バレンタインを祝福するバレンタインデーも同じである。この日は女性が男性にチョコレートをプレゼントするが、聖バレンタインが何をした人かを知っている日本人も少ないだろう。それから、どういうわけか男性がお返しをするホワイトデーまでできてしまった。チョコレート業者の商魂はたくましく、プレゼントの範囲は本命チョコから義理チョコまで拡大していったが、バレンタインデーもホワイトデーも戦後の日本で発展していった贈与の習慣であることは間違いない。このように記念日というのは、贈与にとって格好の舞台なのだ。

それから、お中元やお歳暮といった古くからの贈り物の習慣を思い浮かべることもできる。お中元は七月から八月にかけて、お歳暮は年の暮れに世話になった人への感謝を込めて贈り物をする。冠婚葬祭でも、結婚式ではお祝いを包み、新郎新婦はお返しをする。葬式では故人を偲んで香典を贈り、これまたお返しがある。贈与は社会的な慣習と結びついているのだ。

しかし、贈与はこういった慣習に属すばかりではない。現代社会は贈与の新しいかたちを産み出している。

ひとつは、ボランティアである。ボランティアはもともと「志願兵」のことであり、中世キリスト教社会での十字軍への志願がはじまりとされている。その後、国民国家では職業軍人や徴兵とともに「志願兵」の制度があった。ただ、現代社会でボランティアが問題になるのは、NPOという「非営利組織」との関係である。NPOの形態はさまざまであるが、ボランティアを人的資源にして、例えば災害時に被災地に人的物的援助をしたり、日常的に福祉活動などを行ったりする。会社などと違い、営利を目的としているわけではないので、このボランティアとNPOを貫く論理が贈与なのである。すでに、NPOは行政が及ばない事業などをカバーし、現代社会に不可欠なものになっていることからも、贈与の重要性が伺われる(1)。

もうひとつは、臓器移植である。臓器を与える人のことがドナーと呼ばれていることを思い出してもらいたい。臓器の売買が禁じられている現在、臓器移植を説明するのは贈与の言葉である。ドナーやその親族に金銭などがもたらされてはいけないのだ。臓器移植は現代の医療がもたらした輝かしい成果であるが、それについての倫理は商取引ではなく贈与であることを僕らに要求する。かつて、先進国の富裕層が発展途上国で臓器を購入したり、移植のための渡航をしたりして問題になったが、こういったことは現在では禁止されている。(2)

あともうひとつは、多くの国で実験をしたり導入を検討したりしている、ベーシック・インカムである。これは、すべての国民に生活に最低限必要な所得を無条件で給付する仕組みである。言い換えれば、国による国民への無条件の贈与である。そのメリットとしては、貧困やブラック企業の問題の解決や、行政の簡素化によるコストの削減などが挙げられる。がその反面、国民の勤労意欲が失われるとか、財源をどこに求めたらいいのかという危惧も問題になっている。しかし、AIなどのテクノロジーの発展のため、二〇四五年には日本国民の九〇%が失業すると試算されている状況で、ベーシック・インカムという贈与の必要性が浮上してきている。未来の僕らは、古代ローマ市民が奴隷の労働の成果を享受しながら暮らしたように、AIの労働の成果に乗っかりながら、国からの贈与で暮らしていくのだろうか。ローマ市民たちが労働をする必要がなくなり、政府から与えられる「パンとサーカス」(食料と娯楽)によって堕落していったように、競争を勝ち抜いた一部エリートや管理する為政者をのぞけば、僕らも食うに困らず適度に娯楽を楽しみながら働かないで暮らすことになるのだろうか。(3)

ボランティアとNPOも、臓器移植も現代社会になくてならないものであり、ベーシック・インカムは未来の社会のためのものである。これらは贈与の新しい形態なのである。

無意識のうちに僕らを縛る贈与

このように記念日、慣習、社会制度を通していくつもの贈与が知られている。しかし、そこまできちんと社会的な慣習や制度として認知されてなくても、僕らは日常的に人に物を与えたり、お返しをもらったりして、贈与とともに暮らしている。飲食の際におごったり、おごられたりと、取るに足らない貸し借りなど誰もが経験しているだろう。

ところが、こういった日常的な贈与について少し反省してみると、贈与が僕らの心や行動を知らないうちに縛るものであることがわかる。

例えば、人からプレゼントをもらったとき、お返しをしなければ悪いなとふと思うことがある。別にお返しを要求されているわけではないのだが、そのままにしておくと相手に借りをつくった気分になり、なんとなく罪悪感を覚えてしまう。先ほどの慣習でも、結婚式でお祝いをいただいたら、お返しをしなければならないし、葬式における香典もまたしかりである。お返しを怠っても、法律にふれることはないが、村八分のような社会的な制裁をうけることがある。

また、会社でも上司が部下に食事や酒をおごることは許されても、部下が上司におごろうとしたら、失礼な奴だと思われてしまう。割り勘がせいぜいである。ここでは贈与は、ある種の権力関係と密接にかかわっている。社会的地位が上の者だけが、贈与するという特権をもっているのである。

さらに、めったに手に入らない年代物のワインや掘り出し物のシャンパン、あるいはトリュフやフォアグラといったふだん口にしない高級食材を手に入れたとしよう。こういったものを一人で食べてしまうことには、ためらいを覚えないだろうか。情けないことに僕など気が小さいから、理由もわからずに申し訳ない気持ちになってしまう。ふだんから食べ慣れていればまったく問題はないけれど、突然何かの僥倖から手に入れた場合、変に怖くなってしまい、他の人に与えてふたりで分かち合ったり、パーティーを開いてみんなで食べたくなってしまうのだ。人に見せびらかしたいという気持ちもあるのだが、人と分かち合うことで、言うに言われぬ罪の意識から逃れようとしているのだろう。

このように贈与は僕らの生活をいろいろと束縛している。しかも、よくわからないうちに僕らは縛られているのだ。でもそれは、この現象が人間関係の根本とかかわっているからではないだろうか。

贈与への期待

ところで、昨今この贈与が注目されている。

リーマンショック以来、資本主義の危機が叫ばれているが、二〇一〇年の欧州の金融危機、プレカリアートと呼ばれる非正規雇用者の増加、ウォール街の反貧困デモなどを見ていると、いつ資本主義が限界を迎えてもおかしくないような気がしてくる。ソ連などの共産圏が崩壊したあと、ネオリベラリズムが世界を席巻し自由競争や規制緩和を推し進めた結果、経済的な格差が肯定され、富が一部の金持ちに独占されるようになる。フランスの経済学者トマ・ピケティによれば、二〇一〇年のアメリカ合衆国では、もっとも所得の多いトップ一〇％の人たちが国民所得全体の約五〇％を所有している。また資産に関しても、トップ一〇％が合衆国総資産の七〇％以上を独占している。しかも今のような資本主義がこのまま続くと格差は広がるいっぽうで、中産階級は確実に没落していく、と彼は予想している。[4] 資本主義の批判はマルクス以来綿々と続いているが、近年では市場経済にとってかわる原理として贈与に期待が寄せられている。そもそも、市場は商品の交換を通して利益をあげる場であり、経済が最優先事項である。だから、資本主義が行き過ぎると経済が優先され、交換による利益の獲得のため、人間関係などは切り捨てられていく。それに対して、贈与は経済的にみれば損失である。誰かにプレゼントをするとき、僕らは自腹をきるのだが、これはそれだけをとってみれば、ただの損である。もちろん、プレゼントを渡す相手の歓心を買うことで、こういった損を上回る利益がえられるかもしれない。リベートなどその最たるものだろう。しかし、贈与という行為それだけをコンテキストから切り離してみれば経済的な損失である。だから、贈与を基盤として社会・経済のモデルを考えると、消費や利他性を重視したり、切り捨てられた人間関係を再び考えなおすことができるのだ。

フランスの社会学者アラン・カイエは、八〇年代から「社会科学における反功利主義運動」（略称MAUSS）というグループと雑誌を率いて、資本主義を支える功利主義のイデオロギーを批判している。そして、社会の新しい基盤として、贈与の可能性を追求している。彼によれば、「親族関係、婚姻関係、隣人関係、仲間関係、友愛、愛情」といった一番本質的な社会関係は、市場経済の利害関係を超えて、〈与える・受ける・返す〉の贈与の儀礼によって成立している。この関係は最終的には利潤の追求に還元されないのだ。彼はこの社会関係と贈与を基盤にして政治と倫理、さらには民主主義を考えていくべきだと提言している。(5)

また、この「運動」のメンバーである経済学者セルジュ・ラトゥーシュは、生産による経済発展にとって代わる「脱成長社会」を唱えるが、この構想に不可欠なものが、利他主義や自然の恵みの尊重といった「贈与の精神」なのである。経済成長をベースにする考え方は、生産至上主義に陥り、非正規雇用のような非人間的な労働環境を産み出し、大気汚染や生態系の破壊のような環境破壊をもたらしている。それに対し「贈与の精神」は、利益にとらわれない互酬性によって人間らしい本来の生活を取り戻してくれる。また、自然からの恵み(贈与)に対しては、自然へのお返しが必要である。リサイクル技術を発展させてこれ以上の自然の収奪を防いだり、バイオテクノロジーを利用して植物や動物を保護したりすることで、自然の恩恵にお返しをすべきだ、とラトゥーシュは考える。(6)

日本でも、柄谷行人は『世界史の構造』で資本主義や国民国家を乗り越える新たな世界史の段階として「世界共和国」を構想する。この「共和国」なるものは理想的な国際連合のことであるが、そこでの国家関係や人間関係の基本は、お互いに援助しあったり軍備を放棄しあったりする、贈与の互酬性である。(7) さらに『憲法の無意識』では、日本国憲法第九条における戦争と武力行使の放棄を互酬性の観点からではなく、一方的な贈与——放棄も贈与の一種——と考える。これは、「目には目を」のような互酬性から脱却した、「右の頰を打たれたら左を差しだせ」というイエスの宗教と同じなのであり、柄谷は「純粋贈与」だと述べている。この一方的な放棄は「国際社会に向けられた『贈与』」なのである。日本が憲法九条を実行することを国連で宣言し、それに同意する国々がでてくることで国連を改革し、「世界共和国」に至ることができると、彼は考えるのだ。(8)

こういった贈与による人間関係（あるいは国家関係）への期待に加えて、東日本大震災の後、中沢新一は『日本の大転換』で原子力に代わるものとして太陽エネルギーの大切さを説く。エコロジーにも通じるこの発想も贈与の論理によって支えられている。太陽による生態圏へのエネルギーの贈与が重要なのだ。植物が成長し、動物が走り回り、人間が生活することができるのは、この贈与のおかげなのである。こういった太陽による贈与は、すでに中沢が前々から考えていた発想で、例えば大著『カイエ・ソバージュ』五部作でも彼の理論の要石のひとつとして登場している。(9) 人類は原発という「人工太陽」をつくり、太陽の贈与をなしですませようとしたが、震災は逆に人間による自然の支配の脆弱さと自然による根本的な贈与の必要性を教えてくれたのである。これは経済の分野にも言える。資本主義の市場は最初は生態圏の内部にあったが、次第に自立的な機能をもち独自のシステムを構築し、人間関係や自然との関係を商品の関係に還元していく。だからこそ中沢は、太陽による贈与とともに人間関係における贈与も必要であると説くのだ。(10)

ところで、翻って考えてみると、こういったアクチュアルな贈与論もそれだけで成立しているわけではない。彼らの考えもまた、それまでのフランスの思想家たちによる探究の成果を享受している。カイエ、ラトゥーシュ、柄谷、中沢の主張のひとつのベースになっているのが、人類学者マルセル・モースが未開部族の儀礼を研究した不朽の名著『贈与論』（一九二四年）である。ただし、モースの延長上にいる先の二人と異なり、柄谷と中沢は根本からモースの発想をも問い直している。柄谷はモースの主張する贈与の互酬性にとどまらず、キリスト教の贈与思想の影響から純粋贈与の発想にまで考えを発展させている。また、中沢の考えも贈与の互酬性の考えを超え出ており、その発想に影響を与えているのが思想家ジョルジュ・バタイユによる太陽中心の贈与論、『呪われた部分』(一九四九年)である。

このように、現在、贈与を論じる者たちは、多かれ少なかれフランスの思想家たちの影響を受けている。だから、これらの思想家たちの考えをたどってみるのも重要なことである。本書では、今の時代や僕らの日常とリンクさせながらそれらを論じてみたい。

ただしひとつ注意しておきたいのは、資本主義を乗り越える原理として評価されているとはいえ、贈与はただ恵みだけをもたらすものではない、ということである。例えば、自然の贈与も恵みばかりか災害をもたらすこともある。作物に実りを与えてくれるものはまた、害虫やウイルスをもたらすものでもあるのだ。他人への贈与も、身の程をわきまえない高額なものを相手に与えることで自分が破産する場合もあるし、相手にしても大金を手にしたことで怠けだし身の破滅を招く場合もある。僕らが贈与として考えるもののなかには、自分たちがコントロールできない危険なものが潜んでいるのではないだろうか。これをバタイユにならって「呪われた部分」と呼んでみよう。こういった危ない面も同時に意識しながら、贈与について考えてみよう。

第１章

贈与にはお返しを！

マルセル・モース（Ⅰ）

贈り物にお返しがないと、贈り物を受け取った者が貶められる。返す気もないのに受け取った場合がとくにそうである。

マルセル・モース『贈与論』

贈与の慣習は面倒くさい。

年賀状の返事も、出さなければ不義理になる。バレンタインのチョコレートだって、たとえ義理チョコでもホワイトデーにはお返しをしなければならない。日常生活でも同じである。付き合いのある人からLINEで連絡をもらったら、たいして書くことがなくてもすぐに返事を書かなければ仲間外れになってしまう。Twitterで「いいね」を押してもらったら、相手の投稿に「いいね」を返す。「リツイート」には「リツイート」でお返しである。

どうして面倒くさいのだろう。それは物の受け渡しが人間関係を表しているからである。年賀状のやりとりは、仕事仲間であれ友達どうしであれ、相手との関係を確認するものである。チョコレートも恋人の関係や仕事場での付き合いを表している。ネットでのやりとりも、そこには仲間どうしの関係が読み取れる。つまり、物の贈与とお返しはただそれだけの行為ではなく、人間関係が反映された行為なのである。

それでは商取引はどうだろう。僕らが生活している資本主義社会は経済的な利益と効率を優先する傾向がある。だから、人間関係も利益に結びつかなければ見捨てられていく。もちろん、ブティックなどでの買い物で店員と仲良くなる場合もあるだろう。でも、これを友情とか愛情と勘違いしてはならない。店員のサービスはあくまで利益を得るためのものだからである。ファーストフード店ならもっとわかりやすい。マニュアル化された型通りの挨拶とお礼の言葉。どこの店に入っても誰が相手でも似たり寄ったりだ。こんなところに厄介な人間関係が存在するだろうか。さらに進むと自動販売機。ジュースやコーヒーの売り子は機械となる。ネットでの買い物も同じである。Ａｍａｚｏｎのサイトに並ぶ商品をクリックしてカード番号を打ち込めば、店員の言葉や表情に煩わされることなく買い物ができるというわけだ。このように資本主義の発展は、商取引から人間関係を見えなくさせている。ここには贈与をめぐる面倒くさい関係は存在しないのだ。

　それではどうして、人類学者マルセル・モースの『贈与論』が今日再び読み返されているのだろうか。なぜ太平洋や北米の未開部族とか古代ローマやゲルマンの慣習についての研究が、現代の僕らにとって大切な意味をもつのだろうか。それはモースが社会学や人類学の研究は社会的実践と結びつくべきであり、未開部族の研究も現代社会をよくすることに役立つはずだと考えていたからなのだ。彼らの贈与の風習は、資本主義が発達した社会では失われているが、僕らの無意識に眠る人類全体の古層にほかならない。経済の歴史をその起源にむかってさかのぼっていくと、贈与の風習に至るというわけである。二〇世紀前半のヨーロッパ社会を生きながらモースは、人間は「経済的動物」[1]になってしまったと嘆くが、この「動物」が忘れ去っているのが贈与の風習なのだ。先ほど説明したように、利益の獲得が優先される資本主義のもとでは、面倒な人間関係が反映されている贈与交換は次第に遠ざけられていったのである。モースは失われた贈与交換を現代に甦らせて、行き過ぎた資本主義を改善しようとしたわけである。

モースの研究

それでは、未開部族の贈与の風習を彼はどのように研究しているのだろうか。まずは次の三つの点を頭にいれておきたい。

（一）贈り物にはお返しの義務があるということ。モースの考える贈与は、贈与交換である。この点については、贈与は本来一方的なもので交換とは違うという考えから、モースの言う贈与の考えは不十分である、と批判する者も多い[2]。しかし、モースは最初から最後まで贈与の風習は互酬性の原理に基づいているという立場を崩していない。結婚式のお祝いや葬式の香典の場合のように、贈り物にはお返しの義務があるのだ。モースは『贈与論』のエピグラフとしてスカンジナビアの古詩を引いているが、そのなかではこう述べられている。「贈り物をもらったら贈り物でお返しをしなければならない」。「贈り物をあげるのは、いつだってお返しの贈り物を期待しているから[3]」。しかも、贈り物は一見すると自発的に行われるように見える場合もあるが、実際は本人の意思をこえたところで義務として課されているのである。

（二）研究の対象がアルカイックな社会と呼ばれる未開社会であること。 実際、モースはポリネシア、メラネシア、アメリカ北西部の未開部族などを対象にしている。こういった社会では、宗教の制度、法の制度、倫理の制度、政治の制度、家族の制度、経済の制度がはっきりわかるかたちで相互に結びついている。デュルケーム社会学の影響を受けたモースは、その社会現象を個別的にではなく「全体」[4]として把握しようとする。社会を、経済や法といった個別分野に限定してとらえるのではなく、まるごととらえようとするのだ。そして、モースはこの成果を前提にしながら、古代ローマ、古代インド、古代ゲルマンの法システムを検討し、インド＝ヨーロッパ語系の法システムにも贈与交換の風習を見出している。ヨーロッパの歴史をさかのぼっていくと、現代の未開人の場合と同じように贈与交換の原理が見出されるというわけである。

（三）贈与交換が市場の起源であるということ。 僕らの社会では、貨幣経済が当然のものとされているけれど、未開社会では必ずしもそうではない。貨幣が流通する前の商取引について、ふつう多くの人が思い浮かべるのが物々交換である。マルクスも『資本論』で、まずは物々交換が行われ、そのうち金が特権化されて交換の尺度となり、貨幣の起源となった、と述べている[5]。しかしモースは、こういった発想はとらない。アルカイックな社会の市場では、贈与交換が行われているのである。貨幣経済や物々交換の経済より前の時代では、人類は贈与交換をしていたわけである。「そこに見られるのは、商人の制度が生まれる以前の市場であり、商人たちの主要な発明物である本来の意味での貨幣が生まれる以前の市場なのである」[6]。これは重要な指摘と言える。経済学者が発見できなかった人類の古層を見つけ出したからである。

このことは、例えば、自給自足している家族どうしの付き合いを考えてみればわかるだろう。自給自足していたら、本来、物々交換する必要もなければ、商取引の必要もない。ただ、あるとき、ある家族で米が多くとれすぎたら、どうするだろう。保存にも限界がある。そういう場合、隣りの家族にお裾分けをするのではないだろうか。そうするとモース流に考えれば、しばらくして別の機会に、隣りの家族で芋が多くとれたらお返しをする。あるいは、人手が必要なときに助けに行ったりする。たとえ時間がかかっても、贈与に対してはお返しがあるのだ。

このように贈与に対しては必ず返礼があるということから、信用という観念が生じる。一定期間おいた贈与交換と信用から、一方では信用貸しの制度が生まれてきたし、もう一方では、貸し与えて返す時間が短縮され同時になって物々交換が生じたのだ。(7)

それでは、贈与の風習とはどういうものだろうか。以上の三点を頭に置きながら見てみよう。いくつもある例から二つ取り上げてみることにする。

ハウ

ニュージーランドの先住民族にマオリ族がいる。もとはクック諸島かタヒチに住んでいたと言われているポリネシア系住民であり、現在、ニュージーランドの人口の一七%を占めると言われている。その民族舞踊であるハカは、ラグビーのニュージーランド・ナショナルチーム、オールブラックスが試合前に披露する踊りとしても有名である。今でこそマオリの人たちも都市に住み西欧化した暮らしをしているが、モースが『贈与論』を執筆した時代にはまだ伝統的な集落も多く残っていた。モースによれば、このマオリ族には、人、家族、部族、土地に結びついた財産があった。この財産を人に贈るときにひとつの決まりがある。贈り物を受け取ったら、受け取った者は贈り主にお返しをしなければならない。返さないでさらに別の誰かに譲ったとしてもそのことで得たものを最初に贈ってくれた人に返さなければならない。これが、その決まりである。というのも、品物には物の霊であるハウ（hau）が宿っており、このハウが贈与とお返しを引き起こすと考えられているからである。三人で贈り物をするケースについて、モースは次のように説明している。

タオンガ〔品物〕や厳密に個人のものと言えるあらゆる所有物には、精神的な力であるハウがそなわっている。あなたがそれらのうちのひとつを私に与え、私が第三者にそれを与えたとする。そうすると、第三者は私に別のものを返すことになる。というのも、私があげた贈り物のハウによってこの人はそうするように駆り立てられるからである。そして今度は、私がこのものをあなたに与えなければならない。なぜなら、実際あなたのタオンガ〔品物〕のハウが産み出したものだから、私はそれをあなたに返さなければならない。(8)

これを**図**で表現すれば次のようになる。

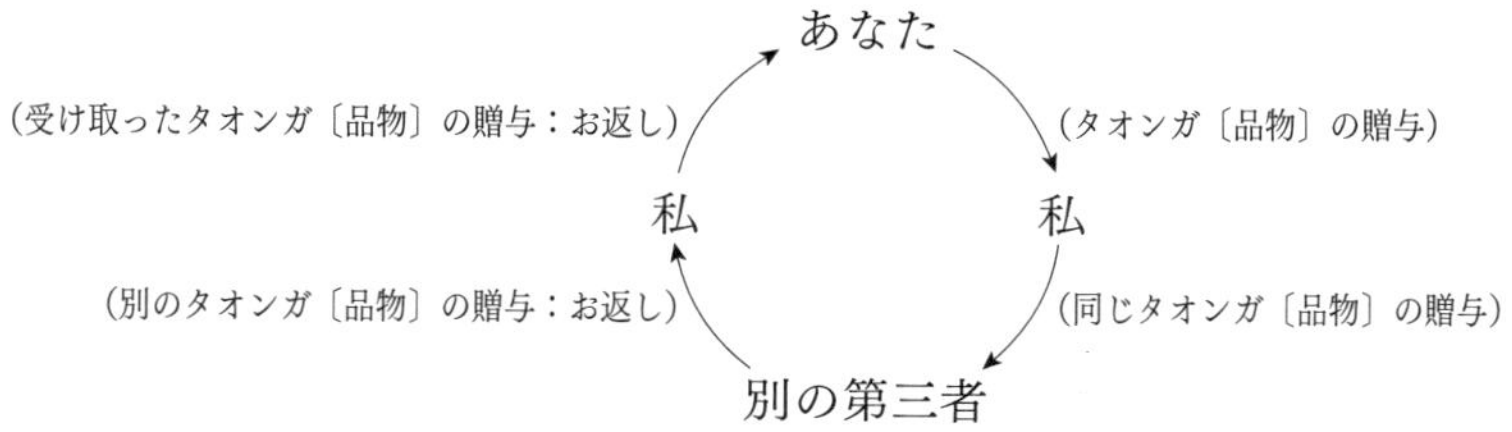

図　ハウによる贈与交換のシステム

図が示す通り、ここに見られるのは、見事な循環のシステムである。マオリ族の人々の考えでは、贈与交換のシステムは個人の意志に依拠するものではない。品物に宿る霊であるハウが、贈与に対する返礼を命じているのだ。そもそも、品物の霊は他の人に贈与されても元の所有者のところに戻りたがる傾向がある。受け取った者がお返しを怠ると、災いが起こり死を招くことになる。マオリ族は呪術的なかたちで贈与に対して返礼を義務づけているのだ。このようにしてポリネシアでは物流が生じ富は循環していく。これがこの未開部族の贈与の経済であるが、そこに見られるのは、物の授受には、霊的な存在を通じて人間関係が反映されているということである。

ポトラッチ

もうひとつの例は、北米の先住民の儀礼でポトラッチ（potlach）と呼ばれるものである。ポトラッチはチヌーク族の言葉で、「贈る」や「贈り物」を意味する。しかし、実際のポトラッチは、ただの贈与ではなく、闘争的な贈与にほかならない。ある部族の首長が別の部族の首長に贈り物をしたとする。そうしたら、受け取った首長はそれより多くの贈り物を相手の首長に返さなければならない。より多くの富を与えたほうがこの勝負の勝者であるから、決着がつくまで何回も贈与の闘いが繰り広げられる。これがポトラッチの基本である。ポトラッチを行う者は、裕福な家族の者か部族の長のような富の所有者であり、冠婚葬祭の儀式の際に、客人を招いてポトラッチは行われる。またこの儀礼では、贈与は物を与えるというかたちをとらずに、物を破壊したり犠牲にすることでもいい。あるエスキモーの首長たちは自分たちにとって大切な犬橇をいくつ破壊できるかで競い合ったし、またあるインディアンの首長たちは貴重な銅塊をいくつ海に捨てられるかで闘ったりした。ここでは富をより多く消費することが義務づけられている。そしてこの闘いでは、多くを与え消費した者が名誉や権威をえる。儀式を行う者たちの社会的地位は、贈与したり犠牲にしたりする富の額によってきまるのだ。

モースはポトラッチにおける「信用」と「名誉」の役割を重視する。

信用とはどういうものだろうか。ある部族の首長が別の部族の首長の催す結婚の祝宴に招かれて、いろいろとおもてなしと贈り物をいただいたとする。これがポトラッチの開始だとすると、招待された首長もさすがにその場でそれを上回る贈り物を用意するわけにはいかない。モースは次のように書いている。

〔…〕想定できるどんな社会でも、期限付きで返すことを義務づけるのは、贈与の本性に由来する。〔…〕どんな反対給付を行うにしても、「時間」が必要なのだ。(9)

贈与の風習においては、ポトラッチだけではなく、どれもお返しが前提になっている。僕らはお返しがあるものと確信しながら贈与するのだ。ポリネシアのマオリ族なら、「お返し」をしない不届き者にはハウが死の罰を与えるから、「お返し」は義務として強制されるのだ。ポトラッチの場合も、お返しをしないと他の部族の者たちから嘲笑され面目を失うことになるので、ここでもお返しは義務として生じる。だから、僕らは贈与において相手を「信用」していると言える。ここでは、物の霊とか面子とか単なる経済的な計算を超えたところにあるものが贈与交換を支えていることが見て取れる。

名誉もポトラッチにおいて重要な要因である。この贈与は、自分のプライドを賭けた闘いだからである。相手からの贈り物がこちらからのものより高額だったらどうだろう。そこに何らかの屈辱を感じないだろうか。そうすると、さらに多くの富を相手に与えて、相手に対して優越感をもとうとする。そこには、自分が気前がよく偉い存在であることを相手や周囲に認めさせる、承認欲求があるだろう。ポトラッチはこういった名誉欲に支えられているのだ。モースは次のように言っている。

ひとりの首長の威信とそのクランの威信が、消費することや、受け取った贈り物に高い利子をつけてきちんとお返しをすることと、これほどまでに結びついているところはほかにはない。利子をつけたお返しは、今まで返礼の義務を求めてきた者たちを返礼の義務を負う立場の者へと変えるためなのだ。(10)

だから、ポトラッチは、敵対と競合からくる闘いにほかならない。その結果に応じて、首長個人やそのクランの政治的・社会的地位がきまってくる「財の戦争[11]」なのだ。部族のあいだで敵対しあうと戦争に至るのがふつうであるが、ポトラッチはその代わりなのである。多くの人が犠牲になる戦争ではなく、富を消費することで決着をつける「戦争」によって、地位や権力をめぐる争いは解決する。ここに未開人たちの深い叡智を読み取ることができるだろう。

以上のことから何が言えるだろうか。贈与には必ずお返しがあるということである。未開人たちはお返しをしなかった者たちには厳しい。ハウによって命を脅かされたり、ポトラッチの掟破りとして誰からも相手にされなくなったりする。彼らの社会の慣習は、贈与と返礼を義務づけているのだ。そして、一見すると自発的に行っているような贈与でも、無意識のうちに贈与交換の義務にしたがっている。僕らが慣れている資本主義の世界では、市場での交換は利益を得るためのものであり、面倒くさい人間関係は次第に遠ざけられてきたが、マオリの場合はハウという霊的な存在を通して人間関係が贈与交換に反映しており、北米のポトラッチでは権力や地位をめぐっての敵対や競合という人間関係を贈与と返礼の儀礼が表現している。物の交換は人間の社会的関係と深く結びついているのだ[12]。

それでは、未開人のこういった贈与交換を現代の社会にどう生かせるとモースは考えたのだろうか。

第2章
理想と危険
マルセル・モース（Ⅱ）

ドイツ語では「妻の持参金」を意味する女性名詞 (mit) gift と「毒薬」を指す中性名詞 Gift とが並存してきた。

エミール・バンヴェニスト『インド＝ヨーロッパ諸制度語彙集』

人類学者モースの正式の名前は、マルセル・イスラエル・モースである。その名からわかるように、彼はユダヤ系のフランス人である。一八七二年にロレーヌ地方で生まれたモースは、高等研究実習院やコレージュ・ド・フランスで教鞭をとり、供犠や贈与についての研究をはじめとする幾多の業績を残している。しかし、こういった輝かしい経歴も一九四〇年のドイツ軍の勝利を境に一変する。ナチス占領下のパリで、ユダヤ人という理由で彼は公職から追放されたのである。迫害で辛酸をなめたせいか、戦後は記憶喪失に陥り、回復することなく一九五〇年に他界する。

優秀な学者であったが、モースは象牙の塔に籠っているような人物ではなかった。その研究は社会実践と結びついていたのである。彼は早くから協同組合の活動に積極的に取り組んでおり、それを通して「フランス社会主義の父」とも呼ばれるジャン・ジョレスと親しくなり、ジョレスの要請で「ユマニテ」紙に寄稿したり、血の日曜日事件（一九〇五年）に端を発する第一革命後のロシアを取材したりしている。組合活動を中心とする社会主義が、彼の理想だったのだ。『贈与論』もモースのこの姿勢が反映されている。未開部族の研究から始まり、古代ローマ社会などの考察を経て、著作の結論部で論じられているのは、当時のヨーロッパ社会なのである。(1)

経済的動物

この社会を眺めながら、モースは人間が「経済的動物」になってしまったのではないかと恐れている。資本主義の発展は人間を功利的な存在に変えつつあるのだ。

　ごく最近人間を「経済的動物」にしてしまったのは、私たちの西欧社会である。だが、私たち全員がまだこの種の存在になってはいない。〔…〕ホモ・エコノミクスは、私たちの過去の姿ではなく、私たちの未来の姿なのだ。〔…〕人間はかなり長いあいだそれとは別のものであった。人間が計算機という厄介な機械をそなえた機械のようになってしまったのは、ごく最近のことなのである。(2)

第二次世界大戦のあと高度経済成長する日本を欧米はエコノミック・アニマルと揶揄したが、西欧の社会はモースの時代にすでにしてエコノミック・アニマルの世界になりつつあったのだ。イスラムのイメージとして流布した「コーランか剣か」が、実際には改宗を迫るキリスト教のイメージを西欧が勝手にイスラムに与えたものであったが、それと同じである。サイードが『オリエンタリズム』のなかで語ったように、西欧による異文化批判はその自己投影である場合が多い(3)。それはともかく、モースの予測した未来は、さらに苛酷なかたちで現代の僕らに迫りつつあるのではないだろうか。モースは自分の時代にはなおも非合理な消費が行われていると考えている。富裕層は贅沢品を購入したり、芸術へ出費したり、使用人を雇ったりするとともに、常軌を逸した出費もする。これはかつての貴族の遺風でもあり、未開人の首長のありかたとも似ているという(4)。また、贈与に関しても次のように書いている。彼が子供のころのフランスのロレーヌ地方の慣習では、普段は切り詰めた生活を送る人たちが冠婚葬祭のときに大富豪のように接待し、著しい散財を繰り返すこともあった(5)。しかし、貴族的な非合理な消費にせよ村の風習にせよ、この手のものは資本主義のさらなる発展によって次第に失われていく運命にあるのではないだろうか。だからモースは、現代人の生活のなかに残る未開人の風習を取り上げるだけでは満足しない。むしろ、彼らの知恵を積極的に活かして現代の社会を改善しようとしたのだ。僕にはここに彼の現代性があると思われる。

平和

そのひとつは、贈与と平和の関係である。個人どうしであれ、クラン（共通の祖先をもつ血縁集団）どうしであれ、部族どうしであれ、贈与交換が行われるためには平和でなければならない。喧嘩をしていたり戦争状態であれば、交易は中断される。未開人たちの贈与の知恵は平和の維持と結びついているのだ。

お互いに殺しあうことなく対立すること、お互いに犠牲になることなく与えあうこと、そのすべをこのようにしてクラン、部族、民族は知っていた。また近い将来、文明化されたと言われるこの世界で、こういったかたちで階級、国民、個人はそのすべを知らなければならない。ここにこそ、クラン、部族、民族が知恵をもち連帯していく永遠の秘訣のひとつがあるのだ。(6)

ポトラッチを例にとって考えてみよう。この贈与は第一章で説明したように、ある部族の首長が別の部族の首長に富を与えて自分の力を誇示すると、受け取った首長は自分の名誉にかけてさらに多くの富を返す贈与交換である。と同時に、ポトラッチは未開人にとって戦争を回避する手段でもあった。対立しあう部族が戦争をするのでなく、贈与を通して闘い、より多く富を消費した者が勝利するのだ。この知恵を現代人は受け継がなければならない、とモースは考える。第一次世界大戦やロシア革命の暴力を目撃した彼は、贈与交換によって戦争や虐殺がなくなることを夢見ていた。ただ、『贈与論』には具体的な方策についての言及はない。モースの発想を発展させその後の時代まで補って考えてみると、第二次世界大戦の後、アメリカは西側諸国にソ連は東側諸国にそれぞれ多額の無償援助をおこなったし、また両国は宇宙の開発に大枚を投じて競い合ったりもしたが、こういった一種のポトラッチが核戦争の回避に多少とも貢献したのではないだろうか。また、戦後の国際社会では、先進国と発展途上国とでは大きな経済的な格差があり、それが南北問題というかたちで問題提起された結果、先進国による途上国への無償の経済援助が贈与による戦争回避というモースの理想に役立っているのではないだろうか。昨今では、この援助を欧米諸国が積極的に取り組んでいるが、それは途上国の貧困がテロの温床になっているという発想からである。贈与による戦争回避は、ここにも伺えるだろう。

社会保障

もうひとつは、社会保障の制度である。その仕組みをモースは自分の贈与交換の理論を適用しながら次のように説明している。

労働者は、自分の生命と労働とを一方では集団に、もう一方では雇用者に与えてきた。労働者は保険事業に参加しなければならない以上、労働者が提供するサービスの恩恵を受けてきた人々は、雇用者による給料の支払いをもってして労働者からの借りをすべて返したわけではない。共同体を代表する国家自身は、雇用者とともに、労働者の国家への協力のもとで、労働者の生活に一定の保障をする義務がある。それは失業に対する保障であり、疾病に対する保障であり、老齢や死亡に対する保障である。(7)

労働者と雇用主をめぐる関係を簡単にとらえたら、労働者が労働力を提供し、雇用主はそれに対して給料を支払うという構図を描くことができる。しかし、これではあまりにシンプルすぎる。労働者は怪我をしても誰にも助けてもらえないし、労働を提供できない事態になれば即クビである。モースはもう少し複雑に考える。まず労働者の提供するものは、労働だけではなく、生命もである。命をはって働いているというと、ちょっと大げさに聞こえるかもしれないが、職場で怪我をするかもしれないし病気になるかもしれないことを考えれば、生命はそこにかかわっている。それから、労働することによって、労働者は共同体、つまり社会に寄与していることも忘れてはならない。だから、モースは生命と労働を贈与する対象を雇用者だけでなく社会にまでひろげる。労働が社会にも貢献しているという事実は、次のように考えるとわかりやすい。社会に役立ついい製品が工場で製造できそれがよく売れたら、豊かになるのは雇用者だけではない。社会全体がその恩恵をこうむるのだ。国家だってそこから多くの税金を徴収できるので、その恩恵に浴していることになる。こういったかたちで労働者は自分の生命と労働を雇用者と社会に贈与しているのだ。それに対し、雇用者が給料だけを払えばよいと考えるのは、贈与交換の掟に違反することになる。未開部族なら、追放されるか物の霊に殺されかねない行為にほかならない。だから、雇用者と社会は労働者の贈与に対して相応のお返しをしなければならないのだ。共同体や社会といっても漠然としており、具体的にこれを代行しているのは国家である。国家と雇用者が共同で労働者の生命と労働に対してお返しの贈与をしなければならない。この贈与が、モースによれば、社会保障の制度である。突然解雇されたときの失業保険、病気や怪我で入院したときの疾病保険や入院保険、老後の年金や生命保険などである。雇用者や国家は自分たちが負担しながら労働者に返礼すべきというわけである。雇用者は目先の利益のために労働者を使い捨てにするのではなく、国や同業者の団体と共同でこの贈与交換のシステムを構築すべきではないだろうか。贈与の知恵こそが社会保障の基盤なのだ。実際、『贈与論』の結論部では、失業保険、共済組合、年金公庫など多くの例が挙げられいくつもの提言がなされている。モース人類学の目標は、未開人の知恵を活かしながら社会保障制度を充実させることだろう。もちろん、社会保障の制度は、度合いの差はあるとはいえ、多くの国で取り入れられている。しかし、この制度を贈与という視点でとらえなおすとき、何か新しい社会のありかたが見えてくるのではないだろうか。ブラック企業や派遣切りが問題になる今日だからこそ、贈与の知恵は一考に値するのだ。

贈与の危険性

このように『贈与論』が期待している未来の人類と社会の姿は、「経済的動物」による戦争ではなく、社会保障の充実した平和な社会にほかならない。ただ、こういった理想の追求のため、モースは結論部では未開人たちが恐れていた贈与の危険性を忘れてしまっているように思われる。贈与交換の儀礼は、富の循環のため欠かせないものではあるが、贈与する者も受け取る者も等しく危険に曝すものなのだ。ポトラッチについてのある注でモースはこう書いている。

実際ポトラッチは、贈り物を与えない場合でも、贈り物を受け取る場合でも、いずれにせよ危険なものである。神話上のあるポトラッチでは、ポトラッチに参加した人々がそのために死んだのだ〔…〕[8]。

ポトラッチは贈与をすることで開始するのであるが、冠婚葬祭の儀式に招待しておいて招待客に何も与えないでいると、他の部族の者たちから非難される。与える義務を怠っているのだ。受け取ることもまた危険である。受け取ることを拒めば、皆の嘲笑の対象である。さらに、受け取ったあとお返しの贈与ができない場合、返礼の義務を怠っていることになる。与えること、受け取ること、お返しをすることの三つの義務のうちどれを怠っても、ポトラッチでは、罰を受ける。神話ではそれは霊による死の罰である。実際には、地位や権威の喪失である。

ポトラッチも命懸けだが、ハウに支配されるマオリの贈与交換も、よく考えてみれば、とても恐ろしいものである。第一章でも指摘したように、贈り物をもらったまま何もお返しをしなければ、品物に宿るハウが災いをもたらし、場合によっては命を落とすこともあるからである。お返しをしないことで被る危険は、ポトラッチやハウの場合だけではない。僕らの身近でも生じている。LINEで返事を放っておくと、仲間外れにされたり、いじめの対象になったりするのだ。

ただ、危険性はこれだけだろうか。自分の身の程以上の財産を相手に贈与したり破壊したりして、破滅してしまう場合もあるのではないだろうか。というのも、「ある種のポトラッチでは、自分のもっているもの全てを消費しなければならず、何も残しておいてはならない[9]」からである。これをどう考えるべきだろうか。モースは言う。

純粋に奢侈で、ほとんどいつも大げさで、しばしば純粋に破壊的な消費の形態は、〔…〕〔ポトラッチのような贈与の〕制度に純粋に出費するための出費や子供じみた浪費の装いを付与するのだ。[10]

「装い」という言葉に注意しよう。ポトラッチは一見すると富の無軌道な消費にみえるかもしれない。また破壊欲を単純に満足させるためのものにもみえるかもしれない。破壊や消費の欲望をそこに読み取れるからである。しかし、こういった印象にもかかわらず、モースはポトラッチが打算のないものだとは言わない。どんなに馬鹿げた消費を行っても、この贈与の儀礼をおこなう者たちは地位や権力を求めているからである。だから、破壊や消費は「装い」に過ぎない。重要なのは、地位や権力の獲得だからだ。とすると、モースの考えでは、破壊や消費の欲望は地位や権力の獲得の欲望に従属したものということになる。ここにモースの考え方の特徴がある。破壊や消費の欲望は、一見すると派目をはずしているように見えるが、「地位」や「権力」を獲得するためのものであり、たとえ派目をはずしすぎて破滅が訪れたとしても、それは偶発事に過ぎないことになる。しかし、本当にそうであろうか。この破滅の危険性はポトラッチにとって本質的なことではないだろうか。つまり、地位の獲得の欲望が打算や計算をこえて破滅への欲望を引き起こしてしまう場合もあるのではないだろうか。だから、地位獲得の欲望と破滅の欲望は表と裏のかたちで両義的に繋がっているのである。どちらが優位とか決めることはできない。モースによる常識的なブレーキをはずしたほうが、ポトラッチの本質がよく見えてくるように思われる。

ただ、違うコンテキストでは『贈与論』には、こういった両義性が見いだせるモースの分析もある。こういった両義性がいちばんよく現れているのが、贈与が毒でもあるという発想である。これは後に言語学者のバンヴェニストや哲学者のデリダが強く関心を示す発想でもある。古代ゲルマンの法を分析しながら、モースはこう述べている。

> 贈与されたり譲渡された物が表す危険について、たぶんゲルマンの大変古い法や言語ほどはっきり感じさせるものはない。このことは、大変古いゲルマンの諸々の言語全体における“gift”という言葉の二重の意味、ひとつは贈与でありもうひとつは毒という二重の意味を説明してくれる。[11]

僕らは善意からの贈り物ばかりを受け取るわけではない。害をなすように仕組まれた贈り物を受け取る場合もある。悪意ある贈り物の例はゲルマンの民間伝承に多く見られるが、そこでは贈り物を受け取った英雄は死の運命に至る。代表的な叙事詩『ニーベルンゲンの歌』では、英雄ジークフリートや騎士ハゲネなど財宝を手にしたものはみな非業な最期を遂げている。また、この叙事詩を脚色したワグナーの楽劇『ニーベルングの指環』でも、「指環」を手にした者たちは不幸に見舞われている。古いドイツ語では、「贈与」を意味する“gift”という語が「毒」という意味を併せ持つのである。贈与は危険と裏腹なのだ。この場合、贈与と毒は、どちらが優位に立つというわけではない。ポトラッチや他の贈与の場合も贈与と毒のこういった両義性を踏まえて、読み直すべきではないだろうか。

モースは次のように述べている。

ゲルマンやケルトには、数多くこの種の童話や物語があるが、それらは現在でもなお私たちの感性に取り憑いて離れないのだ。(12)

贈与の危険性は現代の僕らの精神のなかにも根強く存在している。もらって嬉しいプレゼントも、毒を秘めているかもしれないのだ。

モースのこの考え方もまた後世に影響を与えている。これに着想をえて、バンヴェニストはドイツ語で「妻の持参金」を意味する"gift"と「毒薬」を指す"Gift"とが並存してきた事実を指摘している。(13) そして、この考えを引き継いでさらに哲学的に展開したのがデリダである。「プラトンの薬草学」という論文では、プラトンのテクストを丹念に読みながら、ファルマコンというギリシア語が「薬」という意味とともに「毒」の意味を併せ持つことを指摘しているし、彼の贈与論である『時間を与える』でも"Gift"/"gift"について言及している。(14) さらに、バンヴェニストは贈与と異人の問題を結びつけながら「客人歓待」についての分析を展開しているが、これを踏まえながら、デリダはまた歓待(hospitalité)と敵意(hostilité)の両義性についても論じている。人を歓待しもてなす感情には、無意識のうちに相手への敵意が宿っているのだ。(15)

こういった系譜に連なるかたちでモースを読み返してみてはどうだろうか。

モースが期待をよせた社会主義や平和主義の理想は、贈与の危険とどう向き合っていくべきだろうか。贈与が毒の可能性をはらむのに、贈与によって戦争を克服することはできるのだろうか。

いずれにせよ、モースの『贈与論』は未来について考える多くの材料を与えてくれる。

第3章

ワインとインセスト

クロード・レヴィ＝ストロース（I）

大学生の頃である。何人かで居酒屋で飲んでいたら、隣にいたサラリーマンの人から「手酌はよくないよ」、「手酌をしていたら出世できないよ」と注意された。つまみなどの料理は自分で大皿から自分の皿に取ってかまわないのに、どうしてお酒だけが手酌がいけないのだろうと訝ったことがある。サラリーマンの人に聞いてみても、「そういうきまりになっているんだ」とか「酒は酔えるからだ」とか、あまり説得的な答えが返ってこなかった。そんなときに、この疑問を解消してくれたのが、フランスの人類学者クロード・レヴィ＝ストロースの『親族の基本構造』であった。と言うと少し大げさに聞こえるかもしれないが、この大著のなかのひとつの挿話が疑問の解消に役立ったのだ。

ワインの贈与

そこで語られているのは、南フランスのとある安い定食屋の光景である。

ワイン込みで食事をだす小さなレストランでは、たいていの場合はどの客も料理の手前に無銘柄のワインのつましい瓶を目にする。この瓶は隣席の客の瓶とかわらない。それは、給仕する女性が次々と配る肉や野菜の個々の割り当てと同じだ。しかし、ワインという液体と肉や野菜といった固形物とでは、客の態度に独特な違いがすぐに表れる。肉や野菜のほうは体になくてはならないものであるが、ワインは体にとって贅沢品である。前者は滋養を与え、後者は面目をほどこしてくれる。客は、こういってよければ、自分のために食べる。給仕してもらうやりかたにほんの少しでも損をしたことに気づくと、いちばん得をした人たちのところに辛辣な言葉を飛ばし、店の主人には嫉妬のまじった不平を鳴らす。しかし、ワインとなると話は別である。瓶の中身が少なくないかいとか言って、機嫌よく隣席の客に意見を伺ったりする。主人は、量が少なく犠牲になった個人からの要求ではなく、共同でのお叱りに直面することになる。それは、実際ワインが極めて個人的な「本日の料理」と違い、社会的な財だからである。小瓶にはちょうどグラス一杯分のワインが入っている。この中身は小瓶を所有する者のグラスにではなく、隣席の客のグラスに注がれる。するとすぐに、この客も同じようにお返しをすることになる(1)。

この店では、グラス一杯分のワインの入った小瓶が定食に添えられており、ワイン込みの値段で食事を提供している。そのワインをどうするかというと、客たちは自分のグラスに注がずに、隣の客のグラスに注ぎだすのである。隣人が知り合いであろうとなかろうとかまわない。相手が受け入れれば、ご一献というわけである。そして、注がれた客の方もお返しに自分のワインを隣人のグラスに注ぐのである。ワインを贈与しあうことで、人間関係がつくりあげられていくのだ。ここではワインは単に酔うための酒とは言えない。隣人とのコミュニケーションの手段にほかならない。なぜそんなことをするのだろうか。全然知らない人が隣の客であった場合、僕らはどう感じるかを考えてみよう。たぶん、多少とも不安に感じるのではないのだろうか。見ず知らずの人とコミュニケーションをとるのは、厄介なものである。相手は傲慢でいやな奴かもしれないし、自分とは合わない性格かもしれない。ただ食事のあいだだけでも楽しく過ごせればそれでいいのだが、それにしてもどこか気後れしてしまう。そういった僕らの背中を押してくれるものはないだろうか。レヴィ＝ストロースは断言する。「束の間ではあるがこの困難な状況を解決してくれるのは、ワイン交換なのである(2)」と。ワインを隣人のグラスに注ぎ返すという儀式を通して、一時的にではあるがお互いに食事の友となるわけである。食事での会話は盛り上がり、楽しいひと時を過ごせるのだ。

今でも安いカフェで立ち飲みしていると、時々お目にかかる光景である。この挿話ほど強制的ではないが、カフェで立ち飲みして隣人と話が合うと、この一杯は俺のおごりだと言ってくれる場合もある。そういった時はすかさず、どこかの段階でこちらもお返しをしなければならない。そうやってカフェで見知らぬどうしが仲良くなり、飲み友達になっていくのだ。そう言えば、僕らも見知らぬ人が多いパーティーで相手のグラスにビールを注ぎながらコミュニケーションを円滑にしようとした経験はないだろうか。立食パーティーでは、繋がりをもとうとビールを片手に会場を歩き回ったり、着席のパーティーでは仲良くなりたい人の席にビールを注ぎに行ったりする。交友を求める場合であれ、仕事の取引先との関係であれ同じである。こんな時、鶏の唐揚げを手にもって挨拶に行っても絵にならない。やはり酒なのである。日本の古来からの伝統を考えてみると、日本酒の場合は、固めの盃というのがあり、結婚式の三々九度や任侠の世界の親分子分の盃がよく知られているが、これも酒が関係を築くという役割をもっていることの好例と言えるだろう。

それでは、どうして酒がコミュニケーションの手段であり、他の料理ではだめなのだろうか。これが僕が抱いた疑問なのだが、先ほど引用したレヴィ＝ストロースの説明は明快である。料理は「体になくてはならないものであるが」、ワインは「体にとって贅沢品である。前者は滋養を与え、後者は面目をほどこしてくれる」。料理は基本的に僕らにとって栄養を取るためのものであり、タンパク質、炭水化物、ビタミンのような、生きていくために必要なものの供給源である。それに対し、酒はどうかといえば、栄養をとるためのものではない。なくても生きていける贅沢品である。それだから、コミュニケーションの道具にすることができるのだ。ここで序章「贈与のアクチュアリティ」で挙げた「無意識のうちに僕らを縛る贈与」の例を思い出してもらいたい。(3) ふだんめったに口にしない高級食材を手に入れたとき、僕らは一人で食べてしまうことにためらいを感じ、他の人に与えて一緒に食べたり、パーティーを開いてみんなで食べたりしてしまうことがある。先日友人がものすごく高価な松坂牛をもって家にやってきたが、これなど僕にステーキのパーティーでも開けと暗に要求するものだったのだろう。もちろん、気前のいい友人に感謝しつつ、他の仲間たちを呼び、ワインや野菜を提供してもてなした。たしかに牛肉は栄養をとるためのものであるが、めったに手にはいらない高級品は逆に贅沢品としてコミュニケーションのためのものになるのだ。

分不相応な贅沢なものは、食べてしまうことに罪悪感を覚え、人に与えるように無意識のうちに促してくると言えるだろう。酒の場合も同じである。それが安価であろうと高価であろうと関係ない。もともと僕らが生きていくのに必要のない贅沢品なのだ。僕らは、知らず知らずのうちに酒をコミュニケーションの道具にし、手酌ではなく贈与交換をするように強いられているのである。

インセスト・タブー

だが、酒の話はそれだけでは終わらない。驚くべきことに、レヴィ＝ストロースはこの手酌の禁止にインセスト・タブーと同じものを見て取る。

南仏の農民が自分のワインの小瓶を飲むことに示す抵抗感が、インセストの禁止が生み出されるモデルを提供しているとほのめかしたら、たぶん人々は飛び上がって驚くだろう。もちろん、インセストの禁止はこの抵抗感に由来するものではない。しかし私たちは、二つが同じタイプの現象であると思うのだ〔…〕。(4)

インセストとは、ご存知のように近親相姦のことである。インセストの禁止は、多くの民族や文化で報告されているが、フロイトのように全人類に普遍的だと主張する者もあれば、普遍的であることに異を唱える者もあり、どちらが正しいかは確定されてはいない。レヴィ＝ストロースの立場はどうかというと、インセスト・タブーは人類に普遍的なものであり、自然から文化への移行を示しているものだとする。普遍的であるかは措くとしても、インセストに関しては僕らの多くが抵抗を感じるだろう。インセストの禁止は僕らの無意識にインプットされているものであり、多くの家族や社会の秩序もこのルールの上に成立している。そして、レヴィ＝ストロースによれば、お酒を人に注がないで手酌するときのうしろめたさや贅沢な食事を一人で取るときのばつの悪さは、インセストの罪悪感と同じなのである。それは、僕らが無意識に従わざるをえない贈与の義務という観点からみれば同じということなのだ。ワインは人のグラスに注ぎ贈与するものであったし、贅沢な食材も人に与えたくなるものであった。それと同じように、ある夫婦の間に生まれた女の子は父親の欲望の対象になるのでもなければ、その兄や弟と結婚させるのでもなく、よその人のもとに嫁がせなければならない。これは、いわば女子の贈与である。インセストのタブーは僕らの社会でも婚姻のルールのベースになっているのだ。たしかに現代日本では、結婚は両性の当事者の合意のうえで成立するものであり、家の制度に左右されるものではない。夫婦の姓も自由に決められる。こういった近代的な自由が憲法によって保証されているとはいえ、夫婦の姓も男性のそれになる場合が多い。もちろん、近親結婚も認められていない。こういった事実を考慮に入れると、慣習のうえではインセスト・タブーと女性の贈与は、僕らの社会の根底でいまだ力をもっているのではないだろうか。(5)

このインセストのタブーについてレヴィ＝ストロースは独創的な見解をもっている。そもそも、なんでこんなタブーが生まれたかについては、あまりに多くの説がある。レヴィ＝ストロースはそれを三つの類型に分け、それぞれ批判している。

まず、現代でも多くの人が信じている優生学的理由。インセストは奇形という有害をもたらすから禁止されたという説である。しかし、一六世紀以前にこれを語る文献はみつかっていないし、未開社会でもそれを裏付ける証拠もない。

次に、このタブーの原因を自然に求める説。現代でもウェスターマーク効果という名称で影響力をもっている仮説であるが、近親者のように親しく暮らしていると性的な欲望が薄れるという考えである。この説の難点は、自然と性欲が薄れるなら、なぜわざわざインセスト・タブーについての法や規則をつくる必要があるのかという点にある。

第三の類型は、社会・文化的な理由があるという説である。そのひとつは、戦士民族の略奪婚にこのタブーの起源を求めるものであるが、全ての民族へと一般化するのはむつかしい。もうひとつはデュルケームの説で、女性の経血への恐れからインセストは生じたという説である。しかし、デュルケームが依拠するオーストラリアの未開社会では、月経の血の恐れは、トーテム信仰に由来する血一般への恐れの特殊なケースに過ぎない。これまた一般化するのには難があるのだ。(6)

それではインセスト・タブーとはどういうものだろうか。レヴィ＝ストロースはこう説明している。

インセストの禁止は、〔…〕、単に禁止であるばかりではない。それは何かをすることを禁じると同時に、何かをするように命令するのだ。インセストの禁止は、〔…〕、ひとつの互酬規則なのである。[7]

僕らはふつうインセストの禁止というと、近親相姦を犯してはいけないという禁止の面ばかりに意識がいくが、レヴィ＝ストロースはこの禁止が同時に女性を贈与しろという命令であることにも注目している。しかも、この贈与は贈与交換なのである。「私が自分の娘や姉妹に手をつけるのを断念するのは、隣人が同じように断念するからに過ぎないのだ」[8]。だから、インセスト・タブーは同時に贈与交換の規則として理解されなければならない。とすれば、それは自分が飲むワインを断念して相手のグラスに注ぎ、相手も注ぎ返すという贈与交換と何ら変わりないのだ。自分の家に生まれた女性を犯すことなく、よその家に嫁がせ、よその家に生まれた女性を嫁にもらうのも、ワインを交換しあい仲良く食事をするのも、僕らの無意識を縛る禁止と贈与交換の命令という点では同じものと言えるだろう。モースの考えた贈与交換の理論は、レヴィ＝ストロースによって発展させられて親族関係や婚姻についての考察に活かされているのだ。

最高の贈り物としての女性

『親族の基本構造』は、世界中の膨大な資料を踏まえて代数学の群論を応用して親族関係について研究したものである。特に第二部は、オーストラリア、北東・東南アジア、古代中国、インドなどの資料を徹底的に読み込んでいる。ワインの交換の話は第一部のなかの「互酬原理」の章に登場するが、ただの挿話に過ぎない。しかしレヴィ＝ストロースの巧なところは、ワインの交換を通して贈与の風習が現代でも生きていることを感じさせてくれる点にある。未開社会では、ある部族から別の部族に女性が贈与されるのだが、それではどうして女性が贈与の対象になるのだろうか。彼は次のように答えている。

> 女性は贈り物のひとつに過ぎない。しかも、互酬贈与の形式でのみ獲得できる贈り物のうち最高のものなのだ。(9)

酒や高級食材が贅沢なものであることを思い出してもらいたい。それと同じように、女性も部族にとって貴重な存在なのである。だから、部族の身内が生まれた女性に手をつけるのが禁止され別の部族に贈与されるわけである。未開社会において贈与交換の対象になるのは、部族にとってかけがえのないものばかりなのであり、しかもその中でも女性は最高に価値のあるものなのである。実際、レヴィ＝ストロースは、ソロモン諸島、ニューギニア、ブラジル西部などの多くの未開部族の例をあげて証明している。例えば、ブラジルのナンビクァラ族では、二つの部族の間の戦争が終わり和解するといくつもの贈与交換が行われ、その最後に花嫁の交換が行われる。花嫁は平和と友情の最終的な証なのだ。(10)

そして、ワインを隣人のグラスに注いだら注ぎ返してくれるように、女性の贈与にもお返しがある。二つの部族のあいだのこういった互酬贈与の場合もある。これは「限定交換」と名付けられている。**図1**で示すと次のようになる。

ただ、女性の交換はワインのそれよりも複雑で、必ずしも二つの部族の間だけに収まらない。いくつもの部族にまたがって交換が行われる場合もあるのだ。A部族がB部族に女性を贈与すると、今度はB部族がC部族に女性を贈与する。さらに、C部族がD部族に女性を贈与し、D部族はA部族に女性を贈与する。これは「全面交換」と呼ばれている。**図2**で示すと次のようになる。

これが未開社会における贈与交換のシステムなのだ。互酬性の概念は大幅に拡張されている。レヴィ＝ストロースはモースの贈与交換の発想を発展させて、未開人の婚姻のこのシステムを発見し

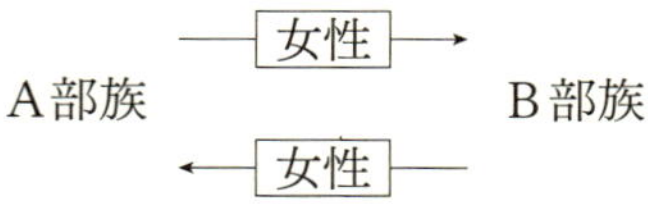

図1「限定交換」

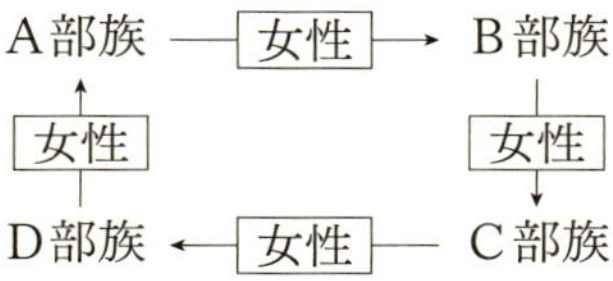

図2「全面交換」

ていった。未開部族の人たちは、意識することなくインセスト・タブーと贈与交換の規則に従って親族関係をつくりあげているのである。

ワインを人に注ぐことは、なんと未開社会の婚姻のシステムにまでかかわってくるのだ。いやそれだけではない。現代の文明社会にもいまだ根強い「女性を嫁がせる」という発想の根底にもかかわっている。ただそう考えると、夜ひとり手酌で酒を飲むとき、僕らは知らないうちにインセスト・タブーを犯す禁断の快楽と同じものを味わっているのだろうか。

第４章
クリスマスとハロウィン
クロード・レヴィ＝ストロース（Ⅱ）

くりすますの木も、さんた・くろうすも実はやはり、昔の耶蘇教徒が異教の人々の「生活の古典」のみやびやかさを見棄てる気になれないで、とり込んだものであったのである。

折口信夫「古代生活の研究　常世の国」

二〇世紀後半の人類学に大きな足跡を残したレヴィ＝ストロースは、構造主義の思想家としてもよく知られている。一九六二年に発表した『野生の思考』で、彼は当時一世を風靡していた哲学者サルトルの歴史観を、未開部族の歴史を無視する西欧中心的なものと批判した。これを皮切りに、彼の提唱する「構造」という概念がまたたくまに広まり、時代の流行はサルトルの「実存主義」から「構造主義」へと移っていった。人類学のレヴィ＝ストロース、精神分析学のラカン、マルクス学のアルチュセール、哲学のフーコー、文学のバルトといった面々が知の前線を形成する時代が訪れるのだ。それに先立つこと一〇年、将来そういう巡りあわせになるとはつゆ知らず、レヴィ＝ストロースは「火あぶりにされたサンタクロース Le Père Noël supplicié」という論文を、サルトルが編集する雑誌『レ・タン・モデルヌ』に寄稿している。この論文の邦訳者の中沢新一によれば、「レヴィ＝ストロースはいささかジャーナリスティックな書きぶりのこの論文を、自身の著作目録におさめることをしなかったが、この論文の中にいる彼はすでに完全なレヴィ＝ストロースその人である」し、「この論文に優るクリスマス論はその後もあらわれていない」(1)出色の作品である。たしかに、「火あぶりにされたサンタクロース」は彼の輝かしい業績のなかでは傍流のものであるが、サンタクロースを通して贈与の本質的な面が明らかにされている。ひとつの贈与論として取り上げてみたい。

サンタクロースの処刑

一九五一年フランスの地方都市ディジョンでサンタクロースが異端として火あぶりに処せられる事件があった。夕刊紙「フランス・ソワール」は次のように報じている。

サンタクロースが、昨日午後、ディジョン大聖堂の鉄格子に吊るされたあと、大聖堂前の広場において、人々の見守るなか火あぶりに処せられた。この派手な処刑は、教区若者組に所属する数百人の子供たちの面前で、おこなわれたのである。この刑の執行は、サンタクロースを教会の横領者にして異端者として有罪判決を下した、聖職者の同意のもとに、決定された。サンタクロースは、クリスマスの祭りを異教化し、他の鳥の巣で孵化して巣を乗っ取ってしまうカッコウのように教会のなかに居すわって、ますます大きな顔をするようになったとして、非難されたのである。(2)

これは本当にあった事件である。サンタクロースが処刑されたのだ。といっても、火あぶりにされたのは、生身の人間ではなく、人形である。しかし、異端審問と火刑というのは、中世から近世にかけて猛威を振るった魔女狩りを彷彿させるし、むしろキリスト教の負の部分を連想させることを考えれば、大きなスキャンダルとも言えるだろう。もちろん、ディジョンの教会もセンセーショナルな効果を狙ったから、こういった過激な行動に走ったのだろう。この事件は多くの新聞がとりあげ、批判的に論じているのだが、その批判も強いものではなく、どちらかと言えば穏当なものであった。それでは、どうしてサンタクロースは異端として処刑されなければならないのだろうか。その理由は、クリスマスというキリスト降誕祭の本来の意味が、この男によって捻じ曲げられてしまったからである。もともとクリスマスは、イエスの生誕が祝われるべき日なのに、サンタクロースのプレゼントのほうが重要度を増してしまっているのだ。「フランス・ソワール」の記事の続きによれば、各地の公共学校で行われてきた「クレッシュ」の伝統――キリスト降誕の場面の模型をつくる風習――が、サンタクロースのせいで等閑にされはじめているのが大きな理由だそうだ(3)。かくして、教会にとって腹立たしいことに、イエスの存在は小さくなり、サンタクロースによる別の祭りに変質しているのである。

サンタクロースに思い出のある人も多いだろう。子供のころ、「良い子にしていたらサンタさんからプレゼントがありますよ」と教えられ、イヴの晩わくわくして眠りについて、翌朝目を覚ますと枕元にプレゼントが置いてあって喜んだ経験はないだろうか。両親に聞くと、サンタクロースが夜トナカイに橇を引かせてプレゼントを届けてくれたと言う。恥ずかしながら僕もそんな話を子供のころは信じていた。ただ、今思い返してみると、自分がキリスト教徒ではないからかもしれないが、クリスマスがイエスの生誕を祝う儀式であることは頭で理解していても、やはりサンタクロースがプレゼントを届けてくれる特別な日というイメージが強かった。讃美歌を歌ったり、樅の木を飾ったりしたが、別に信仰心も生まれなかったところをみると、むしろ変質したクリスマスの虜になっていたのだろう。

それでは、どうしてクリスマスはこういった祭りになってしまったのだろうか。この問いに進む前に、まずはサンタクロースの由来を確認しておこう。サンタクロースの話の起源は、四世紀ごろの小アジアの都市ミラの司教、聖ニコラウスにある。この聖人は死刑囚の冤罪を晴らしたり、数々の奇跡を行ったことで名高い実在の人物であるが、次のような逸話がある。貧しさのあまり自分の三人の娘を身売りさせなければならない人がいて、その人を救うために、聖ニコラウスは暖炉から金貨を投げ入れ、それがたまたまそこに吊るされていた靴下のなかに入り、身売りは避けられたという話である。この逸話がクリスマス・プレゼントの由来と言われている。話の真偽は定かでないが、暖炉といい靴下といいクリスマスによくお目にかかるものがこの逸話には出てくる。そして、この聖（セント）ニコラウスをオランダ語で呼ぶと、シンタクラースとなり、それが新大陸のアメリカで訛ってサンタクロースになったのである。

もちろん、聖ニコラウスの伝説がすべてではない。僕らが思い浮かべるサンタクロースに付き物の赤いナイトキャップや橇を曳くトナカイは、どう見ても小アジア（トルコ）にいた司教の姿に似つかわしくない。後世描かれたこの聖人の肖像画のいくつかを見てみても、だいぶ姿が異なっている。実際、現代のサンタクロースのイメージはアメリカの商業主義によるところが大きい。今日、デンマークに本部をおくグリーンランド国際サンタクロース協会なるものが存在するが、やはりサンタクロースは北国のイメージと切り離せない。白い髭をたくわえた太った老人が赤い服を着て、赤いナイトキャップを被り、白い袋を背負い、雪のなかをトナカイが曳く橇にのり、子供たちにプレゼントを配る。これがふつう僕らが抱くイメージだろう。誰がこのイメージを最初に考えたかについては諸説あるが、このイメージを広く世界に流布させたのは、一九三一年に始まるハッドン・サンドブロムの描くコカ・コーラ社の広告によると言われている。しかも、なぜサンタクロースが人気があるかというと、やはり子供たちへのプレゼントのおかげだろう。ここに僕らが毎年出くわすクリスマス商戦の秘密があるのだ。そこには信仰があろうとなかろうとかまわない。キリスト教に縁のない人たちも、クリスマスを祝い、無償の贈与をおこなうこの老人を愛するのだ。クリスマスは全世界に広がったが、それはアメリカの商業主義によって作り上げられたものであり、その意味ですぐれて現代的な祭りにほかならない。

クリスマスのこういった商業化の波は、第二次世界大戦後のフランスにも押し寄せていた。イエスの誕生と聖ニコラウスを祝うそれまでの伝統的な祭りから、アメリカ化したサンタクロースの祭りへと変質していったのである。戦後アメリカが軍事的にも経済的にもヨーロッパを凌ぐようになり、さまざまなアメリカ文化がヨーロッパに流入するようになると、クリスマスも変わってこざるをえないのだ。これは、教会からみれば、クリスマスの本来の姿からの大幅な逸脱にほかならない。だからディジョンの教会は、いささかスキャンダラスなやりかたとはいえ、サンタクロースの処刑という手段に訴えたのだ。商業ビジネスによって変質したクリスマスを異教化したものと断罪し、その責任を彼にとらせたわけである。

クリスマスとハロウィン

しかし、問題はそれだけだろうか。クリスマスの異教化は、アメリカ流の風俗や資本主義の批判ということで落ち着くのだろうか。レヴィ＝ストロースはクリスマスの伝統をさかのぼって分析しながら、そのなかにキリスト教の信仰にもアメリカの商業主義にも還元されないものを見ようとする。実際、クリスマスはアメリカ風の現代の祭りであり、いろいろな要素のごった煮とも言えるが、それらはいくつもの文化的な古層と結びついている。それは教会も公認している聖ニコラウスの伝説ばかりではない。例えば、クリスマス・ツリーの起源には太古からの樹木崇拝があり、「魔法の木、火、絶えることない光、恒久の緑」[4]といった象徴への欲求をツリーは満たしてくれる。サンタクロースの橇を曳くトナカイについては、「ルネッサンス時代のイギリスの資料には、クリスマスの舞踏の際に持ち歩いた、狩猟の記念品のトナカイのことが述べられている」[5]。それから、古代ローマのサトゥルヌス祭。サトゥルヌス神を讃えるこの祭りは、冬至のころ行われていた。レヴィ＝ストロースは次のように言う。「古代ギリシア・ローマ時代から、中世にいたるまで、『十二月の祭り』には、共通の性格があった。そこでは、緑の植物で建物が飾られていた。それから、贈り物の交換がおこなわれ、子供たちにも贈り物がなされ、陽気な祝宴が張られた。また、富んでいる者と貧しい者、主人と召使が、仲良く平等におつきあいした」[6]。そして、こういった諸々の起源のなかで彼が特に重視するのは、中世の子供たちによる寄進集めである。彼らは家々を回り、歌を歌ったり祈りの文句を唱えたりして、お返しにお菓子や果物を受け取るのだ。現代のクリスマスの子供たちはプレゼントを待っているだけだが、中世の子供たちは聖ニコラウスの代理人として積極的にプレゼントをもらいに行ったのである。

中世の子供たちは、煙突から落ちてくるおもちゃを、期待に胸ふくらませ、待っていたりはしなかった。この時代の子供たちは、もっと積極的で、変装をしてグループを組み（このため、昔のフランス人は、こういう子供たちのことを、「ギュイザルト（やつし）」と呼んだものである）、家々を回って歌を歌ったり、祈りの文句を唱えたりして、お返しに果物やお菓子を受け取るのだった。[7]

例えば、一八世紀のスコットランドでは子供たちが口ずさんだという次の歌が残されている。

起きなさい、人の良い奥さん、なまけちゃいけない
この世に生きている限りはパンを焼くのさ
時が来て、あんたが死んでしまえば、
食事もいらない、パンもいらない[8]

ちょっと生意気でお節介な気もするが、当時の子供たちは積極的だったのだ。この寄進集めはクリスマスのときだけではなく、それ以外のときにも行われていたが、何か別のものを僕らに連想させないだろうか。それは外でもない、ハロウィンである。レヴィ＝ストロースは次のように述べている。

こういう寄進集めの性格は、この寄進集めの季節の先頭を切る、ハロウィン祭（教会の決定によって諸聖人の日の前夜祭とされている日）に、もっとも特徴があらわれている。この日には、今日でも、アングロ・サクソンの国々では、子供たちが幽霊や骸骨の変装をして、大人たちをうるさく責めたて、家の食卓に並んでいる食事を、彼らに出さなければ、大人はおちおち眠ることもできないのである。(9)

昨今のコスプレブームと相まって、ここ数年のハロウィンではわが国でも多くの人が仮装して街頭に繰り出し、話題となった。ゾンビ・ファッションに身を包みペインティングを顔や手に施した若者が渋谷に繰り出すさまは、なかなか壮観だった。フランスでもハロウィンは徐々に定着してきたが、アメリカほどの盛り上がりはない。この祭りを祝うのは、基本的にはプロテスタントの国であり、特にアングロ・サクソン諸国なのである。古代ケルトの信仰に由来するハロウィンでは、子供たちは魔女やお化けの恰好をして近所に繰り出してお菓子や食べ物をもらう。何ももらえないときは悪戯をしていいことになっている。そして、寄進集めにも通じるこの儀礼について、レヴィ＝

ストロースは秋の季節に行われる点に注目している。なぜか。ハロウィンは一〇月三一日、クリスマスは一二月二五日である。ハロウィンからクリスマスにかけては、一年のなかで夜がだんだんと長くなる。人々の生命力が弱まり、死に脅かされる危険な季節である。これを擬人化して、死者によって生者が脅かされると言ってもいいだろう。そう、夜が長くなる秋には、死者が復活するのだ。

このように秋のはじまりから、光と生命の救出を意味する冬至の日にいたるまで、秋という季節は、儀礼のレヴェルでは、弁証法的な歩みをともないながら、進行していく。そのうち重要な段階は、次のようなものである。まず、生者の世界に、死者がもどってくる。死者は生者をおどしたり、責めたてて、生者からの奉仕や贈与を受け取ることによって、両者の間に「蘇りの世界（モンド・ヴィヴェンディ）」が、つくりあげられる。そして、ついに冬至がやってくる。生命が勝利するのだ。そののち、クリスマスには、贈り物に包まれた死者は、生者の世界を立ち去り、次の年の秋まで、生者がこの世界で、平和に暮らすことを認めてくれるのである。(10)

秋になると、僕らは復活してきた死者と向きあわなければならない。ハロウィンは、復活した死者が生者を脅し、もてなしを要求する象徴的な儀式だろう。死者に仮装した子供にお菓子をあげるのは、そのためにほかならない。お菓子がもらえない場合に悪戯をしていいというのは、死者の怒りの表現なのである。よく考えてみれば、ハロウィンは大変怖い儀式なのだ。しかしどうして、クリスマスで死者は贈り物に包まれる、とレヴィ＝ストロースは考えるのだろうか。クリスマスでプレゼントをもらうのは子供であり、ハロウィンとは異なり、子供はお化けの変装などしない。しかも、贈り物をするのは、サンタクロースという異界の住人である。死者はむしろプレゼントをする側にいるのではないだろうか。こういった疑問に、レヴィ＝ストロースは多くの資料に当たりながら、こう答えている。

〔…〕クリスマス・イヴの晩餐が、もともとは死者に捧げられた食事であることが、いよいよあきらかになってくる。この晩餐の食卓では、招待客が死者で、子供たちは天使の役目を果たしているのだ。天使たち自身も、死者であることを忘れてはならない。だから、クリスマスと新年（新年はクリスマスの分身なのである）が贈与の祭りであっても、少しも不思議ではない。死者の祭りは、本質的に他者の祭りである。他者であるという事実は、私たちが思い描くことのできる、もっとも身近な死のイメージなのだ。[11]

ハロウィンでは仮装した子供たちが食事をとるが、イヴの晩餐では子供たちはふつうの姿で参加する。しかし、その晩餐では子供は天使の役割を果たしている。天使は異界の住人、いわば死者である。子供は社会集団に不完全にしか所属していないから、生者のなかの異者ないしは他者なのだ。そうだから、子供は異界の住人や死者の役割を担うことができる。[12] そして、親から子供へのプレゼントは、サンタクロースという異界の住人からの贈り物というかたちをとるが、実は生者である親から死者である子供への贈り物である。だから、クリスマスという儀式を通して、死者は贈り物で満たされるというわけなのだ。

異界との交流

レヴィ＝ストロースの見事な分析で、ハロウィンとクリスマスの隠れた意味が僕らにも理解できるだろう。この二つの祭りは、秋から冬にかけて戻ってきた死者をもてなし贈り物をすることで、死者との良好な関係を結ぶことにある。生者は死者に贈り物をし、死者のほうは生者に平和に暮らすことを保証してくれるのだ。二つの祭りは、生者と死者の間の交換と契約の証にほかならない。やがて年が明け、昼が長くなってくると、死者は異界に帰っていき、生者は平和に暮らすことができるのだ。

この二つの祭りは、キリスト教の枠組みを越えて、聖なるものや異界のものとの根源的な交流を示している。それはキリスト教がはらまざるをえない異教的な側面とも言えるだろう。そう考えれば、ディジョンの教会がサンタクロースを異端として処刑したのも、当然と言えよう。しかし、それは教会や一部マスコミの人たちが考えるような、クリスマスのアメリカ化や商業化という表面的な理由からではない。遠く異教の世界にも繋がる、生者と死者の深い交わりがクリスマスやサンタクロースに見いだせるからである。クリスマスにせよハロウィンにせよ、こういった「冬の祭り」は贈与の祭りである。贈与が僕らに交流をもたらしてくれるのだ。(13) しかもそこでは、贈与は死との関わりかたである。それは、死者をもてなすことで死と関わることにほかならない。フランスでは諸聖人の日や死者の日、日本ではお盆やお彼岸といった死者をもてなす風習はあるし、昔に比べるともともとの信仰も徐々に希薄になりつつあるものの、今でもちゃんと続いている。しかし、宗教が公的に定めたこういった風習以外にも、今日の日本におけるクリスマスやハロウィンのように死者をもてなしているようにはみえない祭りもある。しかも、今日では世界的な広がりをみせるこれらの祭りに、キリスト教の信仰をもとうともつまいと、誰もが参加できる。クリスマスとハロウィンは、現代では本来の意味は忘れられてはいるものの、その祭りに参加する者たちは、太古から受け継がれている死者の歓待を、知らず知らずのうちに行っている、のではないだろうか。イヴの晩餐を取りながら、あるいはゾンビ・ダンスを踊りながら、贈与を通して人々と交流しつつ、僕らは無自覚のうちに死と関係をもってしまっている。たしかに、諸聖人の日やお盆のような風習とくらべれば、そこには死者への崇敬はあまり感じられないだろう。しかしこれは、現代の僕らが忘れてしまっているが、無意識のうちに受け継いでいる死との交わりかたではないだろうか。クリスマスもハロウィンも子供が主役でプレゼントをもらう幸せな祭りのようにも見える。しかし、この幸福は象徴的なかたちで死と隣り合わせの危ない祭りでもあるのだ。[14]

第５章

贈与のスカトロジー

ジョルジュ・バタイユ（Ⅰ）

《かい》がらで　うんこを　はさんで　プレゼントしよう。
『うんこかん字ドリル　小学1年生』

ロード・オーシュ〔『眼球譚』でのバタイユの筆名〕は、糞をたれる神である。
ジョルジュ・バタイユ『小さきもの』

冒頭から恐縮だが、みなさんはウンコについてどうお考えだろうか。

汚い、臭いというごく自然な反応から、堆肥として草花の肥やしになるという意見や、性的な興奮や食欲を覚えるという危ない発言まで、みなさんのウンコ観はさまざまだろう。

汚いというのはもっともな話だが、体内にあったときは誰もそんなことは言わないのに、体の外に排泄された途端、ウンコはどうして汚らしいものになってしまうのだろうか。

ひとつには異臭を放つからだろう。実際、体外に排泄されたもので異臭を放つものは多い。ウンコ以外にも、オシッコ、ゲロ、ツバ、ザーメン……、どれをとっても尋常ならざる匂いがする。悲しいかな、これらはもともと僕らの体の一部であったのに、体の外に出ると汚物という烙印を押されてしまう。

糞尿文学

このスカトロの世界に徹底的にこだわったのが、若き日のジョルジュ・バタイユである。例えば、彼は『太陽肛門』という奇怪なテクストを書いている。そこでは、太陽による光の照射、肛門からのウンコの噴出、火山の爆発、男根の勃起と射精、異質なものどうしの交接《セックス》……といったイメージが幾重にも詩的にかさねあわされている。肛門からのウンコの噴出の箇所を引用してみよう。

> 地球は肛門の役目を果たす火山におおわれている。
> 地球は何も食べないが、時折その臓腑の中身を外に投げ捨てる(1)。

> 太陽の環は、一八歳の肉体の処女なる肛門である。肛門は夜だとはいえ、これに比肩できるくらい人を盲目にさせるものは、太陽を除けば存在しえない(2)。

最初の引用では、地球と火山の関係と肛門とウンコの排泄の関係が結びつけられている。二番目の引用では、太陽と肛門のイメージがかさねあわされているものの、ウンコは登場しない。だが、この箇所について、バタイユは「松果体の眼」というテクストで注釈を加えており、そこでは、太陽、肛門、松果体の眼の結びつきが語られている。「頭蓋のてっぺんにある眼を、噴火する恐ろしい火山として、ちょうど尻とそこからの排泄物と結びついたいかがわしい滑稽な性格をもったものとして、私は思い描いていた(3)」。そもそも松果体とは、大脳にある内分泌器である。しかし、哲学では古くから精神と物質をつなぐものとして名高かかった。そして、バタイユは、自分のファンタスムのなかで、頭のてっぺんに「松果体の眼」なるものがあると考え、この眼は太陽にあこがれ同一化しようとするが、太陽を凝視することで焼きつぶされ盲目となる、と夢想する。彼のイメージのなかでは、噴火する火山、ウンコを垂れる肛門、太陽に焦がされる眼がかさなり合うのだ。「肛門は夜」という表現が意味するように、尻の穴である肛門は頭上に輝く太陽とは正反対に位置している。また、太陽を凝視する眼とも対極の位置にある。四足の動物と違い、二足歩行の人類の肛門は地面のほうを向いている。太陽を見上げることもその光を享受することもできない。ただ地面にウンコを垂れるだけである。そういった情けない肛門と光輝く太陽を交接《セックス》させるかのように結びつけたのが、「太陽肛門」というタイトルのテクストであり、肛門と頭蓋のてっぺんの眼と結びつけたのが「松果体の眼」である。太陽や眼とともに、肛門とウンコがバタイユの頭に強迫観念のようにこびりついているのがわかるだろう。

それだけではない。バタイユが最初のエロティック小説『眼球譚』を発表する前に、彼は『W.C.』という作品を書いていた。残念ながら、この作品は世に出ることはなく、作者自身によって破棄されてしまった。とはいえ、何やらスカトロジックな想像を掻き立てるタイトルである。作品内容はよくわからないが、バタイユによればこの作品の影響が『眼球譚』のペンネームに表れているという。このネームは、ロード・オーシュであり、そのまま訳せば「オーシュ卿」である。イギリスの貴族が書いた小説のイメージである。しかし、バタイユの説明によれば、オーシュは「糞でもたれてろ！（オウ・シュオット）」というけんか言葉の省略したかたちであり、彼の友人のひとりが怒り狂って叫ぶとき、「オウ・シュオット」とは言えずに、「オーシュ」と言っていたことに由来する。そして、ロードは英語で神の意味もある。だから、ロード・オーシュという一見すると高貴なペンネームは、「糞をたれる神」という意味も併せ持つのだ。ここにも彼が糞尿にこだわりをもっているのがわかるだろう。(4)

それではどうして、バタイユはウンコにこだわるのだろうか。彼自身の自己分析によれば、幼少の頃、父親が病気で寝たきりになり、下の世話を彼がしたことが原因になっている。介護体験が彼の糞尿文学の原点にあるのだ。

さらに落胆したのは、幾度となく、父が糞をするのを見たことだ。目の見えない父は、麻痺した体で寝床《ベッド》から降りるのだった（父は目も体も不自由だった）。苦労して降り（私が手をかした）、肌着姿で、頭にはたいてい木綿のナイトキャップをかぶり、便器の上に腰を下ろすのだった。（父は先の尖った灰色の髭を生やしていたが、髭の手入れはしていなかった。鼻は鷲のように大きく、落ちくぼんだ眼もかなり大きいが、その眼はじっと虚空を見つめていた）。「閃光的苦痛」のせいで、彼は獣のような叫び声をあげ、脚を腕で抱え込んでいても、その甲斐もなく、折り曲げた脚を前の方へ投げ出してしまうのだった。(5)

バタイユの父親は梅毒にかかっており、彼が生まれたころにはすでに視力を失っていた。病気はさらに進行し、彼の幼少期には父は梅毒による脊髄癆で四肢の自由を奪われ寝たきりであった。「閃光的苦痛」は、頻繁に訪れるこの病気による発作である。しばらくして、父はついに発狂してしまう。その後、第一次世界大戦が始まると、バタイユの家族が住んでいたランスはドイツ軍の砲火にさらされることになり、バタイユは母親と町を逃げ出し、体の不自由な父を置き去りにする。やがてドイツ軍が去り、彼らが帰宅すると、父はすでに棺のなかにいた。(6) 彼は終生このことに罪悪感を持ち続けるのであり、父の排便のイメージは彼の心の底でウンコへの異様な執着へと展開していくのだ。

異質学

彼の場合、スカトロジーへの関心は、文学の分野だけにとどまってはいない。バタイユは「異質学l'hétérologie」という社会理論なるものまで構想している。それは「所有」と「排泄」の二つの極をベースにしたものである。僕らがふつうに肉や野菜を食べるとき、それらは消化されて体内に吸収される。これを広い意味での「所有」と考えてもいいだろう。肉や野菜は同化され血や肉など体の一部となり、「所有」されるのだ。その際、体にとって不要なものや有害な異物は吸収されずに「排泄」される。体内にとりこまれないものは、僕らにとって同化できない異質なものなのである。

それに対し、体に吸収されたものは同質化された、とバタイユは考える。そして、彼はこの「所有」を単に食物の吸収だけに限定しない。人間の活動全般に広げていくのだ。

人間が所有するものは食物ばかりではない。自らが活動して産みだしたいくつもの異なる物、つまり衣服、家具、住居、生産の道具をも所有するのだ。最後には人間は土地を区画に分け所有しさえする。(7)

人間は自分の生活に役に立つさまざまな道具を産み出し、自然の環境を自分に適するように変える。そうすることで、自然を作り変えてわが物とするのだ。これも「所有」であり、同質化なのだ。さらには、こういった「所有」や同質化は、科学や通常の認識の次元にも言える。僕らがふつう何か未知のものに接するとき、既に知っているものと照らし合わせながらそれを認識する。例えば、ある物について「これはリンゴだ」と言い、この物を認識したとき、この物についての知識が「私」によって「所有」されるのだ。僕らが知っているものは、決してバラバラな存在ではなく、共通の尺度で測れる存在、アイデンティティをもった存在なのである。こういったやりかたで僕らは世界を同質なものとしてとらえていき、広い意味で「所有」していくのだ。(8) そして、バタイユのユニークなところは、この同質化を体内化とのアナロジーで考えていくところにある。先ほど述べたように、人体では、役に立つものは体内に吸収され同化されるが、不要なものは体外に排泄される。それと同じように社会に役立つものは同質化できるが、役に立たないものは異質なものとして排除される。有用性が体内への同化や社会の同質化の根底にあるというわけだ。それでは僕らの社会において、何が異質なものだろうか。バタイユはこう述べている。

社会的な事柄を宗教的な事柄（聖なる行為による禁止、義務、実現）と世俗の事柄（市民、政治、法、産業、商業の組織）に分けることは、〔…〕〈所有〉と〈排泄〉という対極的な二つの衝動を定義するうえで、基盤の役割を果たすことができる。(9)

僕らはふつう世俗の世界に住んでいる。働くにせよ、ものを作るにせよ、商売をするにせよ、社会での活動は世俗のそれである。こういった活動をしながら、僕らは社会の一員であり、そこから排除されはしない。このことによって、僕らは知らないうちに何らかのかたちで社会の役に立ち、社会の同質化に貢献しているのだ。それに対して、社会から排除された異質なものの例として、バタイユはまず宗教的な事柄を挙げている。もちろん、宗教であっても、例えば政治や法、さらには商売といった世俗的なものと関係がある場合が多い。僧侶が金儲けをしたり、政治活動をしたりする例を、僕らはいくつも知っている。それを認めたうえで、バタイユはあくまでひとつの極として挙げているのだ。宗教がどうして重要かというと、それが聖なるものと関わっているからである。聖なるものは、フランス語でsacré（サクレ）というのだが、この言葉の語源には「分離する」「分け隔てる」の意味がある。「聖別する」と言ったほうが、この語のニュアンスをよく伝えている。聖なるものは、僕らの世俗の日常から隔てられているのだ。だから、宗教は異質なものを考えるときに模範的な例となるのである。ただ、ふつう宗教では、聖なるものは肯定的に語られている。例えばキリスト教の場合、神は善であり、愛であり、純粋である。神の子イエスも聖職者も程度の差はあれ同じである。たしかにこういった存在は、僕らが日常生活を送る社会から分け隔てられている。しかし、「排泄」されるのは、こういった清浄な存在だけだろうか。バタイユは「異質なもの」とか「排泄」という言葉を使うことで、日常社会から排除されるものの範囲をもっと広くとらえている。神、供犠、宗教的恍惚のみならず性行為、排泄物、賭け事、止められない浪費などもそこにふくめている。例えば、彼は次のように書いている。

排泄物（精液、経血、尿、糞）と、聖なるもの、神的なるもの、奇跡的なものと見なすことのできるあらゆるものが、人間の心の上では基本的に同じものであること〔…〕[10]。

宗教の聖なるものをスカトロジックに拡大していくと、異質なものになるのだ。しかも、異質学の視点に立つと、神と排泄物が同じ次元に置かれることになる。他にも、調和的な美に収斂しない破壊的なポエジー、民衆が熱狂する革命における破壊的な暴力も異質なものと彼は考えている[11]。これら異質なものはすべて社会のウンコなのである。

消費

社会の役に立たない異質なものを、バタイユはまた経済の観点から考察していく。一九三一年に彼はマルクス主義のグループ「民主共産主義サークル」に入り、『社会批評』誌の寄稿者となる。「ヘーゲル弁証法の根底批判」や「ファシズムの心理構造」のような優れた論文を寄稿しながら、彼はこのグループのなかで異端に位置していた。それは経済の論文「消費の観念」にもよく表れている。マルクス主義の経済学においては労働と生産が中心の考えが根強いが、彼はあえて消費中心の発想をとっているからである。そこでは、社会のウンコは「非生産的消費」と解釈されることになる。

人間の行為は、生産と保存という二つのプロセスをもちだすだけで説明しきれるものではない。また消費は、二つの異なる部分に分けなければならない。第一の消費は生産と保存のプロセスによって説明できるものであり、ある社会の個人にとって生命の維持と生産活動の継続に最低限必要なものの利用を表している。だから問題となるのは、ひとえに生産活動の根本条件だけである。第二の部分は非生産的といわれる消費によって表現されている。奢侈、喪、戦争、祭礼、豪華な記念碑の建立、賭け事、見世物、倒錯的な(すなわち、生殖目的からそれた)性行為は、少なくともその根本条件において、それ自身に目的をもつ行為を表現している。生産の媒介の役目を果たす消費の様式をすべて取り除いて、これらの非生産的形態に消費という言葉を取っておく必要がある[12]。

どうして僕らは酒を飲んだり、ゲームをしたりするのだろうか。例えば、酒を飲んだりゲームで気晴らしをしたりするのは、翌日また働くための英気を養っているのであり、再び生産的活動をするための消費である、と言うこともできる。生産中心の見方をする限り、消費はこのように位置づけられてしまう。しかし、消費はただそれだけのものだろうか。酒も飲みすぎて二日酔いになり、ゲームもはまってしまい睡眠不足になって、翌日の仕事にさしつかえた経験はないだろうか。もちろん、二日酔いや睡眠不足をちょっと度が過ぎたぐらいの単なるアクシデントとみなすこともできるだろう。しかし、そうではなく、飲酒が楽しくて楽しくてしかたなかったり、ゲームへの熱中で後先を忘れたりするのは、これらの消費の行為のなかで、消費自体が目的となっているからではないだろうか。バタイユは消費のありかたに生産という目的に従わない側面を見てとる。その典型が、「奢侈、喪、戦争、祭礼、豪華な記念碑の建立、賭け事、見世物、倒錯的な（すなわち、生殖目的からそれた）性行為」なのである。引用のなかに登場する性行為を例に取ってみよう。性行為は、もともと動物の交尾と同じように子孫を残すためのものだったが、それだけでは説明は十分ではない。生殖（生産）から切り離される場合もあるからである。同性愛は言うに及ばず、ある種の人たちが手にする鞭や蝋燭だって生殖目的のためのものとは言えないだろう。これが生産を目的としない「非生産的消費」なのである。もう少しわかりやすい言葉を使えば、「消費のための消費」とも言える。

贈与とウンコ

それでは、贈与はどうだろうか。そもそも贈与は、純粋に善意からのものであれ見返りを期待するものであれ、贈り手が経済的に損をする行為であるから、バタイユが興味を覚えるのも当然と言える。マルセル・モースの『贈与論』に感銘を受けた彼は、北アメリカ原住民の儀礼であるポトラッチに特に関心をもつ。前にも説明したように、ポトラッチは闘争的贈与交換と呼ばれるもので、二つの部族の首長が相手への贈り物の多さで競い合う儀礼である。より多くの経済的損失を出したほうが、栄誉や地位を手にするのだ。モースはポトラッチに未開人の贈与交換のシステムのひとつを見ていくが、バタイユはモースの考えを認めつつもこの儀礼に交換システムを破壊する危険なものを感じとる。『贈与論』を読み直しながら、彼はポトラッチの理想が返礼なき贈与であることを強調する。

「理想的なのは、ポトラッチを与えてお返しを受け取らないことだろう」と、モースは指摘している。この理想は、慣習に可能な対応物が見いだせない特定の破壊により実現される。(13)

人は相手が絶対に返せない規模の贈り物をしたりすることもあれば、他人が真似できないぐらい自分の所有物を破壊することもある。そういった場合、贈与は交換ではなく一方的なものとなる。僕らの欲望のなかには、交換のシステムに抵抗しそれを崩壊させようとするものが潜んでいるのである。もちろん、ポトラッチの理想が、地位や名誉を獲得するためのものであることは言うまでもない。しかし、バタイユが見ていこうとするのは、こういった獲得の欲望の裏にある経済的損失や破壊への欲望である。ここに贈与と「消費のための消費」の結びつきがある。

とするならば、先ほどの「異質学」の見地からすれば、贈与も社会のウンコにほかならない。そして、「消費の観念」のなかでは、贈与はすぐれてスカトロジックなものとして登場する。というのも、排泄行為は、お腹のなかに蓄えられた貴重な財産をウンコという無価値なものに変えることであり、一方、贈与も自分の財産を人に与えることで、自分にとって価値のないものに変えてしまうことだからである。

贈与は損失と考えなければならない。したがって部分的な破壊と考えなければならない。というのも、破壊したいという欲望を、部分的に受取人に振り向けるからである。精神分析が描く無意識の形態においては、贈与は排泄を象徴しており、排泄はそれ自身、肛門エロティシズムとサディズムとの根深い関連に応じて死と結びついている。(14)

バタイユがここで参照している精神分析は、フロイトの理論である。フロイトにとって、口唇や男根とならんで肛門は幼児期から重要な役割を果たす性感帯である。体内にあるものを破壊して外に出すことから、肛門にはサディズムの快楽があり、さらにこの考えはただの快楽を超えて「死の本能」の考えにも繋がっていく。[15] 無意識の象徴では、贈与は排泄なのであるが、その内実において、両方とも破壊的なのだ。お腹のなかのものを肛門で破壊しウンコにして捨て去るように、僕らは財産を贈与することで破壊しウンコにするのである。この破壊はポトラッチにおいて自分の財産を贈与することと自分の財産を破壊することとが等価であることからもわかるだろう。バタイユによれば、北アメリカの北西部沿岸では、贈与の対象である「紋章つき銅塊」はウンコの象徴である。また太平洋のメラネシアでは、贈り手はすばらしい贈り物を相手の足許にウンコのように置き捨てるそうである。[16] いかなる豪華ですばらしい贈り物であれ、それはウンコ以外の何物でもないのだ。

このように、贈与の本質はスカトロジーにある。贈与のウンコは肛門のウンコに匹敵する。

そう考えると、僕らはトイレのなかで毎日かの「返礼なき贈与」なるものを実践しているのだろうか。

第6章

太陽による贈与

ジョルジュ・バタイユ（II）

私は哲学者ではない、聖人だ、たぶん狂人だ。

ジョルジュ・バタイユ『瞑想の方法』

世界各地の神話を繙くと、太陽が神である場合が多い。メソポタミアではシャマシュ、エジプトではラー、ギリシアではヘーリオスやアポロン、アステカではナナワツィン、インドのヒンドゥー教の神話には、ヴィシュヌやスーリヤ、仏教には大日如来がいる。日本でも、『古事記』に記されている天岩戸の話で有名な天照大御神は、外ならぬ太陽神である。すべての文明とは言わないが、多くの文明で太陽は信仰の対象であった。日本のように主神である場合もあれば、ギリシアのように神々のひとりである場合もあった。なぜ太陽が崇拝されるかといえば、その光のおかげであらゆるものが目に見えるようになるとか、その熱で暖かく過ごすことができるとか、いくつも理由があるが、そのなかのひとつに、光を降り注いで大地に恵みをもたらしてくれるというのがある。

太陽による贈与

この恵みを贈与としてとらえたのが、ジョルジュ・バタイユである。

『社会批評』誌が廃刊になったあと、この思想家はシュルレアリストたちと反ファシズムの運動「コントル＝アタック」の活動を行ったり、ニーチェの影響のもとで神も首長もない共同体を構想した雑誌『アセファル』を刊行したり、「社会学研究会」を組織して聖なるものを探求したりした。第二次世界大戦が始まると、『内的経験』、『有罪者』、『ニーチェについて』という、後に『無神学大全』三部作と銘打たれる「神なき神秘神学」の書物を次々に出版したり、『マダム・エドワルダ』、『死者』、『鼠の話』のようなエロティックな小説を執筆していた。こういった活動の傍ら、彼は「消費の観念」以来の経済についての研究も怠ることなく、『有用性の限界』として死後刊行された膨大な草稿を残していた。これが戦後発表された、三部作『呪われた部分』の第一巻『消尽』へと発展していったのである。

この著作で、彼は光を注ぐ太陽の行為を無償の贈与、つまり何の見返りも求めない贈与と規定している。

生命のもっとも普遍的な条件について手短に語っておこう。決定的に重要な事実だけを強調しておこう。太陽のエネルギーは、生命が繁茂して成長することの根源にあたる。私たちの富の起源と本質は、エネルギーすなわち富を返礼なしに施す太陽の光線のなかで示されている。太陽は決してお返しを受け取ることなく与えるのだ。(1)

もちろん僕らが太陽を信仰し、お供えをしたり家畜を捧げたりして、太陽の贈与に対してお返しをして一種の贈与交換をすることもできるだろう。ただそれはあくまで人間が創り上げた信仰の世界であり、太陽それ自身とは何の関係もない。太陽はただ与えるだけの存在であり、お返しも求めなければ利得の打算もない。ここに贈与の原点があるのだ。

さらに、未開人や古代人はモラルの面でも贈与する太陽の影響を受けていた、とバタイユは主張する。

天体物理学は太陽の絶えざる浪費を計測していたが、それ以前から人々は太陽による返礼なき贈与を感じ取っていた。彼らは太陽が収穫物を実らせてくれるのを目の当たりにし、太陽に属する輝きをお返しを受け取ることなくただ与える人の振る舞いと結びつけたのだ。(2)

未開人や太古の人の風習は、人に物をあげて経済的に損をすることから始まる。たとえ誰かが贈与し、相手も贈与を返すことで、贈与が交換になったとしても、この交換の基盤にあるのは、損失、すなわち消費にほかならない。消費を軸にして交換が行われるのである。このことはバタイユが常に参照しているマルセル・モースの語るところである。そして、消費による交換の最たるものが、バタイユによれば、あのポトラッチである。相手よりも多くの富を贈与することで競い合う北米原住民のこの儀礼は、太陽的な価値観を模範的に示している。というのも、ポトラッチの理想は、返礼を受け取ることなく贈与することだからである。ここでは、生産や所有よりも消費や浪費のほうに価値がある。

こういった価値観についてバタイユが語る例は、なかなかユニークで興味深い。中米メキシコのアステカ人の社会では、多くの戦争捕虜を生贄として太陽の神に捧げたと言われている。彼らにとって、戦争で血を流すことも捕虜を殺戮することも、その血が太陽が光輝き続けるのに必要だからである。戦争も合理的な発想からではなく、宗教的な価値観において行われているのだ。神への血の贈与は、宗教的な浪費にほかならない(3)。また、ダライ・ラマを中心としたチベット社会の例も引かれる。この平和な非武装の社会では、生産され蓄積されたものは僧院や聖職者に贈与される。経済成長や軍事的征服に向けられることなく、僧院への喜捨ということで消費されていくのだ(4)。

こういった価値観は、あらゆるものを商品にしてしまう資本主義のそれと根本的に対立している。マックス・ウェーバーの古典的な名著『プロテスタンティズムの倫理と資本主義の精神』が明らかにしたように、宗教改革以降蓄財を美徳とするようになったキリスト教が資本主義の発展の原動力となったが、バタイユもウェーバーの学説を踏まえてこの面を重視する(5)。以後、西欧が経済的にも軍事的にも大発展し、資本主義は世界を席巻するようになり、生産し商品を交換し利潤を追求しつづける価値観は世界的な広がりをみせるようになる。資本主義を克服したと自称するマルクス主義のソ連も、スターリンの時代に国を挙げて産業化を推し進め、浪費を避け蓄財を行い、飛躍的な経済成長をしていった。革命の成果も、消費や贈与を中心としたものにならず、生産中心的なものから一歩も踏み出していなかったのだ(6)。

今日ではソ連や東欧の社会主義政権が崩壊して久しいし、共産党の支配する国々も次々と資本主義化しており、世界は資本主義の一人勝ちという様相を呈している。もちろん現代の資本主義は、バタイユの生きていたころの資本主義よりもはるかに複雑であるが、商品の交換、利潤の追求、蓄財、経済成長らの価値観は変わらない。僕らが浪費を嫌い、自分の財産や所有物に固執するとすれば、それはお天道さまに背くことだという、太陽の贈与に想を得た価値観とは程遠いのだ。今、資本主義は、格差、ブラック企業、プレカリアートなど多くの問題をかかえている。この資本主義をもういちど考え直してみるためにも、太陽による贈与の考え方は僕らに何らかの重要な示唆を与えてくれるのではないだろうか。

過剰エネルギーの行方

それでは太陽の贈与によって地球はどうなるのだろうか。バタイユは次のように説明している。

太陽の放射は地球の表面にエネルギーの過剰を結果として招く。しかし、まず生物体はこのエネルギーを受け取り、アクセス可能な空間の限界のなかでそれを蓄積する。次に生物体はエネルギーを放射ないし濫費する。そのかなりの部分を放射に割く前に、生物体はそれを最大限成長に利用するのだ。成長し続けることができないという、ただそれだけの理由で、成長は濫費に歩みを譲るのである。(7)

太陽は光を毎日降り注ぐことで地球にエネルギーを贈与しているから、バタイユによれば、地球上のエネルギーは常に過剰なのである。このエネルギーの恩恵を受けながら、生物が誕生し成長し繁殖していくし、植物、草食動物、肉食動物などによる生態系も形成されていく。それは居住可能な空間のなかで行われるのだ。生物の成長や繁殖には太陽エネルギーが利用されているが、この利用をバタイユは過剰エネルギーの蓄積としてとらえている。この場合、成長や繁殖が限界に達したとき、どうなるのだろうか。居住可能な空間を拡大して、成長や繁殖を続けるかもしれない、しかし、それもいつまでも続かない。必ず限界を迎える。そうなったら、自然に調整が行われて、食べ物がなくなり餓死したり、共食いを始めたり、殺し合いをしたりするだろう。成長や繁殖の限界には、ある種の破壊が伴われているのだ。成長のためエネルギーの利用が限界に達したとき、大きな破壊的な消費が生じるというわけである。

そうであるならば、人間の場合はどうだろうか。バタイユは人間も生命体のこの普遍的な条件に従っていると考える。

人間の活動は根本的に生命のこの普遍的な運動に条件づけられている。ある意味で、拡張することで、人間の活動は生命の可能性を広げる。つまり新しい空間を開くのだ（それは自然のなかで木の枝や鳥の翼が行ったことと同じである）。労働や技術が人間を繁殖させるのは、厳密に言えば、生命がいまだかつて満たしたことのない空間においてではない。(8)

植物や動物は成長し増殖していきながら自然のなかで居住可能な空間を拡げてきたが、人間の場合は少し違う。労働や技術によって自然を変形することで、従来の空間を新しい空間に変えてしまうのだ。火を獲得し、冶金の技術を生み出し、火薬を発明し、石炭や石油の利用を思いついた人類が、他の生物にない圧倒的なエネルギーを手にした事実を考えてもらいたい。このエネルギーによって新しい空間が生みだされるのだ。魚が生活する海には船が浮かび、鳥が飛ぶ空には飛行機が行き来し、地上には車が走り、人間の居住空間と生活空間は、生物が占める従来の空間とは変わらないかもしれないが、格段と質が変化している。この質的に新しい空間を、バタイユは空間の拡張ととらえるが、それは、「要するに技術のおかげで、生命が可能な範囲内で実現する成長の基本的な運動を拡張する――続ける――ことができるようになったからである」(9)。この新しく「拡張された」空間のなかで、人類は新たに成長し繁殖を続けるというわけである。技術革新によるエネルギー資源の増大が、空間の拡張と人口の増加という成長をもたらしてくれるのだ。その最たるものが、一九世紀ヨーロッパの産業革命にほかならない。バタイユは次のように述べている。

一九世紀のヨーロッパの歴史は、産業設備がその基幹をなすあの大規模な生命増殖のもっとも見事で(もっとも知られた)例である。まずは産業の飛躍と結びついた人口増加の重要性が、ここでは知られている。(10)

一九世紀にヨーロッパで産業革命がおこり、技術の飛躍的発展が人口の飛躍的な増加をもたらした。実際、機械化により工場での生産性が向上したので、大量の商品を市場に出荷することができるようになったし、蒸気機関の発明により輸送手段が発展し、地域に縛られることなく貿易で食物をたやすく入手できるようになった。また、医療技術が向上し、乳児死亡率もふくむ死亡率が低下したことも、その理由に挙げられる。技術が産み出した新たな空間のなかで、人類の成長・繁殖は可能になったのだ。だが、この成長が限界を迎えたとき、どうなるだろうか。バタイユの考える生命の「普遍的な運動」の法則に従えば、破壊的な消費が生じることになる。これが太陽起源のエネルギーの宿命だからである。その消費が二度の大戦にほかならない。

一世紀にわたる人口増加と産業による平和のあと成長は一時的に限界を迎え、二度の世界戦争が有史以来もっとも大きな富の――そして人命の――狂宴を命じたのだ。(11)

戦争とは、成長に使いきれない過剰エネルギーの爆発がもたらす大規模な消費のことである。生物界で成長や繁殖にエネルギーを利用することの限界に達したら、共食いや食物の奪い合いによる殺し合いという「消費」が生じるのと同じ法則がここでも適用されている。このように太陽が僕らに与えてくれたエネルギーは、あらゆる生物への恵みであるとともに、破壊や戦争をもたらす危険なものでもあるのだ。太陽の贈与を受け取る限り、地球はいつ爆発するかわからない爆弾を抱えざるをえないと言えるだろう。だから、バタイユは「呪われた部分」とそれを呼ぶのである。

第三次世界大戦の危機とマーシャル・プラン

『呪われた部分』の第一巻『消尽』が刊行されたのは、一九四九年である。アメリカを中心とした自由主義陣営とソ連が率いる共産主義陣営のあいだの冷戦はすでに始まっていた。一九四七年には、アメリカ大統領トルーマンが「トルーマン・ドクトリン」を発表し、共産主義封じ込めの方針を明確にした。四八年には、ソ連がベルリン封鎖を断行し、西ベルリンは陸の孤島と化したが、西側諸国は空輸で対抗し、世界中に緊張が走った。これが引き金となり、ドイツが東西に分かれることになったのである。アジアでも動きがあり、四九年には、中国での内戦が終結し、中華人民共和国が成立し、中国本土は完全に共産化した。翌五〇年には、北朝鮮が三八度線を越えて韓国に侵攻し、朝鮮戦争が勃発することになる。第三次世界大戦が起きれば、米ソによる戦争となり、世界は廃墟と化し、人類は滅亡の危機に瀕することになるだろう。人々はそんな危険を予感していた。バタイユも次のように書いている。

〔…〕私たちが理解できるのはただ、第三次大戦が私たちにもたらすものが、地球を四五年のドイツの状態に救いようもなく追い込むことだけなのである。(12)

そういう状況で彼はこの書物を執筆したのであるが、彼の狙いは太陽の贈与の理論を提示することによって戦争の危機を回避することにあった。第二次大戦のあと世界の富が集中したアメリカが資本の余剰を軍事につぎこみ戦争の準備をすれば、世界大戦が不可避となるからである。「もし戦争の脅威を感じてアメリカ合衆国が剰余分の大半を軍需生産に割り当てざるをえないのなら、なおも平和の進展について語るのは無駄だろう。そうなれば、実際、戦争は必ず起こるだろう」[13]。それでは、どのようなかたちで戦争を平和へと転換できるだろうか。

この著作でバタイユは、一九四七年にアメリカで発表された欧州復興計画、いわゆるマーシャル・プランに注目している。マーシャル・プランはアメリカの国務長官マーシャルがハーバード大学での記念講演で発表したもので、ソ連や東欧諸国に対抗するために、合衆国が大戦で疲弊した西ヨーロッパ諸国に無償の経済援助を行うプランである。バタイユは有名な経済学者フランソワ・ペルーの著書『マーシャル・プラン、あるいは世界にとって必要なヨーロッパ』を参照しながら、自分の議論を展開していく。後にコレージュ・ド・フランスの教授にまで出世するペルーの炯眼は、いちはやくマーシャル・プランの世界的な重要性を認めていた。このプランはこれまでの国家の間の経済関係を革命的に変えるもの、と彼は解釈しているのだ。それは、アメリカによる世界の利益への投資であり、自国の孤立した利益の追求から世界の普遍的な利益の追求への転換なのである[14]。バタイユはペルーのこの発想を下敷きにしながら、「普遍経済」の視点からさらに論を発展させている。それによれば、この無償援助こそ太陽の贈与に近い一方的な贈与なのだ。戦後世界の富を一手に引き受けたアメリカが、こういった贈与を行うことで、富を浪費することになるのである。成長に使いきれなくなったエネルギーの過剰が戦争を招くという、先ほど述べた彼の考えをここで思い起こそう。アメリカに集中した富が浪費されることで戦争という爆発を回避することができるのだ。バタイユは次のように述べている。

こういった戦争の脅威のせいで、合衆国が過剰な富の大部分を冷静に――見返りなく――世界の生活水準の向上に捧げる場合にのみ、産み出されたエネルギーの余剰に経済の運動が戦争とは別の解決法を与えることで、人類はその問題の普遍的な解決へと平和のうちに赴くだろう。(15)

フランソワ・ペルーは米ソ対立という政治的要因を考察の対象から外しているが、バタイユはむしろマーシャル・プランの重要な要因として積極的に論じている。アメリカによるヨーロッパへの無償援助の狙いのひとつは、ヨーロッパの労働者たちの生活の向上である。当時ソ連は西欧諸国の共産党と労働者たちを通して階級闘争と革命運動を仕掛けていたし、これは第三次世界大戦への導火線となる可能性があった。マーシャル・プランによる贈与は、労働者たちの生活水準を向上させることで、階級闘争と革命の機運を逸らせるのに十分効果があったのである。「マーシャル・プランは、労働者の動揺がもたらした結果である。このプランは西欧の生活水準の向上によって労働者の動揺を鎮めようとしているのだ(16)」。過剰な資本が集中しているアメリカ合衆国が、富の一方的な贈与というかたちで浪費を行うことで、ヨーロッパの生活水準が向上し、さらには世界の生活水準が向上するならば、戦争のようなエネルギーの爆発は生じなくて済むだろう、とバタイユは考える。だから彼は、「普遍経済」の視点から、当時貧しかったインドにアメリカが無償援助することも提案している。[17]

自己意識と贈与の世界観

『消尽』がここで終わっていれば、「普遍経済」によるマーシャル・プランの解読もずいぶんすっきりしたものになるのだが、そこはバタイユ、一筋縄ではいかない。最後に「自己意識」なるものについての哲学的考察を付け加えている。おまけに、「この経済学の書の著者」である自分が、「歴代神秘家の衣鉢を継ぐ者」[18]などとも宣言している。バタイユのことをよく知らない読者がこの件に触れたら、面を食らうかもしれない。先に述べたように、第二次大戦のあいだ、バタイユは『内的経験』、『有罪者』、『ニーチェについて』という著作を通して、神秘的経験（脱我経験《エクスターズ》）についての思索を断章形式で記したものを発表していくが、そこでは彼は古代のディオニュシオス・ホ・アレオパギテース、中世のアンジェラ・ダ・フォリーニョ、近世のアビラのテレサ、十字架のヨハネといった名だたるキリスト教神秘家について言及し、彼らの伝統を踏まえながら自身の脱我経験《エクスターズ》を語っている。後にこの三部作は『無神学大全』という総称が与えられるように、バタイユはキリスト教の教義や神への信仰に留まる彼らより根本的に神秘的経験を問おうとしている。それは彼が神という知も否定して「非－知」や「無」にまで至ろうとしていることからもうかがえる。しかしながら、彼は歴代神秘家たちからの影響や考えの近さは決して否定しない。

それでは、「普遍経済」が通常の経済学からかなり逸脱しているとはいえ、どうして『消尽』で

「神秘家」との系譜が言及されるのだろうか。神秘家たちはしばしば、聖書の教えや教義を逸脱してしまう気違いじみた経験をする。これと似たような狂気を、バタイユは国務長官マーシャルや大統領トルーマンの判断に見出そうとするのだ。それはどういうことだろうか。マーシャルやトルーマンは神秘家同様に脱我状態《エクスターズ》に陥っているのだろうか。そう言ってしまうと、確かに言い過ぎである。そんなことは彼らも絶対に否定するだろう。彼らは決して神秘主義者ではない。だが、バタイユがここで強調しているのは、富を消費する一方的な贈与のもつ非合理な側面である。フロイトの無意識の理論と比べてみてもいい。精神分析学は、理性的な判断と言われるもののなかに、近親相姦や父殺しの願望のような、無意識の非合理な欲望を読み取る。バタイユの説明も同じで、贈与を行う者はある種の狂気を背負っているのだ。太陽神に生贄を捧げるアステカの供犠にも、北米原住民によるポトラッチにもこういった狂気を認めることができるだろう。アステカの人々は戦争の捕虜に労働を課し富の獲得のために使うのではなく、その命を神に捧げて経済的には浪費していたし、ポトラッチも名誉や地位の獲得のために多くの財産を人に渡したり無駄にしたりしていた。そして、こういった贈与の延長上に、バタイユはマーシャル・プランを位置づけるのだ。もちろん合衆国の首脳たちは、合理的な政治判断を重ねながら、このプランを練り上げていったのだろう。しかし、バタイユはそこに何か異質なものを嗅ぎ取り、こう述べている。

> 乾いた明晰さが聖なるものの感情と一致するようなひとつの点を明るみにださなければならない。[19]

これがマーシャル・プランという贈与を行う者のメンタリティなのだ。もう少し具体的に考えてみよう。バタイユが「消費のための消費」の現象として考えている「賭け」の場合を例にとってみよう。ルーレットであれ、ポーカーであれ、競輪や競馬であれ、賭けは知的な遊戯である。というのも、賭けの成功のために、賭博者は合理的に計算をするからである。賭博の種類によって差はあるものの、賭けに勝つための計算や予測は必ずそこに存在する。しかし、どんなに計算を徹底しても、計算を超えた何かが賭けには介在し、この何かと関係をもたざるをえない。しかも、賭けで予想がはずれて負けが込んできたら、憑かれたように賭けに引きずりこまれていったりする。

このように合理的な計算と非合理な欲望の両方が、賭けには見られるだろう。そしてバタイユは、アステカの供犠やポトラッチにもこの両面を読み取っている。アステカの人たちは、太陽神を崇拝する自らの価値観のもとで、奴隷の殺戮を合理的に計算する。しかし、そこには神への狂信的な崇拝と殺戮への破壊的な衝動も見え隠れする。ポトラッチでも、地位と名誉の獲得という目的のために、合理的に計算された贈与を行っているのだが、同時に浪費への非合理な欲望、富を破壊することへの快楽も見いだされるだろう。このような富の贈与には、合理的なものと非合理なもの、理性と狂気が一致する「点」が存在するのだ。トルーマンやマーシャルによる贈与も、この微妙なバランスの上に成立すると言えるのではないだろうか。彼らがどんなに理性的な人間であり、彼らの判断が冷徹に計算されつくしたものであったとしても、マーシャル・プランが贈与である限り、彼らの無意識には恐るべき「狂気」が宿っているのだ。バタイユが暴こうとしているのは、まさにこの事実にほかならない。

こういった「点」にある人間の状態、つまり贈与する者の意識の状態を、バタイユは伝統的な哲学のタームを借用して「自己意識」と呼んでいる。僕らがふつう意識するとき、何かを意識する、つまり、意識は通常何か対象を持っている。それに対して、自己意識とは自己についての意識、自己を対象とした意識である。デカルトの「我思う故に我あり」以来、近代哲学は自己を対象として認識し分析してきたのだ。バタイユの場合はこういった哲学の伝統的な意味からさらに一歩進んで、自己意識は対象として何ももたない意識をさしている。ところで、僕らは成長のためには、何かを獲得しなければならない。体の成長を例にとれば、僕らは外部からエネルギーを獲得して成長していくのである。そのために、食物をとって体内で同化していく。こういう場合、僕らの意識は何か獲得したものを対象としてもつ。しかし、「消費のための消費」の状態にある意識は、対象を獲得しない意識である。脱我状態《エクスターズ》にあるとき、僕らの意識はふつうの状態とは違い明確な対象をもたない。賭けにおいては、僕らが緻密に計算する限り意識に計算の対象は存在する。しかし、計算を超えたものが介在する限り、最後の最後は対象化できないものと賭博者は関係をもってしまう。アステカの供犠やポトラッチにおいても、富の破壊の快楽のなかで、対象より対象の破壊に意識は向かう。そこにあるのは、獲得や獲得した対象についての意識ではなく、消費や破壊に興じている意識であり、明確な対象をもたない意識なのだ。だから、この考えを推し進めていけば、マーシャルやトルーマンの意識も対象化できないものと関係をもっていることになる。バタイユはこう述べている。

〔…〕成長（何かあるものの獲得）が消費に解消される瞬間の決定的な意味を意識することは、まさに自己意識、つまり対象として何ももたない意識である。(20)

それでは、対象化できないものの意識、対象として何ももたない意識が、どうして自己意識なのだろうか。このことは『消尽』では触れられていない。明確に述べているのは、死後に公刊された『宗教の理論』である。そこでバタイユは、自己意識の「自己」が動物性であることを明らかにしている。彼は、「人間性」と「動物性」の二元論を提示している。人間は道具を作り労働し自然を支配する以前に、動物の状態にあった。この動物性は人間性の誕生とともに、抑圧されてしまった。とはいえ、完全に失われてしまったのではなく、人間のなかで他なるものとして存在し続けている。これがバタイユの語る「自己」なのである。つまり、自分のなかの異質な部分であるが、紛れもない自分の一部なのである。彼の主張する自己意識とはこの「動物性」についての意識なのである。と同時に、「動物性」によって見張られている意識でもある。これが自己意識のありかただ。バタイユは聖なるもの、供犠、祭りといった宗教現象に「動物性」に根ざした自己意識を見出している。この意識は対象化できない「動物性」と関わりをもっているとはいえ、決して動物状態に戻ることではない。先ほど、「乾いた明晰さ」と「聖なる感情」が一致する「点」が問題になったように、ここでは動物的なものについての明晰な意識、動物的なものと明晰な意識の混在が重要なのである。(21)

この時代バタイユは労働者による革命の未来とは異なる未来を思い描いていた。というのも、バタイユの「自己意識」は、ヘーゲルの「自己意識」に対する挑戦だからである。一九三〇年代バタイユの友人アレクサンドル・コジェーヴはヘーゲルの『精神現象学』についての講義を行い、この講義にはバタイユのみならず、モーリス・メルロ＝ポンティ、ジャック・ラカン、レイモン・クノー、レイモン・アロン、ロジェ・カイヨワ、エリック・ヴェイユといった、戦後のフランス文化を担う錚々たる顔ぶれが出席していた。コジェーヴのヘーゲル解釈は大変独創的なもので、『精神現象学』のなかの「自己意識」の章を重視し、この章をひとつの独立した歴史の運動であるとも言い切っている。他者の承認を求めての闘争から始まり、死を恐れないかどうかで主人となるか奴隷となるかがきまり、その後労働や奉仕を通して奴隷が精神的に成長し、主人と奴隷の関係が入れ替わることが、この章では述べられているが、奴隷と主人の立場が入れ替わる「主人と奴隷の弁証法」にコジェーヴは労働者の革命を見ていく。歴史の運動は、プロレタリア革命によって大団円を迎えるというわけである。[22]

それに対しバタイユは、ヘーゲルの「自己意識」とは異なる「自己意識」を主張することで、コジェーヴとは異なる歴史を考えようとしたのではないだろうか。『消尽』でも、マーシャル・プランが「最終目標」や「終局的な大詰めの準備」と結びついていることが語られているが、これはプロレタリア革命を歴史の終焉と見なす考えと対極をなすと言える。[23] バタイユはここで革命の世界観に対して贈与の世界観を打ち出しているのではないだろうか。マルクス主義者やコジェーヴが思い描く革命による大団円ではなく、「普遍経済」の観点からの贈与による大団円を彼は模索しているのだ。

バタイユによる太陽の贈与の考えは、太陽エネルギーをはじめとする自然エネルギーの再評価に通じるものがある。もちろん、バタイユはエコロジストでもなければ、環境問題に取り組んだ形跡もない。しかし、彼の発想は、放射能汚染の危険がある原子力にとってかわる太陽エネルギーの考えと、不思議なまでにリンクしている。実際、中沢新一は『カイエ・ソバージュ』や『日本の大転換』で、バタイユの太陽の贈与とフランスのフィジオクラシー(重農主義)とを結びつけて、未来のエネルギーと自然のありかたについて提言をしている。[24] 贈与の発想が、自然と環境においても重要な意味をもつことを、バタイユはいちはやく認識していたのだ。また、資本主義を批判しつつも革命と戦争による世界の平和ではなく、贈与による世界の平和の重要性に気づいていたところに、バタイユの先見の明があったのではないだろうか。当時、マルクス主義者たちは、階級闘争、プロレタリア革命、第三次大戦によって共産主義社会の実現をめざし、ヘーゲル主義者コジェーヴもマルクスに影響を与えた「主人と奴隷の弁証法」を解釈し直し、労働と闘争によって歴史の終局に向かうことを主張していた。その後の歴史の流れをみれば、階級闘争や革命による平和の実現の考えには限界があったと言えるだろう。それに対し、マーシャル・プランのように、無償の贈与によって貧しい国々と貧しい人々の生活水準を引き上げて戦争を回避する発想は、南北問題において先進国による発展途上国への援助の先取りとも言える。貧困がテロの温床のひとつになっているという判断から、ヨーロッパ先進国による途上国への援助の額は増えつつある。ただ、バタイユの発想を活かすならば、さらなる無償の贈与が必要なのではないだろうか。アメリカをはじめとする先進国が富のかなりの部分を貧しい国々に贈与しその生活水準を驚異的に引き上げることで、経済的にはテロ抑止の可能性がでてくるのではないだろうか。今日、世界の富の大半をほんの一握りの人が握っているといわれているが、この一握りの全員が破産を顧みないぐらい富を贈与したらどうなるだろうか。テロや戦争の可能性は著しく減少するのではないだろうか。もちろん、テロや戦争には経済以外の要因もあるから、完全に撲滅することは難しいかもしれないが、バタイユ的な「非常識」を夢想することは、僕らにひとつの希望をもたらしてくれる。

ただバタイユに関して読み落としてはならないのは、太陽による贈り物がもつ危ない面、つまり「呪われた部分」である。太陽のエネルギーは、「成長」に使えない場合、「消費」と「破壊」を招く危険性があった。それは予定調和的に平和をもたらすものではない。常に戦争のような危険と裏腹なものなのである。

ところで、今日ではバタイユのユニークな発想を評価する者も増えてきてはいるが、彼が世に問うた一九四九年当時『消尽』はほとんど反響を呼ばなかった。とはいえ、彼はこの理論によって自分がノーベル平和賞をとれる可能性を大真面目に見積もっていたそうである。(25)

さすが天才はちがう……。

第７章
愛の狂気
シモーヌ・ヴェイユ

愛というものは、ただ愛するという単純な事実だけから、無条件で愛するのであり、神もまた限界もなく制限もなく愛するのだ。

ジャン＝リュック・マリオン『存在なき神』

何年かおきに小説や映画やテレビで流行るものとして純愛ものというジャンルがある。『世界の中心で、愛をさけぶ』や『君の膵臓をたべたい』のヒットを覚えている方も多いだろう。前者は、ひとりの男子高校生と、白血病で余命いくばくもない同級生の彼女とのあいだの恋愛を描いたものであり、後者は、誰にも関心を抱かない「僕」が、病院でクラスメートの日記を拾ったことから、二人の交際は始まるが、彼女は膵臓の病気で余命は長くないという話である。たいていの人は欲望やエゴで汚れているから、こういうものに憧れるのかもしれない。残念ながら、自分を振り返ってみるとよくわかる。純愛というものの定義を調べてみると、基本的には「ひたむきな邪心のない愛」のことだが、さらに派生させて、「プラトニックな関係の愛」とか「見返りを求めない無償の愛」とかが辞書にでてくる。プラトニックな愛にしろ、無償の愛にしろ、純愛のベクトルが向かう究極の姿は、神の愛ではないだろうか。キリスト教を例にとれば、神は性愛には無縁であるし、見返りを求めるほどケチくさくはない。それに対して人間のほうは、恋に打算や駆け引きがあるし、性的な欲望も醜悪なエゴもでてくる。たとえ僕らが純粋な愛を貫いたと思っていても、自分の無意識を分析されると憎しみや欲望で満ち満ちていたりする。精神分析の創始者フロイトによれば、僕らの無意識には、近親相姦の願望やら父殺しの欲望やら、何か良からぬものが眠っているそうである。厳密に考えれば、純愛なんていうものは不可能と言えるだろう。ただそうすると議論が進まないから、もうすこし緩やかに考えてみよう。

純愛を無償の愛ととらえたとき、贈与の問題が生じる。愛が見返りを求めない場合、贈与は利得から離れる。これはどういうケースが考えられるだろうか。もちろん、恋愛でもそういうシチュエーションはあるだろう。さらには、母親が子供を危険から守る母性愛にも、あるいはマザー・テレサが実践するような宗教的な献身にもこの愛を見つけることはできるだろう。エゴや打算を捨て他人に自分や自分のもっているものを与えることは、言ってみれば自己犠牲である。無償の愛においては、自己贈与と自己犠牲は共鳴しあっているのだ。その場合、どうでもいいものを相手に与えるよりも、かけがえのないものを相手に与えたほうが愛の度合いは高まる。だから、往々にして命がこの贈与の賭金となる。ただ、ここで気をつけなければならないのは、自己犠牲がえてして見返りと結びつくということである。昨今流行りのイスラム自爆テロは、必ず死後の天国が約束されている。自爆攻撃を奨励するアルカイダやＩＳも、信者の命と救済の約束を取引材料に使っているのだ。第二次世界大戦の神風特攻隊のような国家への自己犠牲も死後の名誉が見返りとしてある。宗教や国家のような組織は、贈与を交換にすりかえることで組織の維持をはかっているのではないだろうか。

僕がシモーヌ・ヴェイユに凄みのある純愛を感じるのは、彼女が救済や名誉のような見返りを徹底的に拒否しながら自己犠牲を貫き続けた点にある。

一九〇九年から四三年までのヴェイユの短い生涯は、まさに時代を駆け抜けたものであった。ユダヤ人医師の裕福な家庭に育った彼女は高等師範出身の才媛であったが、早くからマルクスに傾倒し労働運動に参加していた。若き日の政治活動では、虐げられた労働者のための自己犠牲の精神からパリの工場で働き、心身ともにひどく健康を害するまでに至った。スペイン内戦が始まると、人民戦線側に義勇兵として参加して、死を覚悟して最前線に行こうとした。その後キリスト教に感化され、イエスの受難を受け入れる決定的な体験をし、彼女の思想は宗教色を強めていく。第二次大戦が始まりフランスがドイツに敗れると、ユダヤ人である彼女はヴィシー、マルセイユを経てニューヨークに亡命する。すぐにロンドンに渡り、ド・ゴール将軍の自由フランス政府に参加。ロンドンからパラシュート部隊でドイツ占領下のフランスに赴く危険な任務を彼女は志願している。ロンドンで病気に罹るが、平等の精神からフランスでの配給以上のものは口にしないという拒食によって最期をとげる。

戦後、この悲劇の哲学者の著作が出版されると、その反響はものすごいものがあった。政治的右翼のカトリック教徒から左翼知識人まで、幅広く彼女は評価されるようになったのだ。アルベール・カミュ、ジョルジュ・バタイユ、エマニュエル・レヴィナス、モーリス・ブランショといった、戦後を代表するような作家や思想家たちが、あるときは共感しながら、またあるときは反発を感じながら、ヴェイユについて熱く語っているのである。(1)

バタイユとヴェイユ

カミュ、バタイユ、レヴィナス、ブランショのなかで、ヴェイユと親交があったのはバタイユだけである。二人は同じマルクス主義系のグループに所属しながら仲が悪く、お互いに批判したりののしり合ったりしていたと言われている。そうだとはいえ、彼らはお互いに相手の本質的な面を理解していたのもまた確かである。というのも、ヴェイユの死後、バタイユは一九四九年に『クリティック』誌に「呪う道徳の軍事的勝利と破綻」という題のヴェイユ論を発表するが、そこで彼は昔のことを回顧しながら彼女のなかの「不吉な」面について語っているからである。

私はここで、かつてシモーヌ・ヴェイユに会ったことがあると付け加えておこう。彼女ほど私の関心を惹いた人間は極めてまれである。彼女の外見の否みようのない醜さにはおぞましさを感じるが、彼女にはまたある意味で真の美しさがある、と私個人としては主張してきた（今でも自分の判断は正しかったと思っている）。彼女にはとても優しく純朴な威厳があり、それが魅力的であった。確かに彼女はすばらしい人間であったが、性《セックス》とは無縁で、何か不吉なものを漂わせていた。彼女はいつも黒かった。黒い服、漆黒の髪、暗褐色の顔。たぶん彼女は善良な人だったのだろう。しかしきっと、その明敏さ、大胆なペシミズム、不可能なものが引きつける極端な勇気によって、人々を喜ばせるひとりのドンキホーテでもあったのだろう。彼女はあまりユーモラスではなかった。がしかし、心の内では、彼女自身が考えるよりもお茶目で生き生きとしていた。この雑誌〔『クリティック』〕の二八号に掲載されたシモーヌ・ペトルマンによる彼女の描写は、もちろん正確である。シモーヌ・ペトルマンは、二人の共通の先生であるアランとその教えを賛美することで、彼女と気持ちを同じくしていた。しかし、道徳と知性の面で、彼女はたぶんそれ以上にシモーヌ・ヴェイユのほうを素晴らしいと思っていた。たぶんそれは正しかったろう。だから、友人の「不吉な」面も、異様な「空無感」も、彼女は見ていなかった。私はなにも貶めるためにこんなこと言っているのではない。シモーヌ・ヴェイユには空無への驚嘆すべき意志があったのだ。それがたぶん、彼女の著述を大変感動的なものにしている天性の苛烈さの原動力であり、彼女自身が過激なかたちで自らに課した死を説明してくれるものなのである（彼女は肺を冒されていたのに、〔占領下の〕フランスでの配給と同じ分量しか口にしようとはしなかった(2)）。

ヴェイユが美しいか醜いかの判断はともかく、バタイユが彼女の人となりに何か「不吉なもの」を見ていたことに注意すべきだろう。服装、髪、顔色にいたるまでの黒が象徴する「不吉さ」。ある「大胆なペシミズム」と「不可能なもの」に惹かれる傾向。さらには、これらの背後にある「異様な空無感」。スペイン内乱の最前線に赴こうとしたり、ドイツ占領下のフランスへの危険な任務を申し出たり、ロンドンでの壮絶な最期が象徴するように、彼女の生は死の「不吉さ」によって彩られていると言えるだろう。ヴェイユにとって生きることが常に自己を犠牲にすることであるならば、その生は常に死と関わりをもたざるをえない。ヴェイユは無自覚であるが、彼女にとって、生きることは死ぬことでもあるのだ。ヴェイユにはシモーヌ・ペトルマンという親友がいた。二人は、アンリ四世校で哲学者アランの授業に出席していたころから、生涯にわたってかけがいのない友人どうしであった。ペトルマンは多くの資料を駆使しながらヴェイユについての大部の伝記を書いているが、彼女のヴェイユ解釈が見落としており、ヴェイユ自身ですら気づいていない面に注意を向けている点で、バタイユの洞察は大変鋭いと言える。ペトルマンがあまりにヴェイユを崇拝しすぎてヴェイユのなかの「不吉な面」や「空無感」を見落としているとバタイユは指摘しているが、ペトルマンのみならずヴェイユの伝記研究者たちはヴェイユの生における死の役割を遠ざけすぎているのではないだろうか。特にキリスト教系の研究は、彼女のロンドンでの死から自殺の観念を遠ざけるために、彼女の生から「不吉な」面や「空無」の面を追放してしまったのではないだろうか。

『人間の条件』

バタイユとヴェイユの関係は『社会批評』の時代に始まる。共産党を追放されたボリス・スヴァーリンを中心に一九三一年に創刊されたマルクス主義系のこの雑誌は一九三四年まで続くのだが、バタイユもヴェイユもその寄稿者であった。バタイユは、「消費の観念」、「国家の問題」、「ファシズムの心理構造」などの論考をこの雑誌に発表したし、ヴェイユも「戦争についての考察」を発表していた。また、この雑誌と並行してスヴァーリンを中心にしてたちあげられた組織に「民主共産主義サークル」があった。『社会批評』はこの「サークル」の機関誌ではなかったが、雑誌の寄稿者の大半は「サークル」のメンバーであった。バタイユもそのひとりである。しかし、この「サークル」は寄り合い所帯で、統一はとれていなかった。基本的には非共産党系マルクス主義者がメンバーの中心であったが、ミシェル・レリスやレイモン・クノーのようなシュルレアリスム芸術運動からの脱退組メンバーもおり、主張も多岐に及んでいた。だから、マルクス主義者たちと、バタイユたちとでは革命についての考えも違っていた。この時代のバタイユは、戦後の彼とは違い、プロレタリア革命を待望していた。だがその革命解釈は、まともなマルクス主義者からは到底容認できないものであった。ヴェイユはバタイユを次のように批判する。

革命はバタイユにとっては非合理なものの勝利であり、私にとっては合理的なものの勝利なのです。彼にとって革命はひとつの破滅（カタストロフ）ですが、私にとっては方法に則った行為であり、損害をくいとめるよう努力しなければならないものなのです。彼にとっては、革命は本能の解放であり、特にふつう病理的と思われている本能の解放ですが、私にとってはより高い道徳性をもつものなのです。(3)

また、バタイユは『社会批評』にアンドレ・マルローの『人間の条件』についての書評を掲載するが、これについてもヴェイユは攻撃する。

『人間の条件』は美しい本であるが、いくつもの限界がある。バタイユは特にこの書物のネガティブな面をほめそやしたが、革命精神を病気の類と見なすべきか一度きちんと考えてみなければならないだろう。[4]

「病気」とか「病理的」という非難の言葉が示唆するように、革命を合理的なものだと信じるヴェイユにとって、バタイユの革命観は理解しがたいものと見える。彼は革命において合理性を越えた破滅としての面を重視するからである。『人間の条件』についての書評のなかで、バタイユは革命について次のように語っている。

〔…〕革命は実際〔…〕単純に有用なものでもなければ、何かのための手段でもない。それは私心のない興奮状態と結びついた価値をもち、この興奮状態のおかげで人は生き、希望し、やむをえない場合は惨たらしく死ぬことができるのである。[5]

〔…〕破滅と否定は、革命のなかで生きた経験すべてにおいて、（限定されているとはいえ）支配的な地位を占めるものである。破滅と否定は、事実、革命の権柄づくな性格と結びついているし、その結果、革命に立脚したあらゆる権力と結びついている。[6]

バタイユがこのように革命における非合理で暴力的な面を強調するのは、彼がすでに経済活動における「非生産的消費」の重要性を発見していたからである。本書第5章で述べたように、一九三三年一月に『社会批評』誌に発表された「消費の観念」では、この新しい消費について語られている。この「非生産的消費」の例としてバタイユが挙げるのは、「奢侈」、「葬儀」、「戦争」、「祭典」、「豪奢な記念碑」、「遊戯」、「見世物」、「芸術」、「倒錯的性行為」である。これらの例には、生産や保存に還元されない「消費のための消費」の面があるからである。さらに、キリストの磔刑のような犠牲者と多くの血が流される「供犠」、それから、自分の力の誇示し相手を辱めるために莫大な富を贈る「ポトラッチ」[7]にも、彼はこの消費を見出していく。そして、マルクス主義のキータームというべき「階級闘争」も「革命」もこの消費の観点から考察されていく。バタイユによれば、プロレタリアートとブルジョアジーが対立する近代の「階級闘争」は、無駄な消費を嫌い私有財産を守ろうとするブルジョアジーの価値観によって、その本来の姿がゆがめられているのだ。というのも、「階級闘争」はもともとは、富める階級によるポトラッチの形での消費であったからである。将来は労働者階級によって「階級闘争」は革命の祝祭につながる「社会消費の最も壮大な形態[8]」をとることになる、とバタイユは真剣に考えていた。また、「革命」に関してもこの「階級闘争」を通して、かつてキリスト教が担った「宗教的な陶酔」が実現され、そこに「悲壮で奔放な消費形態[9]」を見ていくことになるのだ。こういうわけだから、革命においても破滅、否定、犠牲、興奮といった面に目がいくのである。バタイユが革命を非合理なものと考えるのは、革命や階級闘争において本質的なものは消費にほかならないという見方を前提にしているからなのである[10]。

とはいえ、こういった考え方をヴェイユは評価しない。彼女は革命の合理性と道徳性を信じていたからである。マルクスのプロレタリア革命をふつうに考えれば、彼女のように考えるのが当然でである。しかし、彼女はバタイユの思想を「病理的と思われている本能の解放」であるとか「病気の類」であるとか述べ断罪するのであるが、こういった非難は逆に彼女のなかにある健康志向を表しているのではないだろうか。ヴェイユ以前には、芸術と政治の革命をめざした前衛文学運動のリーダー、アンドレ・ブルトンが「シュルレアリスム第二宣言」で、バタイユの芸術論について「不潔なもの」を愛好していると批判し、それに対し「倫理的防腐処置」を施さなければならないとまで言い切っている。(11) これもバタイユのスカトロ趣味に対する批判である。ブルトンやヴェイユに共通しているのは、健康の名の下での批判である。つまり、健康／病気、清潔／不潔の二元論に立脚しながら前者を肯定し、後者を断罪するという姿勢である。ロシア革命がスターリンによる「粛清」という「きれいにすること」に変質していったことを考えてみれば、ヴェイユたちによる健康志向は極めて危険なものをはらんでいるのではないのだろうか。

そして、批判はさらに生の問題にかかわってくる。マルローの『人間の条件』は、一九二七年に中国の上海で起きた蒋介石による反共クーデターを題材に、闘うが捕らえられ殺されてゆくコミュニストたちを描いたものである。(12) ヴェイユによれば、マルローの描く登場人物のなかには、「パスカルの使う意味での気晴らし」(現実の空しさをごまかすためのもの)から革命を実践しようとするものがいる。この者は「自分自身を意識すると耐え難い苦悩に陥り」、この「自己を見つめる意識を失うために行動に飛び込む」という理由で革命を志向するのである。こういった虚無的な逃避という理由から革命を実践しようとする者たちの態度を、ヴェイユは「偽装された自殺」と結論づける。というのも、彼女にとって革命は何よりも生への愛にほかならないからである。「革命とは生への障害になるものすべてとの闘いなのである」。革命はそのための「手段」にすぎないのだ。[13] このような視点から、彼女はマルローのテクストとバタイユの書評を読んだので、革命に関して、バタイユの場合も「破滅」や「死」に価値を置いているという点で、やはり「偽装された自殺」に過ぎないと断定してしまっている。生と死の対立という構図は、ヴェイユの頭のなかで、このように自分とバタイユを隔てる境界を定めているのである。

ところで、ペトルマンはその伝記のなかで、『人間の条件』のひとりの登場人物に対するヴェイユの賛美を書き記し、証言している。この証言は大変重要である、と僕は思う。

私は『人間の条件』について彼女と話し合ったことを思い出す。この本のなかで彼女が絶賛し、できれば自分もそうなりたいと思った登場人物はカトフただ一人であった。彼は生きながら燃やされて死ぬのを選ぶのであるが、それは自分を無にするためではなく、仲間の二人にこの種の死を味わいさせたくないからであった。[14]

『人間の条件』では、逮捕された共産党員たちは拷問にかけられたり番兵に虐待されたりして牢屋の中で疲れ切っていた。しかも、彼らはいいかげんな裁判の末に処刑される運命にあった。その処刑も銃殺ではなく、生きながら汽車のかまどに放り込まれるという残酷なものだった。カトフという人物は、友人二人をこの惨たらしい火あぶりから救うために、二人分しかない青酸カリを彼らに渡し、自らが火刑に処されることを選ぶ。彼は虚無的な感情や気晴らしから死を選ぶのではなく、他人のために自分を犠牲にするのだ。ペトルマンによれば、ヴェイユはこの自己犠牲に大変感動したのである。ヴェイユは、革命は生への愛に導かれるものでこの愛のための「手段」にすぎない、と主張しつつも、彼女自身この自己犠牲の観念の虜になっているのではないだろうか。無論、これは虚無的な逃避に由来する自殺行為とは違う。他者のため、他者の生のために自己を犠牲するもの、言い換えれば自己あるいは自己の生を贈与するものなのである。

こういった考えは、その後の彼女の行動に照らし合わせると、よりよく理解できるだろう。戦闘に関して何の経験も知識もないのに、無鉄砲にスペイン内戦に参加し、特に実戦参加を望んだこと。戦闘がおこなわれている最前線で兵士の治療にあたる「前線看護婦部隊」の計画を立てたこと。占領下のフランスにパラシュートで潜入する危険な任務に志願したこと。過労と肺病による衰弱にもかかわらず、占領下で苦しんでいるフランスとの連帯のためにフランスでの配給量以上に食物を取らずにロンドンで死んでいったこと。このように他人のための自己犠牲ないしは自己贈与を、ヴェイユは実践したり計画したりしたが、これもまた「偽装された自殺」とは言えないだろうか。彼女は「気晴らし」から革命による「破滅」を望むことを、「偽装された自殺」と呼ぶのだが、ヴェイユの場合は他人を救うために自殺することを望んでいるのではないだろうか。彼女はバタイユとマルローの革命観を死に価値を与えるものであり、自らの革命観を生の称揚であると考えるが、実際には彼女のなかでも生は死とからみあっているように思われる。彼女が自己規定の際に、死というタームを使わないのは、逆に死を抑圧しているからではないだろうか。死という言葉は遠ざけられているとはいえ、彼女の生は「偽装された自殺」というかたちで死と関係を持ち続けているのである。ペトルマン自身は、ヴェイユが他人の生を愛していることや彼女にとって革命が手段に過ぎないことをこの証言で言おうとしているのかもしれないが、この逸話の紹介ははからずもこの哲学者と死との関係を暴露しているのである。自己犠牲というかたちの自己贈与は、彼女のなかで「偽装された自殺」なのである。これがバタイユが直観した彼女の「不吉な面」にほかならない。

愛の狂気

ヴェイユによる自己犠牲の精神の最たるものは、第二次世界大戦中に彼女が構想してド・ゴール将軍率いるロンドンの亡命政権「自由フランス」に提出した「前線看護婦部隊編成計画」である。それは、戦争の最前線に女性だけの看護部隊を派遣するというプランであった。ふつう看護にあたる者たちは後方の野戦病院などでその任にあたるのだが、ヴェイユは最前線の砲弾が飛び交うなかで傷ついた兵隊の治療にあたる看護婦部隊をつくることを提言する。最前線の兵士は自分の生命を危険にさらしながら人を殺すのであるが、この看護婦たちは同じ危険を背負いながら人の命を助けるのだ。もちろんヴェイユもこの部隊に志願している。とはいえ、計画書を読んだド・ゴールは「狂気の沙汰」とたちどころに退けたと言われている。極めて常識的な判断である。ヴェイユの気ちがいじみた愛の贈与は完全に常識からはずれており、その意味でも「狂気」なのだ。

ヴェイユの考えでは、武器をもたない看護婦たちを砲弾が飛び交う最前線に派遣すれば、彼女たちの「犠牲精神」が多くの者たちに感動を与えるとのことだった。ここでも「愛の狂気」は死と関係している。「死ぬ覚悟のできた」女性たちが示す「人間的な献身」と「母性の優しさ」は、純粋な愛だろう。愛の贈与を通して、看護婦たちは、兵士たちを救うために、自分を与え、自分を捧げ、自分を犠牲にする。ここで愛の贈与は、他者の救済と自己の死を同時に要求している。彼女はこう書いている。

メンバーの全員が喜んで死ぬ覚悟のできた特殊部隊が味方の役に立つことはほとんど疑いえません。他の部隊にはあまり向いていない任務をこの部隊に委ねることができるばかりではありません。こういった部隊が存在すること自体が、軍にとって強力な刺激になるし鼓舞する原因となるのです。そのためにはただ、言葉によるのではなく行動によって犠牲の精神を示さなければなりません。[15]

純粋な愛による犠牲という自己贈与は、他者の救済と結びつき、必ず死とかかわりをもつのだ。ところで、こういった過激な愛をヴェイユは「愛の狂気[16]」と表現している。僕らの理性の尺度からみれば、たしかにこの愛は狂気だろう。しかし、狂気という言葉は必ずしもネガティブな意味で使われてはいない。というのもこの愛は、「この世」の愛、人間の理性の尺度に収まる愛ではもはやなく、神や神々の愛だからである。この意味で、愛の贈与は愛の狂気にほかならない。神や神々というと、先程のプロレタリア革命の理性を信じているヴェイユと合致しない、という疑問を感じる人もいるかもしれない。だが、マルクスの唯物論に傾倒していた彼女は、三回の神秘的経験を通してしだいにキリスト教に傾斜していったのである。特に一九三八年にフランスのソレームのベネディクト修道院で起きた、キリストの受難を自分の魂のなかで追体験する出来事は決定的であった。その結果、神や神々の世界を彼女は肯定していくのである。だから、「前線看護婦部隊編成計画」も、ただの実践計画ではなく、その背景に彼女自身の独自の思想が控えていることを認識しなければならない。

ここでヴェイユの思想の基本的な枠組みについて触れておこう。彼女は権利や所有と愛を対立させている。愛は神や神々の世界と繋がっており、権利や所有は人間の世俗的な価値観に基づいているのだ。彼女は古代ギリシアに理想的な人間のありかたとその気高い精神性を見出しているが、愛はこの精神性を表現している。この精神性は、古代ギリシアの人々にとって、決して傲慢にならず、謙虚に神とともに歩むことを示している。(17) そして、この精神を受け継いだのは敬虔なキリスト教徒である。特にキリスト教の神秘主義の伝統である。それに対し、ギリシアの精神性を引きずりおろし、「権利」や「所有」の考えにすり替えたのが古代ローマとされる。ローマは「権利」や「所有」を主張して地上の王国を創ろうとしたのだ。古代ローマ人が残した「権利の概念」は、近代における権利や所有の主張へと受け継がれていく。西欧における近代の政治、学問、宗教(教会)の根幹にある「権利」の主張は、まさにローマの遺産なのだ。(18) フランス革命ですら、彼女からすれば、糾弾の対象にほかならない。ヒトラーのファシズムにしろ、民主主義国家による植民地主義にしろ、西欧における政治体制が抱えるさまざまな問題点は、彼女の見方によれば、ローマの負の遺産に起因すると言える。ギリシア対ローマの構図はかなり単純ともいえるが、ここでは二つの類型と考えたほうがいい。というのも、彼女の視点では、キリスト教でも神と魂が愛し合い融合する過激な神秘主義はギリシア的であるが、教義を定め制度をつくる教会はローマのほうに属することになっている。また、キリスト教と近い関係にあるユダヤ教の伝統もローマ的だとされている。さらに古代ギリシアでも、アリストテレスの哲学には、ローマ的なものをヴェイユは認めている。このように、ギリシア的なものとローマ的なものの対立というのが、ヴェイユの歴史観の軸なのである。

古代ギリシアを持ち上げてラテンの伝統を批判するスタンスは、ニーチェやハイデッガーのような近世以降のドイツの思想家にみられるパターンであり、ギリシア文化とドイツ文化の近さを謳い上げ、西欧の起源であるギリシアによってドイツを正当化する、典型的なナショナリズムのパターンであったが、ヴェイユの場合はそれに当たらない。彼女にとって、植民地国家フランスもヒトラーのドイツも古代ローマの子孫であり、批判の対象だからである。民主主義的であれ全体主義的であれ、近代国家が依拠している基盤を、彼女は問おうとしているのだ。そして、問いは西欧のあらゆる制度、法、学問、文化の根底にある「権利」と「所有」の概念にまで向けられているのである。

こういった背景を踏まえながら、「愛の狂気」の特徴を考えてみよう。

（一）過剰　まずこの愛は過剰であり、理性によって制御されることなく、とめどもなく湧き上がってくる。たとえ愛の権利を主張しても愛の過剰により権利の枠組みを越え出てしまうのだ。というのも、それは神や神々が命令する愛だからである。ヴェイユは言う。

あの世の神々の伴侶である正義の女神は、この過剰な愛を命令する。いかなる権利もこういった命令をしないであろう。権利は愛とは直接関係ないのだ。

権利の観念はギリシア精神と相容れないように、キリスト教の霊感ともまた相容れない。そこではキリスト教の霊感は、ローマ、ヘブライ、アリストテレスの遺産と混ざり合うこともなく純粋なのである。権利について語るアッシジの聖フランチェスカなんて想像もできない[19]。

（二）正義 それから、愛の狂気は神や神々による正義であらねばならない。ファシズムへの戦いも「正義」でなければ無意味なのだ。そして、この正義は「同情」に基づかなければならない。例えば、「前線看護婦部隊」の隊員たちは、戦場の兵士のために自己犠牲をするのであるから、そこでは、利己的な名誉欲ではなく、兵士への「同情」が前提になっている。曰く、

その上、正義の精神が宿らなければならない。正義の精神は、愛の狂気のこのうえない完璧な開花以外の何ものでもない。

愛の狂気のおかげで、戦闘を含めたあらゆる種類の行動に対して、同情が偉大さ、栄光、名誉さえよりも強力な原動力となる[20]。

（三）この世の価値の外 あともうひとつ、「愛の狂気」はこの世の価値に左右されないことも述

べられている。

それは本当に狂気なのだ。この狂気は危険へと突っ込んでいく。何であれこの世にあるものに、たとえそれが大義や教会や祖国であろうと人が心を向けるならば、この危険を冒すことなどできないのだ。[21]

「権利」、「偉大さ、栄光、名誉」、「大義や教会や祖国」といった「この世」の価値に囚われず、「あの世」の価値を主張するのが「愛の狂気」である。愛の贈与を行なう者は、たとえ犠牲になるにしても、「偉大さ、栄光、名誉」という個人的な利益のために死ぬのではなく、また「大義や教会や祖国」に奉仕するために死ぬのでもない。神や神々からの命令に応答しているだけなのである。ヴェイユが国家への服従を求めるナショナリズムを批判し、信者にとって権威として振る舞う教会に反発するのは、愛の狂気からなのである。逆説的に聞こえるかもしれないが、ヴェイユの自己犠牲は殉教というものから程遠いように思われる。死後の名誉、天国の約束、宗教の大義への従属のいずれかに、殉教なるものがかかわっている限り、それは神の純粋な命令によるものではなく、教団や教会のある種世俗的な価値観に支えられているものなのではないだろうか。テロによる殉教を唱えるイスラムの過激派の考えと彼女の思想が根本的に違うのは、キリスト教かイスラム教かの違いではなく、愛の狂気の純粋さがあるかないかという点ではないだろうか。

愛の贈与は「捨てること」とも関連している。言葉の上での繋がりが示しているように、「捨てること（abandonner）」は「贈与すること（donner）」のひとつの形態である。モースがすでに『贈与論』で書いていることであり、バタイユが強調していることでもあるが、人間は物を破壊したり捨てることで与えることの代用をするのだ[22]。ヴェイユにとっては、これは所有したものや権利を捨て去ることに繋がり、その意味でローマ的な伝統から抜け出し、神の愛に近づく行為である。権利の主張が結局は所有の権利の主張であることを批判しながら、彼女はこう述べている。

ローマの考えや、それに本質的に同じ別の考えによれば、最高の権利とは所有権である。義務なき最高の権利を神に与えることは、神をローマの奴隷所有者に限りなく近づけることである。それは隷属的な献身しか許さない[23]。

ヴェイユ思想の政治的なコンテキストでは、近代政治思想の基盤である権利と私有財産の批判にこの考えは繋がっていく。若き日に耽読したマルクスの影響は、この私有財産批判にも生かされているのだ。そして、宗教のコンテキストでは神秘家たちの肯定に向かっていく。

カトリック教会の神秘的伝統において、魂が通過しなければならない浄化の主要な目的のひとつは、神のローマ的な考えを全面的に廃棄することである。その痕跡が残っている限り、〔神と魂の〕愛による融合は不可能である。[24]

捨てることは愛の贈与であり、それにより神と一体化できるという発想は、神秘主義の発想である。ディオニュシオス・ホ・アレオパギテースや十字架のヨハネのような神秘家たちは、欲望や自我はもちろんのこと、あらゆるものを捨てることで神との融合をめざしてきたが、この点でヴェイユはキリスト教神秘主義の伝統に棹差している。

愛の狂気は同情のためにあらゆるものを捨て（abandonner）させる。聖パウロがキリストについて述べているように、己を空に（se vider）させるのだ。[25]

愛の狂気はいっさいの所有や権利を捨てる神秘家の行為と同じである。ただ、多くの神秘家が修道院に閉じこもり観想的な生活を送るのに対して、ヴェイユの場合は他者への同情に基づいた実践的な活動、例えばスペイン内戦での義勇兵としての活動や「前線看護婦部隊」での活動へと向かっていく。彼女は行動する神秘主義者なのだ。だが、そうは言うものの、ヴェイユの行動は独自の神秘神学の思想に根ざしている。愛の狂気によって捨てることは、神学的な観点からは「脱‐創造」と定義される。それはどういうものかと言えば、キリスト教の神は無から万物を創造したので、被造物は神の根源においては無である。だから、あらゆるものを捨て去り自分を無化することによってのみ、被造物は本当の「存在」を得られるということである。彼女はこう書いている。

創造の超越的な成就、つまり神における無化としての脱‐創造。神は無化された被造物に存在の充実を与える。被造物は実存する限り、存在を失っている。(26)

「無」に至ることは、神の創造の本質にかかわることなのである。これはキリスト教の神の観念を根本から問い直すものである。モーリス・ブランショは、ヴェイユの「脱‐創造」とユダヤ教の神秘主義の伝統にある「ツィムツーム」との類似を指摘しているが、重要な指摘である。「ツィムツーム」とは、一六世紀のユダヤ教神学者のイツハク・ルリアの思想の中心をなす概念で、「神の収縮」のことであり、神がかかえる創造されざる闇であり無のことである。神は、自ら退き、収縮し、自己を放棄することで生じた空間で、万物を創造するのだ。これが神による「無からの創造」にほかならない。そして、ヴェイユとルリアにとって重要な点は、根源においては、神は放棄されるということである。(27) これは放棄（abandon）というかたちでの、贈与（don）と言えるだろう。このように神学を徹底させると、神の不在に行きつくのだ。神を求めてあらゆるものを捨てていくと、神をも捨てざるをえない。贈与の思想の究極の姿は、徹底的な放棄にほかならない。

純粋な自己贈与

それではヴェイユの自己犠牲は、どうして死が運命づけられるのだろうか。

そういえば、ヴェイユが好む古代神話の偉人たちも悲劇に彩られている。プロメテウスは人類に火を与えたことでゼウスの怒りを買い永遠の罰をうけている。アンチゴネーは国家の掟に逆らってまで敵である兄の埋葬を行い岩屋に閉じこめられ自死を選んだ。イエスは人類救済のためゴルゴダの丘で磔刑に処せられた。こういった人物はどれも人を助けるために自ら犠牲になっている。ヴェイユは彼らに自分をなぞらえていたのではないだろうか。

ヴェイユが彼らのように悲劇的なのは、他者のために愛の狂気を徹底してあらゆる権利や所有を遠ざけたからではないだろうか。無償の愛から見返りのない贈与を厳格に実現していくのなら、この世の愛を逸脱してしまうのではないだろうか。この章の冒頭でも述べたように、厳密に考えた場合に純愛が不可能になるのと同じである。いかなるものであれ、受け取ることは「所有」に繋がると考え、他人からいっさい見返りをもらわないということを徹底した場合、どうなるだろう。金銭や地位、天国や名誉はもちろんのこと、感謝の気持ちすら受け取ることを拒むならば、もうこの世に場所をもつことはできない。

純粋な愛の贈与は狂気の沙汰という印象を与えるのだが、ヴェイユの壮絶な最期はこのことをよく表している。彼女の贈与の思想は、彼女の贈与の実践に裏打ちされているのだ。一九四三年四月一五日、彼女はロンドンの自室で倒れているところを発見されて入院する。診断された病名は肺結核と栄養失調である。ふつうに療養していれば回復するのに、彼女はドイツ占領下のフランスで配られる配給量以上のものは口にしようとはしない。それにもかかわらず、猛烈な執筆活動を行う。彼女は書きながら贈与する人なのだ。しかも、食物を受けとらないで贈与する人になっている。一九四三年八月四日付の両親宛ての手紙で彼女はこう語っている。

ヴェラスケスの描く阿呆たちの秘密はまたそこにあるのではないでしょうか。目のなかに湛えられた悲しみは、真実を把握しているという苦悩、言語道断な堕落へと身を落とすかわりに、真実を告げることができるという苦悩、(ヴェラスケスを除いて)誰にも理解されてないという苦悩ではないでしょうか。こういった問いのもとで、阿呆たちを再びみていくのは価値のあることです。
お母さん、この阿呆たちと私の間には、共通の点や本質的な類似点があると感じませんか。もっとも私は阿呆たちと違い、高等師範学校を卒業し、大学教授資格をもち、私の「知性」をほめてもらっていますが。

このことはまた、「私が与えなければならないもの(ce que j'ai à donner)」についての答えなのです。[28]

彼女は「与えること」にこだわったのだ。食を取らずに衰弱し八月二四日死去する。イエスやアンチゴネーは愛を贈与することで死んでいったが、ヴェイユも同じである。彼女は何も受け取ることなく、ただ贈与するだけの存在になったのだ。打算、利益の交換、目的から解放され、贈与だけを行う存在になったのである。

第８章

贈与は贈与でない⁉

ジャック・デリダ（Ⅰ）

アさて、さて、さてさてさてさて、さては南京玉すだれ

ある大道芸人

不可能なことから始めましょう。ジャック・デリダ『他者の言語』

今では語る人も少なくなったが、ジャック・デリダはかつて写真のない哲学者であった。どんな文献にあたっても彼の写真は入手できなかった。この点、彼の敬愛する作家モーリス・ブランショと同じだ。古代や中世の思想家ならいざしらず、二〇世紀後半ではこの二人は異彩を放っていた。だが不幸なことに、時代はすでにパパラッチのものであった。デリダはプライベートでは写真をとっていたし、大学教員という人眼に触れる職業ということもあり、多くの非公認の写真が雑誌に出回ってしまった。僕も学生時代フランス現代思想のとある入門書を本屋で手にしたとき、デリダの写真を見て興奮した記憶がある。たぶん、海賊版の写真であったのだろうが、当人にとってはさぞ迷惑であったろう。そういうわけで、ある時期から彼は方針を変えて公認の写真を積極的に使った著作などを出版し、とうとうテレビや映画にまで出演するようになった。

写真と現前

どうして写真を公表しなかったのだろうか。理由はいくつもあるだろう。若き日のあまり洗練されていないアラブ人っぽい顔――デリダはユダヤ系であるがアルジェリア出身である――を恥じていたからという、まことしやかな俗説から、自分に影響を与えたブランショの思想への共鳴の証だという、なるほどと肯ける説まで、いろいろと耳にする。写真を公表しない理由のうち、僕が特に注目したいのは、現前、つまり現れることを問い直すことがあるのではないか、という理由である。

デリダといえば、「現前の形而上学」の「脱構築」という難解な言葉で有名であるが、その出発点は、現れることについての問いなのである。ふつう高校でも大学でも学校で出席をとるとき、「何々さん」と聞かれて「はい」と答える。これが日本式である。しかし、それはそのまま海外では通用しない。僕も学生時代にネイティブにフランス語を習おうと思ってアテネ・フランセや日仏学院に通ったことがあるが、フランス語で行われるその授業で出席をとるとき、名前を呼ばれても「ウイ〔はい〕」などとは答えない。「プレザン〔présent〕」と答えるのだ。これを日本語にすれば「出席している」の意味になるが、直訳すれば「現前している」となる。つまり、先生や他の学生の前にいますよ、その前に現れていますよ、ということなのだ。そして、よく考えてみると、現れはいろいろなところに見出すことができる。視界に物体が現れるとか、イメージが心に現れるとか。さらには、神の啓示だって現れであり、古代ギリシアの真理アレテイアも隠れてないこと、つまり現れを意味している。こういったことからもわかるように、日常から真理や神の次元まで、西欧の物の見方において現れは重要な役割を担っているのだ。

西欧における物の見方の根本に位置するのが哲学であり、そのなかでも一番根本的なものを探求するのが形而上学であった。例えば、アリストテレスは政治学から詩学や自然学までさまざまな学問研究を行なったが、そのなかでも一番根本的なものを扱っているのが『形而上学』であった。また、デカルトは『哲学の原理』で学問体系を一本の木になぞらえ、形而上学が諸学に養分をあたえる根にあたると述べている。さらに、カントが『純粋理性批判』のような批判書を書いたのも、形而上学の再建というプログラムを実践するためであった。哲学という学問は、物事の根本を問うていくものであるが、そのなかでも形而上学は中心に君臨し続けたのである。ただ、デリダが形而上学という言葉を使うとき、もちろん形而上学の歴史を踏まえているとはいえ、過去に君臨した形而上学の厳密な定義に拘泥しないで、西欧の物の見方の根本という広い意味でとらえているように思われる。

それではこの根本において、「現前」、つまり「現れ」はどう関わってくるのだろう。

二つ例を挙げてみよう。

近代哲学の祖ともいうべきデカルトは、『方法序説』や『省察』のなかで、あらゆる事物やあらゆる認識を疑った結果、そのように疑っている自分の存在は確実であるという結論に達する。これが、かの有名な「我思う故に我在り」という命題である。そこから、彼にとって考えることが基盤となり、自分の意識には多くの観念が浮かんでくる様が述べられている。これらの観念は感覚や想像力の産物なのか、自分が勝手に作りだしたものなのか悩みながら、彼は考えを進めていき、その結果、意識に現れる「神の観念」から神の存在を証明し、さらには事物の存在を確証していくことになる。ここから、観念が自分の意識に現れるという「現前」がデカルトの思索の中核をなすことが、わかるだろう(1)。

また、若き日のデリダが研究で取り組んだフッサールは、その著書『論理学研究』のなかで、声というものを重視する。その場合、声のなかで最も重要なものは独り言であり、しかも心のなかで呟かれる声である。というのも、意識の内面における独り言は、「自分が話すのを聞く」というかたちをとり、「自分が話すのを聞く」ことは、自分の言葉が何ら媒介も経ずに自分の意識に現れるということだからである。つまり、ここでは自分の声は純粋に直接自分に現れると言える。これに対して、他の感覚器官では、目が自分の体を見る場合や、触覚が自分の体に触れる場合にしても、意識の外と関係をもたざるをえない。身体という意識の外にあるものが、視覚や触覚を媒介にして、意識の内に現れる。この点で、心の声の場合は、直接意識の内に現れるから、フッサールは特権的なものとして扱っているのだ。ここでも意識に現れること、しかも純粋に現れることが価値の源泉となっている、と言えるだろう(2)。

このような「現前」の発想が哲学の歴史に根深いことを指摘したのは、デリダが初めてではない。彼以前にすでにハイデッガーが語っている。その主著『存在と時間』によれば、古代ギリシア以来、存在するものは「現前性」においてとらえられてきたし、これは時間的には「現在」という時制が特権視されることに繋がっている。平たく言えば、今そこに現れていることから存在するものは理解されているのだ。しかし、存在するものとは、単に世界に存在するものだけではない。プラトンのイデアのような抽象的なものも、存在するものであり、そうであるから現れているものなのである。しかも、永遠の現在において現れているものなのである。デリダが「現前の形而上学」を問い直そうとするとき、このハイデッガーの思想を前提にし、独自な仕方で発展させているのだ(3)。

脱構築

西欧の物の見方においては、日常の次元から真理や神の次元まで、現れが発想の中心を占めている。しかも、哲学がこの発想を支えており、その哲学自身も現れることに自足してしまっている。本当にそれでいいのか。現れで満足することで、現れないもの、しかも本質的に現れないものを見落としてしまっているのではないのか。ここにデリダの抱いた疑問がある。だから、脱構築の作業のひとつの面は、「現れ」で覆われておりそれに満足しきっているテクストを読解しながら、「現れないもの」を暴露していくことにある。対談集『ポジシオン』のなかで、デリダはこう述べている。

哲学を「脱構築すること」は、哲学の諸概念の組織された系譜を、それらに最も忠実なやりかたで、それらの最も内側から考えることでしょう。しかし同時に、哲学によって定義できないし名づけることもできないある外部から、この歴史が隠蔽したり禁止することのできたものを規定することでもあるでしょう。というのも、哲学の歴史は、どこかで関わるこの抑圧によって歴史になるからです。〔…〕哲学を「脱構築すること」のテクストの作業は、私が関わる書く作業ですが、それはまた哲学素――したがって私たちの文化に属するあらゆるテクスト――を、哲学の歴史に現前しえなかった何か、しかもどこにも現前していない何かについての幾種類もの兆候〔…〕として読解させるのです〔…〕[4]。

哲学の歴史は一貫して「現前しない」もの、つまり「現れない」ものを抑圧してきたのだ。そして、西欧の文化は哲学によって支えられながらこの抑圧に加担してきたというわけである。「脱構築すること」は、まさに、西欧の哲学や文化が隠蔽してきたものとその隠蔽の構造を暴露することにほかならない。

公表されない写真は、「現れない」ことで僕らにこのシグナルを送り続けたのではないだろうか。それは「隠れることによって己を告げている」のである。

写真が公表されない時代、デリダの風貌は、寓意的な絵や似顔絵を通して知ることができた。そのひとつは、一九七三年の『アルク』誌のデリダ特集である。この雑誌では、表紙は特集の作家や思想家の肖像写真で飾るのが通例であったが、デリダ特集は例外で、表紙はエッシャーの最晩年の作「爬虫類」である。のちにダグラス・ホフスタッターの『ゲーデル、エッシャー、バッハ』がゲーデルの「不確定性原理」とエッシャーの「だまし絵」との類似関係を示したように、エッシャーの絵は、地と図が反転したり「決定不能」だったりする。これもデリダの思想のひとつの面を伝えている。だからこの表紙では、「現れない」ことで自分を語っていると思われる。もうひとつは、同じく一九七三年に「ル・モンド」紙に掲載された、ティムによる似顔絵である。鰐の上にのってヒエログリフが書かれた板を解読するデリダが描かれている。この絵は『散種』に収められた「プラトンのパルマケイアー」を踏まえていると言われている。ただ、どうして写真でなくて似顔絵なのだろうか。ちょっと考えてみよう。

デリダは西欧の哲学や文化における二項対立を問題にしている。というのも、この二項対立は必ず階層をつくり、優位にある項が劣位にある項を支配したり抑圧したりするのだ。パロール（話し言葉）とエクリチュール（書き言葉）、内と外、善と悪、生と死、男性と女性、等々である。これらの二項対立では、前者が後者に対して優位にたっているし、この階層秩序が「現前の形而上学」を支えているのだ。例えば、西欧の文化や社会において男性が女性に対して優位にたち、男根中心的発想や女性蔑視の表現もよく見られるが、こういった差別もこの階層的な二項対立のうえに成立している。また、西欧の言語で使われる文字はアルファベットであり表音文字であるから、象形文字のような表意文字に比べると、パロールに近いものと言える。だから、パロールのエクリチュールに対する優位は、ただ単に哲学的思弁の領域にとどまるのではなく、西欧の言語の他の言語に対する優位、ひいては西欧文化の世界的な優位を示す民族中心主義的な発想に繋がっていると言える。このように「現前の形而上学」を問い直すことは、西欧文化のありかたを根本的に考え直すことなのである。さて、ここで写真と似顔絵を比べてみたとき、どちらがデリダ自身の「現前」に近いだろうか。対象をいわばコピーした写真のほうが、より純粋にデリダ自身を再現しているのではないだろうか。似顔絵のほうは、ある種のデリダの特徴をよくつかんでいるとはいえ、純粋さという視点からいえば、劣った再現と言えるだろう。これはパロールとエクリチュールの関係によく似ている。パロールとはフランス語で「話すこと」や「話し言葉」をさし、エクリチュールは「書くこと」や「書き言葉」をさす。もっと広く「音声言語」と「文字言語」と言ってもよいだろう。西欧の文化においては、真理を表現する場合、パロールは純粋なかたちで真理を表現し、エクリチュールは劣ったかたちでしか表現できない。元祖哲学者ともいうべきソクラテスが一行も書かなかった事実に象徴されるように、エクリチュールはもともとなくていいものであり、記憶を補う副次的なものにすぎない。パロールに比べるとエクリチュールが副次的なものと見なされるように、写真に対して似顔絵は価値の低いものと考えられるのである。似顔絵は、いわばエクリチュールのような

1973年『アルク』誌のデリダ特集の表紙

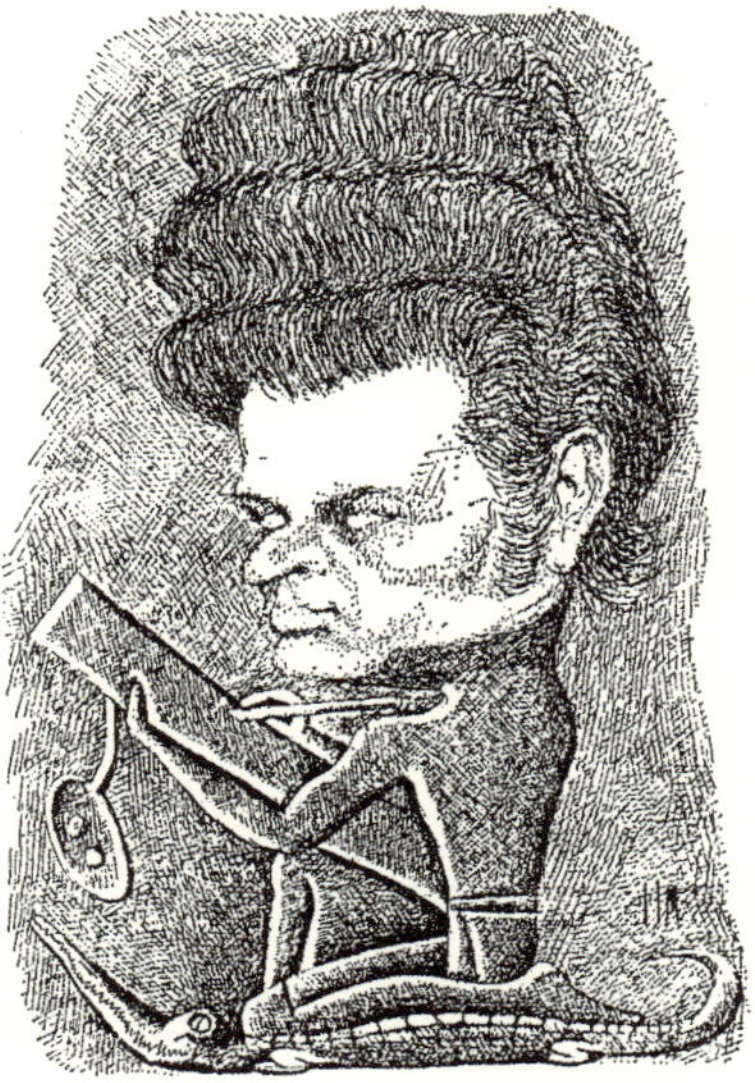
1973年「ル・モンド」紙に掲載の似顔絵

ものと言える。そして、似顔絵を掲載することによって、純粋に現れることを中心にした価値観を、デリダは批判しているのではないだろうか。

それでは、こういった階層的な二項対立を彼はどう問い直そうとしているのだろうか。デリダはまず次のように説明している。

二つの項のうちの一つがもう一つの項を（価値の上で、あるいは論理の上などで）支配し、高位を占めています。対立を脱構築することは、まずはある時点で階層を転倒することです。転倒のこの局面を等閑にすることは、対立が争いを通して相手を従属させる構造をもつことを忘却してしまうことなのです。(5)

西欧の哲学が階層的な二項対立によって抑圧のシステムを産み出してきた以上、まずはこの対立を転倒しなければならない。そうでなければ、階層と抑圧の現状を追認することになってしまう。しかし、転倒だけで終わってしまったら、既成の階層を壊すことはできても、逆転されたかたちでの新たな階層を産み出してしまうことになる。階層と抑圧の構造それ自体は変わらないのだ。デリダはさらにこう述べている。

だから、あのように二重に書くこと、まさに重層化され、ずらされ、ずらすように書くことを通して、高位のものを引きずり下ろし、高位のものを昇華し理想化する系譜を脱構築する転倒と、新しい「概念」、つまり以前の体制ではもはや理解できないし、一度も理解されることもなかったものの概念の突然の出現のあいだの隔たりを示す必要があります。(6)

ちょっと難しい言い方であるが、具体的に考えてみよう。西欧の文化は音声中心の発想をとり、そうであるからパロールはエクリチュールよりも価値のあるものとされてきた。だから、現前の形而上学を支える音声中心主義を問い直すためには、まずはパロールとエクリチュールの関係を逆転させなければならない。パロールを高い地位から引きずり下ろし、音声至上主義を打破しなければならないのだ。しかし、そこで問いを終わらせてはならない。ただの転倒では、新たに高位になったエクリチュールがパロールを抑圧することになり、抑圧の構造それ自体何ら変化はない。

それはロシア革命の苦い経験と同じである。このプロレタリア革命はツァーリズムという旧体制を打破したものであったが、新たな政治体制が旧体制と同じように独裁的な抑圧を行ってしまった。それは革命があまりに性急でただの価値転倒しか行わなかったからである。その結果、旧体制と新体制とでは、構造上変わらなかったのだ。

だから、エクリチュールによる文字言語至上主義を避けるために、エクリチュールの概念を微妙にずらさなければならない。そういう理由から、デリダはもうひとつのエクリチュールを考案するのだ。二重に書くこととは、エクリチュールと書きつつも、通常のエクリチュールだけではなく、もうひとつのエクリチュールをも示していることを指している。これがエクリチュールの新しい「概念」であり、「以前の体制ではもはや理解できないし、一度も理解されることもなかったものの概念」にほかならない。この作業を通して、価値の転倒はずらされ、転倒自体が問い直されることになる。つまり、転倒しつつ、転倒された概念に異なる意味をもたせて、転倒自体を変質させてしまうのだ。かくして、二項対立の構造自体がうまく機能しなくなる。ここに「脱構築」のもうひとつの面がある。

そして、エクリチュールの新しい概念は、「現前」しないもの、つまり現れないものである。パロールにしろ、エクリチュールにしろ、従来の概念は「現前」と結びついた概念である。パロールは現れることを特権的に保証していたが、エクリチュールもまたふつうは眼前に現れるものである。通常のパロールとエクリチュールで思考を留める限り、やはり「現前の形而上学」の枠のなかに囚われたままなのだ。だから転倒をずらしながら、デリダは新しいエクリチュールを現れないものとして考えるが、このエクリチュールは、それなくしてはパロールもエクリチュールも二項対立も存立できないような、それらの根本にかかわるものであり、「現前」と結びついた既成の概念によってはとらえられないし、その枠に収まりきれないものなのである。それゆえ、ソシュールやレヴィ＝ストロースを批判しルソーの『言語起源論』を脱構築した大著『グラマトロジーについて』では、この概念は「原エクリチュール」とも呼ばれている(7)。

最後に似顔絵についても一言付け加えておけば、一九八二年の『現代思想』の「デリダ読本」の表紙を飾った山藤章二の戯画も、とても印象的であった。なんと、デリダがあやとりをしているのだ。どうしてデリダがあやとりをするのだろうか。ご存知のように、あやとりとは両端を結び輪になった一本の紐を両手の指にかけたりはずしたりして「東京タワー」や「ほうき」などの形を作っていく遊びである。もちろん脱構築は何かのかたちをつくる作業ではない。テクストの読解を通して、二項対立のような自明と思われている考え方が実は袋小路に陥っていることを示したり、「現れ」で覆われているテクストから「現れないもの」を暴いたりする作業である。しかし、あやとりによってただの紐が「東京タワー」になってしまう驚きは、脱構築によって今までの僕らの物の見方が変わってしまう驚きに似ているのではないだろうか。

1982年『現代思想』「デリダ読本」表紙

贈与は贈与でない!?

以上のことを前提にして、贈与について考えを進めてみよう。というのも、デリダの贈与論は、「現前の形而上学」の「脱構築」と深くかかわっているからである。

一九九一年に出版された『時間を与える』のなかで、彼はまず贈与についての一般的な定義から出発する。贈与とは何かと訊かれたら、極めて常識的に次のように定義できる。

> 贈与があるためには、相互性、返還、交換、反対贈与、負債がないようにしなければならない。もし他人が私が与えるものを私に返すならば、あるいは私にその借りをつくるならば、あるいは私に返さなければならないのなら、贈与はなかったことになるだろう。この返済がすぐに行われようと、長いあいだ返済を遅らせる〔＝差延させる〕複雑な計算のもとで計画されていようと、それは同じである[8]。

もってまわった書き方をしているが、ごく一般的な定義といえる。贈与はなんらお返しもなく与えることであり、お返しがあればそれは交換だというのが、その意味である。ただし、このように定義することで、デリダは贈与と交換を巧妙に区別している。モースやレヴィ＝ストロースのテクストで語られるような、贈与交換は交換のカテゴリーに入れられることになるからである。贈与は一方的なものであるから、お返しを伴うかぎり、贈与の定義に違反することになるのだ。ポトラッチの儀礼にせよ、婚姻システムにおける女性の贈与にしろ、それらが贈与交換である限り、厳密に考えれば、贈与ではないのだ。

だが、当然ながら彼は一般的な定義にとどまってはいない。さらに論を進めて次のように述べている。

最後のところでは、受け取る者は贈与を贈与として認めないようにしなければならない。もし彼が贈与を贈与として認め、贈与が彼に対し贈与として現れ、プレゼントがプレゼントとして彼に現前するのならば、このように単純に認めただけでも贈与を破棄するのに充分なのだ。(9)

誰かからの贈り物があったとしよう。その際に、受け取った人がこれを贈与だと認めたら、この贈与は贈与でなくなってしまう。奇妙な考えだ。これはどういうことなのだろうか。デリダはこう続けている。

なぜなのか。なぜならば、このように認めてしまうと物そのもののかわりに象徴的等価物を返しているからである。〔…〕象徴的なものは、交換と負債の秩序、循環の法や秩序を開きかつ構成するが、そこでは贈与は破棄されてしまうのだ。(10)

贈与を贈与として認めたとき象徴的等価物を返すというのは、いったいどういうことだろうか。

宅急便の例をとって考えてみよう。クロネコヤマトでも佐川急便でもいい、どこかの宅急便で友人からのプレゼントを受け取ったと仮定しよう。そのとき、玄関でサインを求められる。サインはその荷物を贈り物として認め、受け取ったという印である。ただ、不注意か、何かの手違いで、荷物を受け取らずにサインだけをしてしまう場合もあるかもしれない。この場合、プレゼントは受け取ったとみなされ、物の授受と同じ扱いになる。サインは象徴的等価物ということになるのだ。

だから、プレゼントを受け取った者は、宅急便のサインと同じように、この贈与を贈与として認めることで象徴的に何かを心のなかで返している。ここがポイントである。そして、贈与を贈与として認めることは、贈与が贈与という同一性《アイデンティティ》をもったものとして心に現れるということなのだ。認知された贈与は、象徴的な次元でのお返しを伴う限り、実は交換なのである。だから僕らがふつう贈与と呼んでいるものは、デリダに言わせれば交換に過ぎない。僕らが頂き物をしたとき、それを贈与と認めたとたん、贈与は贈与ではなくなり交換に変わってしまうのだ。ちょっと意地の悪い考えである。僕らが贈り物をいただき、プレゼントだと喜んでいると、デリダなら茶目っ気のある笑みを浮かべながらこう皮肉を言うだろう。「みなさんが贈与だと思っているものは、実は交換なんですよ!」

デリダの議論の面白いところは、贈与の定義を徹底してぎりぎりの限界にまで押し進めたところにある。物の授受の次元だけでなく、象徴的な次元においても、少しでも「返すこと」と結びついてしまうと、贈与は交換になってしまう。しかも、それは受け取る者が贈与を贈与として認める場合でも、与える者がそう認める場合でも同じである。「最終的には、贈与としての贈与は、贈与として現れないようにしなければならない。それは、受け取る者にとっても、与える者にとってもそうなのだ」(11)。

それでは、贈与についてどう考えていけばいいだろうか。

贈与は認知されることもなく、同一化されることもなく、現れないものとしてのみ考えることができる。贈与は贈与として現れたら、もはや贈与ではなくなってしまう。しかし、だからといって、贈与がまったく存在しないわけではない。「認知されない」あるいは「現れない」という事態を、デリダは「忘却」と結びつけて解釈していく。贈与が認知されないのは、それがまったく存在しないからではなく、忘却されているからである。彼はこう述べている。

> 贈与があるためには、受け取る者や与える者が贈与をそれとして知覚せずに、そう意識したり記憶したり認知したりしないようにしなければならないだけではない。彼らはまた、贈与の瞬間にそれを忘れなければならないのだ(12)。

認知されないで忘却しているというと、僕らは漠然と「無意識」を思い浮かべるかもしれない。僕らは知らず知らずのうちに「贈与」してしまう。つまり、無意識のうちに「贈与」していることになる。しかし、デリダによれば、この忘却も精神分析が想定する「無意識」にかかわる忘却ではない。はるかに徹底した忘却が必要だ、と彼は考えている。

この忘却はあまりに根源的で、忘却についての精神分析のカテゴリーまでをも逸脱してしまっていなければならない。この贈与の忘却は、もはや抑圧の意味での忘却ですらあってはならないのだ(13)。

どうして精神分析の抑圧理論が語る忘却ではだめなのだろうか。

フロイトによれば、人は不快な出来事を意識から遠ざけて無意識の領域に押し込め、この出来事を忘れようとする。これが抑圧である。しかし、抑圧された出来事がその人の行動を縛ってヒステリーやノイローゼの原因になったりする。この場合、精神分析は患者との対話を通して抑圧された出来事を思い出させることによって治療する。ここで重要なのは、抑圧された出来事は、想起可能だということである。言い換えれば、意識に再び現れて認知することができるのだ(14)。

さて、この出来事を贈与に置き換えてみると、何が言えるだろうか。抑圧の理論の対象になる忘却は、贈与の忘却にくらべれば底が浅いとは考えられないだろうか。贈与は、その定義を厳密にとるならば、決して想起されることもないし、意識に再び現れることもないし、贈与として認知される機会ももたない、「絶対的な忘却(15)」なのだ。こういった忘却の状態においてのみ、贈与は生起する。このように考えると、贈与の「無意識」は、想起して再び意識に現れることのないものであり、この点でももう贈与は「現前の形而上学」の内部に留まる概念ではなくなる。

かくして贈与の概念は根本的に変わってしまった。ごく一般的な定義から出発したはずなのに、贈与は徹底した忘却の状態にあり、「現れる」ことのない概念に書き替えられてしまったのだ。ここにデリダの「あやとり」の妙を感じ取るべきではないだろうか。

時間を与える

このことによって何が見えてくるのか。それは、「現れないもの」に即して言えば、西欧の物の見方に根本的に伴う排除の構造が贈与にもかかわっている、ということである。僕らが贈与として理解してきたものは、実は贈与ではなく、交換だったのだ。贈与自身はいつも忘却され排除されてきたのである。僕らはよく贈与の経済《エコノミー》について語るが、エコノミーという言葉自身も語源を遡れば、交換と深く結びついている。ギリシア語でエコノミーを指す語は、オイコノミアである。これはオイコスとノモスの合成語である。オイコスは、「家、財産、家族、炉、内部の火」であり、ノモスは法、しかも「法一般のみならず、分配の法（ネメイン）、配分の法[16]」なのである。しかし、それだけではない。デリダはさらにオイコノミアのもつ、循環的な本質を強調する。

エコノミーには法、家、分配、配分といった価値だけではなく、交換、循環、帰還といった観念もが含意されている[17]。

エコノミーにおいては、財、生産物、商品、貨幣の循環といったかたちで、循環のモチーフが幅をきかせている。それは、古代ギリシアの叙事詩『オデュッセイア』で、オデュッセウスがトロイ戦争の後、流浪の旅を続けて故郷に帰還するという話に通じる。家や起源から出発しても最後にはそこに戻ってくるという構造が、エコノミーの前提になっているのである。(18) さらに、ハイデッガーの『存在と時間』によれば、アリストテレスからヘーゲルまで、時間の解釈において「円環」や「球体」の比喩が幅をきかせていた。(19) このことを考慮に入れると、今現われるものを発想の基盤とした「現前の形而上学」は循環のモチーフを通してエコノミーの分野を支配していると言えるのではないだろうか。その結果、見えてくるのは、贈与に対する交換の優位である。エコノミーの第一のモチーフが循環であるとすれば、贈与のもつ役割は副次的なものに留まることになる。というのも、贈与は「相互性、返還、交換、反対贈与、負債」でないからである。モースの『贈与論』においても、贈与と返礼の互酬システムが問題になっていたし、レヴィ＝ストロースの『親族の基本構造』でも、女性の交換の循環システムが重要であった。彼らが語るものは、厳密な意味での贈与ではなく、贈与を通しての循環なのである。また、資本主義が発展した現代では、財、商品、貨幣の交換の高度なシステムが幅をきかせており、たいていの贈与はこのシステムに従属し計算と利潤の獲得の考えを支えている。すでに繰り返し本書でも述べてきたように、資本主義の交換システムは贈与の慣習を社会のマージナルなものへと追いやろうとしている。贈与交換ですら、利潤の獲得のために効率の悪いものとみなされているのである。だから、現代では資本主義の交換が圧倒的な優位を占めているが、歴史を振り返ってみれば、未開社会であれ、資本主義社会であれ、エコノミーにおいて交換は支配的な概念であった。贈与交換にしろ、資本主義の交換にしろ、交換は常に僕らの思考の中心に位置してきたのであり、それはエコノミーという概念に「交換、循環、帰還」という意味がすでに含意されていることからもわかる。

こういったデリダの問題提起を踏まえるとするならば、贈与についてどう考えたらいいだろうか。現代の行き過ぎた資本主義を問い直すために、どう贈与について考えていくべきだろうか。エコノミーにおける交換の根本的な支配ということを考慮にいれるならば、モースの『贈与論』を参照しながら、資本主義の交換経済に未開人の贈与交換の思考を対抗させても、それだけでは不充分なのは、自明だろう。僕らは贈与の重要性を強調するとき、ついモース流の贈与経済の復権を主張し、それに満足してしまいがちである。また、一方的な贈与を贈与と考えるバタイユに倣って、贈与の交換に対する優位を主張し価値を逆転させても、贈与と交換の二項対立の図式それ自体は変わらず、根本解決には至らない。この意味でデリダの問いかけは大変貴重である。それならば、贈与と交換についてどう考えていけばいいだろうか。まずはモースやバタイユに倣いながら贈与と交換の価値の転倒を行わなければならない。しかし、ここで終わってはただ価値を逆転させただけである。さらに一歩進んで、現れない贈与をこの転倒のなかに「書きこむ」ことで、転倒されたこの図式を変質させて交換中心の価値体系や二項対立をうまく機能させないようにしなければならないのだ。というのも、交換は「現前」、つまり現れることと深く結びついているからである。現れない贈与を考えていくことは、エコノミーの思考がつくりあげた排除の構造と自己中心的な価値体系を根本から問い直すことに繋がると言えるだろう。

こういった視点で『時間を与える』を読んでみると、デリダによるモースの『贈与論』の読解はとても示唆的である。彼は註釈をつけながらモースの次の一節を引用している。

すでに考察したように、メラネシアやポリネシアでは、贈り物は循環する［強調はジャック・デリダ。どのようにして贈り物は循環できるのだろうか］が、この循環は贈り物は返ってくるという確信をもってなされるのだ。というのも、この確信の「担保」になっているものが、贈与された物にそなわった力であり、贈与された物それ自体がこの「担保」だからである。しかし、想定できるどんな社会でも、期限付きで［強調はジャック・デリダ］返すことを義務づけるのは、贈与の本性に由来する。いっしょの食事をごちそうになっても、カヴァ酒をふるまってもらっても、護符をもってきてもらっても、当然のこととして、その場ですぐにお返しをすることはできない。どんな反対給付を行うにしても、「時間」［モースが括弧でくくっている表現。たぶん彼はこの観念の曖昧な性格を意識している。たぶん、時間という言葉によって、時系列の等質なエレメントのなかで、遅延、ずれ、成熟、もっと複雑で質的にももっと異質な差延の構造が問題になっている］が必要なのだ。相手を訪問する〔訳注 rendre des visites（訪問する）の rendre には「返す」の意味がある〕［フランス語特有の興味深い表現。訪問はいつも返される、たとえ一回目でも］こと、婚姻や同盟の契約をすること、和平を樹立すること、競技や戦闘の終結に至ること、交代で祭りを実行すること、儀式の名誉ある務めを果たす［同じく興味深い表現。こういった返還の言語が、初めて人が「与える」務めにすら必要なのだ］こと、お互いに「敬意を表明し」［トリンギット族の表現］あうこと、これらのことには、期限［再度強調はジャック・デリダ］の観念が論理的に含意されている。さらに、人々が交換しあうあらゆるものにも、しかも社会が豊かになるにつれて、それらのものがますます数が多くなりますます貴重になる場合でも、期限の観念が論理的に含意されているのだ[20]。

モースの『贈与論』では、贈り物の循環について数多く語られている。すでに、僕らが検討したマオリ族の贈与交換にしろ、北米先住民のポトラッチにせよ、やはり贈り物は循環していた。他にも有名な例として、メラネシアのトロブリアンド諸島の部族間ないしは部族内の贈与交換のシステムがあり、それは「クラ」と呼ばれている。モースはこの言葉を「環」の意味だと推測している[21]。そして、『贈与論』のなかで展開される物の循環について言及しながら、デリダは今引いた一節に丁寧な注釈をつけている。彼はこのテクストをどう読んでいこうとするのだろうか。まとめると二つのポイントがある。

ひとつは、フランス語特有の言い回しrendre des visitesやrendre des servivesの場合、そのまま訳せば、「訪問する」や「奉仕する」となるが、rendreという動詞が「返す」という意味を含んでいるので、たとえはじめての「訪問」や「奉仕」であっても、この「訪問」や「奉仕」には「返す」ことが含まれてしまっている。ということは、言語のレヴェルであらかじめ「返す」こと、つまり交換や循環が前提にされていることになる。

もうひとつは、贈り物を受け取ってお返しをするのには、時間の差があるということである。いただきものに対して、直ちにお返しをするわけにはいかないのだ。この点で、スーパーやデパートで買い物をして現金で支払いをした場合とは違う。買い物では、商品と貨幣の交換は即座に行われるからである。マーケットでの物々交換の場合も同じであり、これまた交換はたちどころに行われる。それに対して、贈与交換の場合は、交換は即座には行われず、お返しは時間をかけてなされる。僕らの身近な慣習でも、結婚式のお祝いへのお返しも、葬式の香典へのお返しも、式から一定の期間を置いてから行われる。そこには時間差があるのだ。だから、期限という概念が重要になる。贈与交換では、いついつまでに返さなければならないという期限が設定されることで、返還の義務が暗黙の了解になる。モースによれば、贈与交換から信用貸しが生まれ、そのあとで物々交換や貨幣交換が始まったのであり、貨幣経済で一般化している交換の原点にはこういった「時間差のある交換」が存在していたのだ。デリダはこの時間差を重視する。モースが時間について括弧にくくった表記をしていることにめざとく気づき、この人類学者の時間についての観念の曖昧さを巧みに利用しながら、彼は「差延（différance）」――空間的な「差」と時間的な「遅延」をともに含意する言葉――という自分が発明した言葉をうまくモースのテクストの読解に組み込み、贈与に対するお返しの「遅れ」に、均一なる等質の時間への抵抗を読み取っていく。

これはどういうことだろうか。それは、贈与からの時間差があるから、つまり「遅延」あるいは「差延」があるから、お返しがあり交換が成立するということである。『贈与論』のなかで、モースは贈与交換を引き起こす「力」は何かという問いをたてているが、デリダはそれにひとつの答えを与えている。

贈与は贈与ではない。贈与は、時間を与える〔時間をかける〕限りでしか、与えない。贈与と純粋で単純な他の交換の操作全体との差は、贈与が時間を与える〔時間をかける〕ということにある。贈与がある〔il y a〕ところに、時間がある〔il y a〕のだ。[22]

デリダはひそかにモースの贈与にもうひとつの贈与を読み込んでいる。モースは贈与を互酬的なものとして語っているから、デリダ流の厳密な定義に従えば、この贈与は交換である。しかし、贈与をそのようにとらえながらも、モースのテクストには忘却された贈与も同時に記されている。人が贈与を行うとき、「これは贈与だ」と少しでも思えば、贈与の本来の姿を忘却してしまうことになるが、これは贈与がなくなってしまったのではなく、忘却された状態にある贈与が現れないだけである。そして、この「現れない贈与」が時間を与える、つまり、遅延ないしは差延を引き起こすというわけである。フランス語でdonner le tempsというと、ふつう「時間をかける」という意味であるが、「時間を与える」という文字通りの意味をデリダは重ね合わせている。時間の贈与が、時間の差延を招くのである。モースのテクストのなかに眠っている贈与と時間の関係を暴くことで、彼は「絶対的な忘却」にあるそれらを僕らに示してくれるのだ。こういった作業を通して、デリダは「現れるもの」と交換の癒着に呪縛されているモースのテクストを切り裂き、「現れないもの」のほうへテクストを開いていこうとする。

もうひとつ指摘しておきたい。デリダは差延という独自のタームで贈与と返礼のあいだの時間差を表現しているのだが、差延は終わりなく遅延する可能性をはらんでいる。少々意地悪く考えれば、モースの意図に反して、モースのテクストはお返しが不可能になる危険をかかえているのだ。期限が設けられても、期限の時は終わりなく先送りされ、返礼も終わりなく遅れるかもしれないのだ。そう考えていくと、この贈与は無限の時間を与え、お返しを終わりなく遅れさせて、贈与交換の円環を閉じさせることを不可能にする可能性をもっている。贈与が一方的な贈与に終わるかもしれないという、バタイユなどが主張するような可能性がそこには見えてくるのだ。

「現れない」贈与が「現れない」時間を与えるという、奇妙な贈与論を示すことによって、デリダは交換中心のエコノミーが現前中心の発想と密接な関係にあることを暴露し、モースのテクストを「現れないもの」から読み解くことに成功している。さらに、エコノミーを根本から支える「循環」の発想に「終わりなき遅延」という爆弾を装填しながら、「循環」を不可能にする可能性を探っている。こういった贈与の考えを示すことによって、交換の優位を支える階層的な二元論を問い直していくのだ。

このようなデリダの試みは、現代社会や資本主義の諸々の問題を考えるのにも、とても重要である。僕らはエコノミーの問題を哲学や形而上学の問題とは切り離してただそれだけで考えがちである。実学や技術というわかりやすい即戦力を重視するという現代の風潮は、科学や経済についての研究が哲学や思想を切り落としていくことを助長している。しかし、デリダが示してくれているように、哲学の問いとエコノミーの問いは密接に関係している。そうだから、贈与は「現れ」との関係で考察しなければならないのだ。「現れ」をめぐる価値体系は、社会、政治、経済、教育の諸々の制度を支えているし、それらがもたらすさまざまな独善、差別、抑圧の遠因ともなっているからである。哲学や思想が必要なゆえんである。

贈与についての問いも、「現前の形而上学」の脱構築の作業のひとつに過ぎない。「贈与は贈与でない」という、人を食った贈与の発想をいかしながら、デリダはさらに遺産、歓待、赦しのテーマにも取り組んでいく。これらの概念も、痕跡、エクリチュール、死、亡霊などの概念と同じように、「現れないもの」として書き替えられていくのだ。

終わりのない「あやとり」のなかで。

第９章

死の贈与

ジャック・デリダ（Ⅱ）

殺害者中の殺害者である俺たちは、どうやって自分を慰めたらいいのだろうか。
フリードリッヒ・ニーチェ『華やぐ智慧』

贈り物やプレゼントをもらうと嬉しいものである。贈与というと、僕らは何か得した気分になり、つい良いイメージを抱きがちである。しかし、本書でも繰り返し指摘してきたように、贈与は危険なものでもある。素朴に考えてみても、受け取ることは、相手に借りができて心理的に束縛されてしまうことに繋がる。相手に心を支配されてしまうのだ。政治の世界では、「毒まんじゅうを食らう」とも言う。また、モースが指摘するように、マオリ族では贈与に対するお返しを怠ると、ハウという物の霊が受け取った者に災厄をもたらすし、古代ゲルマンの神話では、『ニーベルンゲンの歌』のように、財宝を得ることが不幸の原因になったりもする。さらに、バタイユの語るところでは、太陽が贈与するエネルギーは地球の生命体の成長と繁茂をもたらしてくれるとともに、地球の破滅をもたらすような爆発を招く危険性を秘めてもいた。こういった危ない面にも注意をはらうならば、贈与が死と結びつくケースも容易に理解できるだろう。

それでは、「死の贈与」ということで、僕らは何を連想するのだろうか。ふつうに考えれば、まずは殺人だろう。新聞やテレビのニュースで話題になるような殺人事件は、犯人による被害者への死の贈与なのだ。いかなる理由であれ、そこでは死は与えられている。もちろんこの贈与は、犯罪行為ばかりではない。死刑のような合法的な殺人も、死の贈与と言えるだろう。江戸時代では、武士が過ちを犯し主君から「死を賜る」というかたちで自害を強要された話は、よく耳にする。身分の高い人は、処刑というかたちではなく、主君からの「死の贈与」というかたちで、名誉を保っていたのだ。武士の名誉とされる切腹は、その好例だろう。もともと中国では賜死は「死を与える」という主君側の行為をさしていたのだが、日本では受け手のほうの立場を表している。いずれの場合にせよ、名誉にかかわる一段高い死が贈与という言葉で表現されているのだ。さらに、殺人や死刑のみならず、戦争も死の贈与と言えるだろう。こちらにむかってくる爆弾やミサイルは、欲しくもないプレゼントなのではないだろうか。あちらが攻撃してくればこちらも反撃だという、報復の連鎖はまさに贈与交換だし、それが敵対しあう一方が滅びるか降伏するまで続けられるのだ。北アメリカの原住民たちは部族のあいだの争いを、より多くの物を贈与したほうが勝ちというポトラッチによって勝負をつけた。この贈与交換をモースは戦争を避ける未開人の知恵として称賛したが、ポトラッチはちょうど戦争の象徴的な代行と言えるだろう。戦争は、一方的な贈与を理想とする、死の贈与交換なのだ。

贈与する人と受け取る人が同じならば、自殺も死の贈与である。殺人の対象は他人ばかりではない。自身の場合もあるのだ。ただこの贈与は、何らかの苦しみから逃れたいという個人的な動機からの自殺だけではない。ある目的のために自分の命を犠牲にするような自己犠牲の場合も当てはまる。例えば、時々ニュースで報じられる痛ましい出来事であるが、子供を助けようとして危険な火事のなかに飛び込んでいき、命を落とすことも、結果的には自分への死の贈与なのではないだろうか。あるいは、信仰の対象である神のために自分を捧げる殉教者たちも、パウロやペテロのようなキリスト教の草分けから今日のジハーディストまで、この贈与の恰好の例だろう。第二次世界大戦の際に、わが国でも戦意高揚のために大いに奨励された国家への自己犠牲も、神風特攻隊や人間魚雷のような部隊や兵器を産み出したが、これも同じように解釈できる。他にも「死の自己贈与」の例は多々ある。

贈与というフィルターを通して見るならば、人々がこれまで死について述べてきたことを贈与と関係させて考えてみることが可能だということがわかる。自然死であっても、「天に召された」と考えるならば、神による死の贈与と解釈できる。文脈や用語法に応じてきちんと分類したうえで検討してみる必要はあるが、死に関する多くの事柄が「死の贈与」と関係しているのではないだろうか。

「死の贈与」に関する現象は、多くの分野にまたがっているが、ここでは特に宗教に関係させて論じていきたい。というのも、歴史的にみると、宗教がいちばん根本的に死にかかわってきたからである。

人は宗教的信念のもとで最も残酷なことをする、という事実を見破ったのはパスカルである。[1] キリスト教の歴史を繙いても、十字軍による聖地エルサレムでの大虐殺、多くの同じ信仰の者たちを拷問し火あぶりに処した異端審問や魔女狩り、ヨーロッパ各地でのユダヤ人への迫害など、多くの例が思い浮かぶ。これは他の宗教にも言える。ユダヤ教では、『旧約聖書』には、ヨシュアとユダヤの民たちが神の命令でエリコやアイの町を破壊し住人を全滅させたことが誇らしげに記されている。わが国でも、中世には、仏教の諸派による宗教戦争がざらにあった。一向宗の門徒たちが大名を殺したり、日蓮宗の宗徒が一向宗の寺を焼き討ちしたり、天台宗の延暦寺の僧兵が京都の日蓮宗の寺院をことごとく破壊し門徒を虐殺したりした。もちろん、啓蒙理性や近代化の影響のもとで、こういった宗教的な大虐殺は影を潜めている。しかし、完全に克服したかというと、そうでもなく、この半世紀を振り返ってみても、ガイアナでの人民寺院の信者たちの集団自殺、ハルマゲドン（世界最終戦争）を信じたオウム真理教によるサリン事件、近年のイスラム過激派によるテロ行為や残虐な処刑など、信じがたいような蛮行がなされている。たしかに、二〇世紀を代表する非道な行為には、スターリンによる大粛清とナチスによるユダヤ人虐殺があり、これらは基本的には宗教とは無関係ではあるが、そこでは政治はすでにある種の宗教と化していたのではないだろうか。

古来、宗教の儀式のなかでもっとも残酷であると言われてきたのが、供犠である。[2] 供犠とは、身近なところでは、仏壇やお墓に果物やお花をお供えすることである。あるいは、未開部族の儀礼で、牛を殺して神に捧げる行為などもよく知られている。今では犠牲となるのは動植物であるが、かつては人身供犠もよく行われていた。荒れる海を鎮めるために処女を神に捧げたり、宮殿や神殿を建てるとき災害から守るために人柱も使われていた。

イサクの奉献

ところで、聖書のなかには、アブラハムが息子イサクを神に捧げようとする供犠の逸話がある。デリダは贈与について論じた二番目の著作『死を与える』のなかで、この逸話を取り扱っている。逸話はこうである。聖書から引いておこう。


これらのことの後で、神はアブラハムを試された。

神が、「アブラハムよ」と呼びかけ、彼が、「はい」と答えると、神は命じられた。

「あなたの息子、あなたの愛する独り子イサクを連れて、モリヤの地に行きなさい。わたしが命じる山の一つに登り、彼を焼き尽くす献げ物としてささげなさい。」

次の朝早く、アブラハムはろばに鞍を置き、献げ物に用いる薪を割り、二人の若者と息子イサクを連れ、神の命じられた所に向かって行った。

三日目になって、アブラハムが目を凝らすと、遠くにその場所が見えたので、アブラハムは若者に言った。

「お前たちは、ろばと一緒にここで待っていなさい。わたしと息子はあそこへ行って、礼拝をして、また戻ってくる。」

アブラハムは、焼き尽くす献げ物に用いる薪を取って、息子イサクに背負わせ、自分は火と刃物を手に持った。二人は一緒に歩いて行った。

イサクは父アブラハムに、「わたしのお父さん」と呼びかけた。彼が、「ここにいる。わたしの子よ」と答えると、イサクは言った。

「火と薪はここにありますが、焼き尽くす献げ物にする小羊はどこにいるのですか。」

アブラハムは答えた。

「わたしの子よ、焼き尽くす献げ物の小羊はきっと神が備えてくださる。」二人は一緒に歩いて行った。

神に命じられた場所に着くと、アブラハムはそこに祭壇を築き、薪を並べ、息子イサクを縛って祭壇の薪の上に載せた。そしてアブラハムは、手を伸ばして刃物を取り、息子を屠ろうとした。

そのとき、天から主の御使いが、「アブラハム、アブラハム」と呼びかけた。彼が、「はい」と答えると、御使いは言った。

「その子に手を下すな。何もしてはならない。あなたが神を畏れる者であることが、今、分かったからだ。あなたは、自分の独り子である息子すら、わたしにささげることを惜しまなかった。」

アブラハムは目を凝らして見回した。すると、後ろの木の茂みに一匹の雄羊が角をとられていた。アブラハムは行ってその雄羊を捕まえ、息子の代わりに焼き尽くす献げ物としてささげた。

アブラハムはその場所をヤーウェ・イルエ（主は備えてくださる）と名付けた。そこで、人々は今日でも「主の山に、備えあり（イエラエ）」と言っている。

主の御使いは、再び天からアブラハムに呼びかけた。御使いは言った。

「わたしは自らにかけて誓う、と主は言われる。あなたがこの事を行い、自分の独り子である息子すら惜しまなかったので、あなたを豊かに祝福し、あなたの子孫を天の星のように、海辺の砂のように増やそう。あなたの子孫は敵の城門を勝ち取る。地上の諸国民はすべて、あなたの子孫によって祝福を得る。あなたがわたしの声に聞き従ったからである。」

アブラハムは若者のいるところに戻り、共にベエル・シェバへ向かった。アブラハムはベエル・シェバに住んだ。(3)

この逸話は、よく考えてみれば、贈与の話である。ここで語られているのは、まずはアブラハムがイサクに死を与え、その死をとおしてイサクを神に与えよう、という贈与である。次に、神がアブラハムの忠誠を認めて、身代わりの小羊を与え、それを殺して自分に与えさせたし、子孫の繁栄をも与えたというお返しが語られている。イサクの奉献は、アブラハムと神のあいだの贈与の物語なのだ。

それでは、この話は、贈与のどういう本性を語っているだろうか。デリダはそこに何を見出したのか。

オノノカセル秘儀

イサクの奉献を読み解くとき、デリダは「オノノカセル秘儀 mysterium tremendum」という言葉を使っている。この言葉はドイツの宗教学者ルドルフ・オットーが『聖なるもの』で使い流布したものであるが、デリダはキルケゴールの『畏れとおののき』と共鳴させながら、この言葉を使っている。キルケゴールはこの著作でアブラハムの逸話を論じているが、デリダはこのキルケゴールの解釈を踏まえている。『畏れとおののき』を読み進めながら、彼はイサクの供犠についての思索をめぐらしていくのだ。

そして、この供犠においてひとつの軸となっているのが、「オノノカセル秘儀」なのである。それはどういうものだろうか。

神との関係を考えてみよう。僕らはいったい神についてどれだけ知り、どれだけ理解できているのか。神の命令なるものが人間に完全に理解できる代物であるならば、そんなものは神の命令ではない。神が命令する理由は、僕らがどう考えてみても最終的にはわからないし、その理由を問い質そうとしても、神は沈黙している。だから、神は隠れているとか、秘密であると言われる。理解できないで秘密であることが、神の神たるゆえんであると言えよう。神はアブラハムに愛する息子の死を命じるが、アブラハムはその理由を理解できない。死の贈与の命令は、「オノノカセル秘儀」にほかならない。デリダは次のように述べている。

オノノカセル秘儀のなかで何が私たちをおののかせるのだろうか。それは〔神による〕無限の愛の贈与である。つまり、私を見る神の眼差しと、私を見つめるまさにそのものが見えない私自身とが対称関係にないことである。[4]

神は絶対的に超越した存在である。神は私を見つめるが私は神を見ることができないから、この圧倒的な非対称のせいで、私はおののかざるをえない。私は神を見ることはできないので、当然神の正体を把握することなどできないし、神は私の理解を超えている。神による愛の贈与があっても、それは人知を超えたものであるから、永遠に「秘儀」であり、秘密なのだ。キリスト教――ここではユダヤ教もふくまれる――において、神の贈与は秘密と結びついているわけである。

『死を与える』のなかで、イサクの奉献の読解に取り組む前に、デリダはチェコの哲学者パトチュカを論じており、そこですでにキリスト教における「オノノカセル秘儀」が贈与にかかわっていることに触れている。それは「プレゼント〔＝現前者〕ではない贈与、接近できないから現前しえないし、だから秘密であり続ける何かの贈与[5]」なのである。しかし、よく考えてみれば、贈与それ自体が秘密なのではないだろうか。秘密としての贈与という発想は、デリダが『時間を与える』のなかで展開した考え、すなわち贈与は贈与と認められたら贈与ではなく交換になるという考えと合致している。そもそも贈与は決してそのものとして現れないし、同定できないものなのだ。だから、『死を与える』のなかでも、彼は次のように述べている。

〔…〕贈与は贈与として白日のもとに認められるならば、また、認知されてしまうものであるならば、贈与はたちどころに贈与でなくなってしまう、と言えるだろう。贈与はそれ自体秘密である。いうなれば、秘密自体なのだ。秘密は贈与の究極の言葉であり、贈与は秘密の究極の言葉なのである(6)。

この秘密としての贈与のありかたは、アブラハムの場合にもあてはまる。彼は神による愛の贈与を理解できない。それが贈与であるかもわからない。また、息子のイサクに死を与え神に捧げる二重の贈与についても、これを贈与として理解しているとは言い難い。彼はただ神の命令に従っているだけだからである。そうだから、イサクを殺そうとする決断には、彼の理解できる合理的な理由も根拠もない。理解を超えたものへの忠誠心があるだけである。ある意味で、これは狂気の沙汰である。決断の狂気は、秘密としての贈与と深く結びついているのだ。

そして、この秘密としての贈与はいくつかの興味深い結果をもたらしている。これらについて考えてみよう。

沈黙の言語

まずは言語の次元。この気違いじみた無理解のせいで、アブラハムは沈黙を守ることを強いられている。贈与は秘密であるから、その真相を明かすことはできないのだ。

秘密で、分け隔てられ、不在で、秘儀的な、隠れた神自身が、自らその理由を明かすことなく、アブラハムに最も残酷で最もありえなく最も耐えがたい行為を要求するよう決めたのだ。それは、息子イサクを供犠に差し出すことだった。こういったことはすべて秘密裏に生じる。神はその理由について沈黙を守り、アブラハムもまた沈黙を守る〔…〕。[7]

沈黙を守るとはいえ、アブラハムは誰とも口をきかなくなったり、唖になってしまうのではない。後にキルケゴールが「沈黙のヨハンネス」という偽名を使いながら、『畏れとおののき』を執筆したのと同じように、アブラハムも語る、しかも語りながら沈黙を守るのだ。というより、アブラハムは理由がわからないので、語りながらも秘密を保持せざるをえない。「だから、彼は語り、語らない。彼は答えることなく答える。〔…〕彼は語るが、自分が秘密にしなければならない本質的なものについては何も語らないのだ」。[8] しかし、アブラハムは嘘を言うのではない。イサクから「火と薪はここにありますが、焼き尽くす献げ物にする小羊はどこにいるのですか」と聞かれたとき、彼は答えた、「わたしの子よ、焼き尽くす献げ物の小羊はきっと神が備えてくださる」。これは奇妙な言葉である。状況のわからないイサクには理解できない言葉である。しかし、アブラハムは「小羊は山にいる」とか、「実は小羊を隠しもっている」のような嘘は言わない。嘘ではないこの奇妙な言葉をどう解釈すべきだろうか。デリダは『畏れとおののき』のなかの次の文を引用する。

彼はいかなる人間の言語も語っていない。たとえ彼が地上のあらゆる言語に通じていようと、彼は話すことができないだろう。彼は神の言語を語っている。地上の言語でそれを語っている。[9]アブラハムは人間の言葉ではなく、神の言葉を話しているのだ。理解できない神の言葉を人間の言葉を通して語っている。秘密の言葉をふつうの言葉のなかで語っているから、奇妙な言葉になるのだ。デリダはまたキルケゴールの次の文も引用している。

だから彼は嘘をついていないが、何かを言っているのでもない。なぜなら、彼は異邦の言語で語っているからである。[10]

アブラハムは嘘をついているのではない。しかし、確定的なことも言わなければ、予言や約束をするわけでもない。明確なことや決定的なことは、何も語られてはいない。アブラハムの語る言葉は、異邦の言語に属している。誰も真実を理解できない異質な言語である。これは秘密の言語なのだ。

このアブラハムの言語を、デリダは『白鯨』で有名なメルヴィルの短編小説『バートルビー』の主人公バートルビーの言葉と比較している。法律事務所で働いている若い書記のバートルビーは、書記以外の仕事に対し「そうしないほうがいいのですが I would prefer not to」と言い、そのうちどういう依頼や命令にもそのように答えて、自分の立場を悪くして、最後には牢屋で死んでいく。デリダはアブラハムの言葉がバートルビーの言葉とよく似ていると指摘している。それは「肯定的であろうと否定的であろうと、確固とした決定可能なものを何も述べない」答えであり、「何も言わないし、何も約束しないいし、何も拒んだりも受け入れたりもしない」[11]文なのである。デリダは想像をさらに逞しくして、息子を殺そうとするアブラハムはバートルビーのように「そうしないほうがいいのですが」という心の状態ではないかと推測する。彼はイサクの供犠を実行せざるをえないのだが、気持ちとしては愛する息子を殺害したくはない。これが奇妙な表現を誘発する。拒否か受け入れかも決定しない言葉は、沈黙としての秘密の言語に属している。

このように秘密、あるいは秘密としての贈与は、アブラハムに沈黙の言語ともいうべき異邦の言語を強いるのだ。『時間を与える』のなかで、贈与は認知されないで忘却されて生起する、とデリダは主張したが、イサクの奉献においても、秘密としての贈与はアブラハムの理解を超えたところで生起している、と彼は考えている。アブラハムの語る言葉のなかで、隠れて沈黙しながら贈与は己を告げているのである。かつてフロイトは無意識に抑圧されたものが僕らの言語に影響を与え、言い間違いや言い忘れの原因になることを指摘したが、デリダがここで指摘する秘密としての贈与はもっと深い次元から言語に影響を及ぼし、アブラハムやバートルビーのような沈黙の言語を産み出しているのではないだろうか。

犠牲のエコノミー

秘密としての贈与が影響を及ぼしているのは、言語の次元だけではない。エコノミーに関しても、その効果を発揮している。

アブラハムはイサクを神に捧げようと気違いじみた贈与の決断をする。だが、イサクの殺害は神によって中止させられる。その上、彼はその忠誠心から神に祝福され、子孫の繁栄を約束される。しかし、これはアブラハムがはじめから意図したことではない。彼は神と取引をしようなどとはまったく考えていない。そこには報酬への期待もなければ、そのための計算もない。だから、イサクの奉献は一方的な贈与にほかならない。しかし、この贈与に対して、神はお返しをする。身代わりの小羊を用意したり、子孫の繁栄を約束したりする。モースが言うような贈与交換をここに見ることができるだろう。デリダは次のように書いている。

〔アブラハムが息子を殺そうとした〕その瞬間に、〔…〕神はアブラハムに息子を返し、その至上の権利をもって、絶対的な贈与を通して、その時以来ひとつの報酬に似てくるものによって、この供犠をエコノミーのなかに再び組み入れることを決める。(12)

エコノミーが、ギリシア語のオイコノミア以来、「交換、円環、循環」と結びついてきたことについては、第8章でふれた。エコノミーということを問題にするならば、神とアブラハムの関係にも贈与交換というエコノミーを見出すことができるだろう。もちろん、アブラハムによる「死の贈与」は、神との贈与交換を期待してのものではない。この贈与は、交換を前提としない限り、エコノミーではないもの、つまり非エコノミーに属している。だが、神の行ったことは、アブラハムに報いを与えることによって、彼の贈与を交換のエコノミーに変えてしまうことなのである。

生の贈与や――あるいは同じことではあるが――死の贈与のような贈与の非エコノミーを、父の法のもとでエコノミーはふたたび自分のものとする。(13)

神の報いによって、純粋な贈与は交換になってしまう。だから、非エコノミーに属すものが、再びエコノミーに併合されるのだ。そもそもエコノミーなるものは、交換、円環、循環と深い繋がりがある限り、ある閉じた世界をつくってしまう。その意味で、イサクの奉献の話は、閉じたエコノミーの物語なのだ。ただ、そう言って終わらしていいのだろうか。経済と訳される通常のエコノミーは、物と物どうしであろうと、物と貨幣のあいだであろうと、同じ価値をもったものの交換のうえに成立している。同じ価値を導き出すために、計算は必要であるし、この計算のおかげで二つのものは対称の関係になることができる。交換が成立するためには、二つのものが等価であることが理解され、その理解が共有されていなければならないのだ。それに対し、アブラハムと神は贈与に関して等価であることを共有しているだろうか。アブラハムによる贈与は、神の言葉の意味を十分に理解した上でのものではなく、彼と神のあいだの不十分なコミュニケーションのもとに成立している。彼らの関係は非対称的であり、彼らの価値の共有はここではみられない。「報い」を与えることによって、等価交換へと贈与を導いたのは神だけなのだ。だから、よく考えてみれば、イサクの供犠はエコノミーに回収されるとはいえ、アブラハムの非エコノミーをそのなかにかかえるものなのだ。アブラハムの行為は、神の意志への無理解のみならず自分の行為についての無理解に根ざしており、その意味で秘密としての贈与なのである。だから、交換への期待もないアブラハムの贈与は、解消のしようがない決定的な非エコノミーなのではないだろうか。犠牲のエコノミーはエコノミーである限り閉じるものであるが、非エコノミーをそのなかにかかえる点で、閉じつつも開かれている。ここに通常のエコノミーとは異なるエコノミーがあるのだ。

デリダによるこのエコノミー分析は、さらに「マタイによる福音書」にまで及ぶ。ここでもやはりエコノミーは両義的である。一方で、「福音書」は多くの箇所で神による報いを説いている。これはアブラハムがイサクの奉献によって得た報いと同じ類のものだろう。もちろん、このエコノミーは地上の富によるものではなく、むしろそれを捨てることを命じている。神が報いる天上のエコノミーと地上のエコノミーは分けられているのだ。しかし、贈与と返礼という交換のエコノミーはやはりここでは歴然としている。とはいえ、この「福音書」には、「誰かが右の頰を打つなら、左の頰を向けなさい」[14]という、交換に抵抗する考えが語られている。ふつうなら、「目には目を、歯には歯を」という、やられたら同じだけやり返す法が正当化されるのだが、イエスは「山上の説教」でそれを戒める。報復、復讐、仕返しに繋がる考えは否定されるのだ。デリダはイエスのこの思想をエコノミーの観点から読解する。

〔イエスのこの命令が〕厳密なエコノミー、交換、返すこと、与えること／返すこと、「売り言葉に買い言葉」を中断し、報復、復讐、やられたらやる、やられたらやり返すといったこういった憎しみの循環のかたちを中断することが重要なのだ。(15)

イエスの教えにはもちろん「神の報い」というエコノミーは見いだされるし、しかもそれは重要な要因であるのだが、同時にこういったかたちで交換を中断するような非エコノミーも共存しているのだ。

デリダによるエコノミーの分析はとても刺激的である。それはキリスト教の「犠牲のエコノミー」のもつ両義性を丁寧に暴いているからである。たぶん、この両義性はユダヤ＝キリスト教の言説のなかに留まるものではなく、多くの宗教的言説に見出されるものなのではないだろうか。また、エコノミーと非エコノミーの複雑な関係は、資本主義が過剰なまでに発展させた交換の経済の論理では覆いつくせない何かを僕らに告げてくれるのではないだろうか。もちろん、そう考えるのは、資本主義のエコノミーに対する宗教のエコノミーの優位を示したいからではない。そうではなく、宗教的言説のなかにふくまれる、贈与とエコノミーの関係が、僕らのエコノミーの未来を考えるにあたって示唆的なのではないか、という考えからなのだ。

あれかこれか

アブラハムによる贈与は、他者への責任についても重要な問題を提起している。キルケゴールによれば、人間の実存には三つの段階がある。それは、享楽を求める美的段階、家族や共同体の義務に忠実な倫理的段階、そして神と向き合う宗教的な段階である。『畏れとおののき』では、イサクの奉献はまさに倫理的な態度と宗教的な態度の葛藤を招いている、とされている。愛する息子を殺すことは倫理的に赦されざる行為であるのだが、それをしなければ神の命令に背いたことになる。キルケゴールは、神への責任を選んだアブラハムを正しい、と結論を下す。神と絶対的な関係を結ぶ宗教的な態度は、倫理的な態度に優る価値があるのだ。

デリダはキルケゴールによるこの結論をそのまま肯定はしない。『畏れとおののき』を読みながら、神という他者への責任はイサクへの責任より本当に重いのだろうか、という疑いをもつのだ。彼はキルケゴールとは違い、宗教的態度と倫理的態度のあいだで優劣をつけるのではなく、両者のジレンマにこだわりをみせる。

アブラハムが神に忠実であるのは、不実である場合、自分の近親者の全員を裏切り、近親者のおのおののかけがえのなさを裏切るときだけなのだ。ここでは愛するただひとりの息子のかけがえのなさを模範的に裏切っている。また彼は、絶対的な他者――神と言ってもいい――を裏切ることでしか、近親者や息子に忠実であることを選ぶことはできない(16)。

神という絶対的な他者に忠実であり、その命令の実行に責任をもとうとするのなら、愛する息子の命を奪い、息子や家族といった違った他者を裏切ることになる。しかし、息子に刀を振り下ろすことをためらったならば、息子や家族という他者を尊重する倫理に忠実であるかもしれないが、神という他者を裏切ることになる。他者という次元で考えるならば、すべての他者を満足させることはできないのだ。だからデリダは次のように述べている。

私がひとりの他者の呼びかけや要求や責務また愛にすら答えられるのは、この他者のために別の他者あるいは別の他者たちを犠牲にしているからである(17)。

いかなる他者に対してであれ、他者への責任をすべての他者に対して同時に果たすことはできない。キルケゴールは「あれかこれか」の論理に従いながら、他者に序列をつけ、神という他者への責務を優先させたが、デリダはこの序列を疑いながら、他者である点では息子も神もかわらないという原点に立ち返っている。この世に無数の他者が存在する限り、他者への責任の思想はあるアポリアをかかえているのだ。

このことは何もアブラハムが行ったような高尚な宗教的決断にのみ関係しているわけではない。僕らの日常にもかかわっているのだ。デリダは自分がそのときに行っている作業を見つめながらこう書いている。

私は今この瞬間ここで行っていることに時間をかけて注意を払っているが、それを選ぶことによって、つまり、私の仕事、市民としての活動、教職にある職業哲学者としての活動を選ぶことによって、たまたまフランス語である公用語で書いたり話したりすることによって、私はたぶん自分の義務を果たしている。しかし他のすべての責務を、私は瞬間ごとに裏切り犠牲にしている。つまり、私が知らなかったり、あるいは知っていたりする別の他者たち、飢えや病気で死につつある無数の「同類たち」への責務を犠牲にしているのだ（私の同類よりもはるかに他者である動物たちについては言うまでもない）。他の市民、つまり私の言語〔＝フランス語〕を話さないし、私が語りかけたり応えたりしない者たちへの忠実さや責務を、私は裏切っている。私の話を聞いたり私の書いたものを読んだりするが、私が適切な仕方、すなわち特異な仕方で答えたり話しかけたりしない者たちのおのおのへの忠実さや責務を裏切っている（これはいわゆる公共空間での話で、この空間のために私はいわゆる私的空間を犠牲にしている）。だからまた、私が私的に愛する者たち、私の近親者、私の家族、私の息子たちへの忠実さや責務を、私は裏切っている〔…〕。[18]

デリダは身近な例を挙げている。彼自身哲学の教師であり、『死を与える』もまずは一九九〇年一二月に行われたロワイヨーモンのシンポジウム「贈与の倫理　ジャック・デリダと贈与の思想」での講演である。それを思い浮かべると、彼が言いたいことが具体的に理解できるだろう。彼は講演でフランス語で哲学の話をしている。そうすることで、彼は市民としての活動、哲学者としての活動という責務を果たしている。シンポジウムの主催者や参加者、話を聞きに来てくれた聴衆に対して義務を果たしているのだ。また、シンポジウムの記録が出版されたら、彼の読者に対しての義務も果たすことになるだろう。しかし、そういう作業に時間と労力を費やしているけれど、その反面、他の人に対する責務を怠っているのではないだろうか、という疑いが彼の心に湧いてくる。例えば、今アフリカやアジアで病気や飢えで苦しむ人たちがいる。自分がそういう人たちを救う活動に時間を割き、彼らに対する義務を果たすこともできただろう。何もしていないということは、彼らを見殺しにしているわけであり、逆説的なことだが、哲学の講演をしているから、彼らを裏切っていることになるのだ。哲学の責務を果たすことが、彼らの救済の義務を遠ざけてしまうことになるのである。また、哲学の責務に関しても、せっかくシンポジウムにやってきても、フランス語を解さない者たちはデリダの話など理解できないし、そういった人たちへの義務を彼自身怠っている、とも言える。あるいは、デリダの講演や著作に接する者たちの理解度はまちまちであるが、それぞれの理解の水準にあわせて適切なやりかたで自分の思想を伝える義務も彼は怠っている（彼は聴衆の個々人の理解の水準など関係なく一方的に自分の哲学を話している）。また、公的な仕事に従事するあいだ、家庭で子供たちに接する時間を犠牲にしている。このように彼がある責務を果たそうとすると、別の責務を犠牲にすることになる。僕らはある他者に忠実であろうとすると、かならず別の他者や他者たちに対して無責任になるのだ。

そして重要なのは、どちらの他者を優先するかについて正当な理由などないということなのである。哲学の講演を選ぶか、病気や飢餓で死にそうな人たちを救済する活動を選ぶかに、最終的な結論はないのだ。また、公共空間での他者への義務と私的空間での家族への義務のうち、どちらが重要かもけっして決めることはできない。ある他者に対して忠実であるとき、別の他者を裏切ることになっても、そのことを正当化することは絶対にできないのだ。もちろん、しかじかの理由を述べることもできるだろう。例えば、キルケゴールのように宗教的な決断を絶対的なものと考えることもできるだろう。しかし、それは万人が納得できるような普遍的な理由ではない。いかなる理由をもってしても、愛するイサクを殺すことも、病気や飢えで苦しむ人を見殺しにすることも、自分の家庭を犠牲にすることも、最終的には正当化できない。他者への責任は、すでに日常的な次元でこういったアポリアをかかえざるをえないのだ(19)。

どうしてこういったアポリアを考える必要があるかといえば、他者への責任の思想がある種の独善におちいるのを避けるためである。宗教の原理主義者は、神という他者の尊重を絶対視して、他の価値の優位を認めないし、全体主義も国家や独裁者という他者への責任を第一のものと見なしているが、そういった考え方は別の他者を犠牲にしたり裏切ったりすることになることを否定しない。もちろん、こういった極端な思想におちいることはなくても、僕らは先ほどのデリダのように、他者への尊重をなんらかのかたちで選びながら生活している。それは意識的な場合もあれば、気づかないうちに行っている場合もある。ただ、その時に自覚しなければならないのは、この尊重が別の他者を同時に犠牲にしているということである。

わかりやすい例を挙げれば、古代ギリシアの悲劇に登場するアンチゴネーの話である。テーバイの王位継承をめぐってアルゴスとテーバイの二国が争ったあと、テーバイの実力者クレオンはアルゴス軍の戦死者の埋葬を禁じるお触れをだす。テーバイの皇女アンチゴネーはこの国法に背いて、アルゴス方についた兄のポリュネイケスを埋葬する。彼女にとって家族の掟のほうが国家の法よりも価値があるのだ。アンチゴネーは身内のポリュネイケスという他者を尊重するが、国家やクレオンという他者を裏切っている。クレオンのほうはどうかといえば、テーバイのために死んだ他者たちを尊重しているが、アンチゴネーやアルゴス方の戦死者たちを犠牲にしている。アンチゴネーもクレオンも、それぞれが他者への責任を主張しているが、ある他者への尊重が同時に別の他者への裏切りになっていることに気づいてはいない。後にヘーゲルは『精神現象学』でこの逸話をとりあげ、対立があらたな段階で止揚されると考えるが、デリダは対立が対立のままにとどまると考える。止揚されるということは、新たな段階で対立が解消し「和解」が成立することを意味するが、デリダのこの「他者論」では対立は止揚されることはなく、尊重と裏切りの共存は解消されることはないのだ。[20]

解決されないもうひとつの例を挙げれば、それはデリダ自身の私生活にも及ぶ。彼にはシルヴィアヌ・アガサンスキーという愛人がおり、子供もひとりいた。先ほどの引用で彼は自分の家族について言及していたが、愛人という他者を尊重すれば妻のマルグリットを裏切ることになる。愛人との子ダニエルへの責任をまっとうしようとすれば、妻との子ピエールとジャンへの責任を犠牲にすることになる。他者の尊重のアポリアについての発想が、この切実な不倫の体験に基づいているかどうかは、僕にはわからないが、このアポリアが哲学、宗教、国家という高等な次元に位置するも

のばかりでなく、ごく身近な卑俗なところでも見つけることのできる格好の例だと言えよう……。(21)

われら犯罪者……

アブラハムの贈与についてのデリダの読解は、他者への責任が実は身近なところで解決できないジレンマをかかえていることを示してくれた。しかし、それだけではない。この贈与がもつ「死の贈与」という性格が、いかに僕らのまわりで切実なかたちで生じているかも教えてくれる。

イサクの奉献は、一言で言えば、人身供犠である。人身供犠というと、僕らは未開人や古代人の野蛮な風習と思いがちである。イサクの供犠を聖典に記載しているユダヤ教、キリスト教、イスラム教もさすがに現代では基本的には人身供犠は行わない。現代においてこの供犠が行われるとするならば、例えば怪しげなカルト教団によるものだろう。他には、宗教的な過激派、例えばイスラム過激派の一部が銃を乱射したあと、「神は偉大なり!」と叫びながら、倒れた者たちの喉を切り裂き神に捧げる場合である。しかし、こういった「死の贈与」は、一部カルト教団、一部過激派とのみかかわるものであり、文明社会の法治国家に住んでいる大半の者たちには無関係である、と僕らは思いがちである。

しかし、本当にそうだと言えるだろうか。この問題を考えるために、デリダは多少滑稽とも言うべき現代のアブラハムの例を挙げている。

今日イサクの供犠を繰り返すことは、ありそうもないと言われるかもしれない。確かに、少なくとも表面的にはそうである。ひとりの父親が供犠を行うために息子をモンマルトルの丘に連れてきたさまを想像してみよう。神が彼に身代わりの小羊を送らず、彼の腕を止めるために天使を遣わさなければ、中東の暴力が特に専門の公明正大な予審判事が、故意による嬰児殺しの罪か殺人の罪で彼を起訴するだろう。ほんの少し精神分析をかじってほんの少しジャーナリスティックな精神科医がその父親に「責任能力がある」と認め、まるで精神分析が意図や意識や良き意志などについての言説の秩序をいかなる点においても攪乱しなかったかのように振る舞い続けるのなら、犯罪者とされた父親がうまく切り抜ける見込みはまずない。〔神のような〕まったくの他者が彼の信仰を試すためにたぶん密かに（どのように彼はそれを知りえたのだろう）彼にそうするように命じた、と申し開くこともできるが、事態はどうにもならない。[22]

モンマルトルの丘、予審判事による起訴、中東の暴力の専門家、精神分析や無意識についてほとんど無理解な精神科医といった、フランス社会という文脈で理解可能な事柄もここには書き込まれているが、デリダの言わんとすることは僕らにも伝わるだろう。

ここではデリダによる想像をさらにふくらませて、今日の日本の文脈にあわせて考えてみよう。例えば、誰かが新興宗教にはまり、教祖に唆されるか神のお告げか何かで、自分の最愛の息子を殺さざるをえなくなった状況を考えてみよう（実際、似たような事件は起きている）。アブラハムと同じように息子を近くの山に連れていき殺そうとしたが、身代わりの小羊は現れず、本当に殺してしまったとする。すぐに警察が動き、父親は殺人犯として逮捕される。弁護士は、被告人を無罪とすべく「責任能力」のなさを立証する精神鑑定を求めるだろう。しかし、精神科医が「責任能力がある」と一言いえば、裁判では有罪判決が下されることになる。連日マスコミはこの事件を報道し、父親や教団を強く非難するだろうし、ワイドショーのコメンテーターは、宗教の恐ろしさについて語りだすかもしれない。ネットでは教団のホームページは炎上し、SNSを通して至る所に罵詈雑言が書きこまれることになるだろう。僕らの常識に従えば、この父親は道義的に許されざる存在であり、今日の法は彼を犯罪者として裁くことを要求する。だから、デリダは次のように続けている。

あらゆる文明社会で、その男に有罪の確定判決がでるように、すべてが組織されているのだ。[23]

文明化された僕らの社会では、人身供犠は過去の遺物であり、それを行えば犯罪なのだ。この社会では、アブラハムの「死の贈与」が生じるケースは極めて稀であり、たとえ生じてもそれに社会的制裁を課すシステムが存在しており、こういった「犯罪」を根絶するように社会は動くのだ。現代の文明社会に暮らす者の大半はこんな「犯罪」に手を染める可能性など考えたこともないだろう。

だが、本当に僕らは「死の贈与」と無関係に生きているのか。デリダは疑問を抱く。宗教的理由から子供に手をかけた父親を攻撃する僕らも、その一方で例えばアフリカや南米で多くの子供たちが飢えや病気で死んでいくのを見殺しにしているのではないだろうか。

文明社会が設立し支配している市場の構造と諸法則のせいで、また〔発展途上国の先進国に対する〕対外的な負債や同様の非対称のせいで、何億もの子供たち（倫理や人権についての言説が語る隣人や同類たち）を同じ「社会」が殺させるか、死ぬがままにさせている。危機に瀕した人を助けない場合、両者の違いは副次的なものに過ぎない。そして、いかなる道徳的もしくは法的な法廷も、この犠牲を、つまり自分自身を犠牲にしないための他者の犠牲を裁く資格はないのだ。(24)

父親を裁いた法のシステムは、憲法や刑法のような国内法から国際法に至るまできちんと組織されているが、それにもかかわらず死にゆく子供たちを前にしてまったく無力である。いや、文明がつくりあげた法のシステム、市場経済のシステム、政治のシステムなどが複雑にからみあって、彼らを犠牲にしているのでないのか。文明による世界が構造的に彼らの死を生み出し続けているのだ。もちろん、テレビなどで貧困や病気にあえぐ不幸な子供たちについての映像を僕らは目の当たりにすることもあるだろう。だがそれも、番組制作者の正義感を満足させても、この構造それ自体を変えるにはあまりに無力である。そして、恐ろしいことに、僕らは知らないうちにこの「殺人」に加担しているのだ。宗教にはまった父親は文明社会によって犯罪者として罰せられるが、僕らはその文明社会のせいで罰せられることのない殺人を犯しているのだ。子供たちが犠牲になることで、僕らの社会の諸々のシステムがうまく機能していくわけである。自分たちが犠牲にならないために、彼らの犠牲が必要なのだ。ある他者を配慮すると、別の他者を裏切ることになることをデリダは主張していたが、最初の他者を自己と置き換えてみよう。文明国でのうのうとしている僕らは、飢えや病気で苦しむ子供たちを裏切りつづけているのだ。

僕らは現代のアブラハムを非難できるだろうか。したり顔で正論を述べるテレビのコメンテーターも、常識的な判断にとらわれたままの僕らも、アブラハムのような「死の贈与」を意識することなく行っているのではないのか。こういった正論や常識が依拠する法や正義の価値観それ自体が、子供たちの犠牲を前提にしたシステムの一部をなしているのだ。僕らはアブラハムとも罪を犯した父親とも無関係ではない。同じ穴の貉である。だからこそ、デリダの疑問を引き継ぎながら、文明が強いる犠牲のシステムをその構造から問い直し変えていく必要がある。

これが「殺人犯」としての僕らの償いなのではないのだろうか。

第10章

贈与を哲学すると？

ジャン＝リュック・マリオン（Ⅰ）

それは存在を与える。
マルティン・ハイデッガー『ヒューマニズム書簡』

マルセル・モースの『贈与論』以来、贈与についての研究は人類学や社会学においてひとつの重要な流れをつくってきた。ここでも取り上げたレヴィ＝ストロースをはじめ、サーリンズやゴドリエなど多くの人類学者や社会学者が贈与研究で目覚ましい成果を挙げてきた。序章で言及したＭＡＵＳＳの運動だけではなく、贈与を主題とした研究や調査は今日いくつも目にする。バタイユのような思想家もデリダのような哲学者も、こういった成果に刺激を受けたことは紛れもない事実である。しかしだからといって、どうして贈与について哲学する必要があるのだろうか。それは単に刺激に反応しただけであろうか。あるいはもっと本質的な理由があるのだろうか。そういえば、フランス現代でも何人もの哲学者が贈与について言及している。それはどうしてなのだろうか。

哲学において贈与が主題化されるようになったのは、モースの発見やその後継者たちの成果によるものだけではない。また別の大きな震源地があるのだ。それは何かというと、マルティン・ハイデッガーの哲学である。まずここから始めよう。

ハイデッガーの衝撃

ハイデッガーは、存在について探求した哲学者として知られている。主著『存在と時間』を一九二七年に公刊して以来、彼の名声は世界にとどろき、その哲学的影響は測り知れないほど強力であった。戦後フランスを席巻した実存主義も、構造主義も、ポスト構造主義もハイデッガーの影響ぬきでは語れない。第二次世界大戦の直後に流行したサルトルの実存主義は、ハイデッガーの思想を人間主義的に解釈し直したものであり、その盟友メルロ＝ポンティが晩年語っている「問いの哲学」はハイデッガーの「問い」を自分の文脈に引き込んで考えられたものにほかならない。その後の時代では、構造主義のフーコーが『言葉と物』で展開した、知の布置が時代ごとに変わるという発想もハイデッガーの「時代（エポック）」の考えを引き継いでいるし、ラカンが『エクリ』で語った、「無意識は言語として構造化されている」という考えも、ハイデッガーの「言葉は存在の棲家である」に呼応したものである。本書第8章ですでに述べたデリダによる「現前の形而上学の脱構築」も、ハイデッガーが『存在と時間』で語った「存在論の歴史の破壊」を前提にしている。その他にも、他者の倫理の立場から終始ハイデッガーと対決姿勢を取り続けた哲学者レヴィナスや、ハイデッガーの言語思想を批判的に受け継いだ批評家ブランショなど、この哲学者の影響を受けた思想家は枚挙に暇がない。

それでは、贈与についてはどうだろうか。

この問題に入る前にまずはハイデッガーの贈与の思想について簡単に述べておこう。

ハイデッガーは『存在と時間』で、現存在という人間存在の意味の探求から出発して存在の意味を解明していこうとしたが、その後しだいに考え方が変わってきて、存在は人間によってとらえきれないものと考えるようになる。そして、この存在を存在そのものとして考えていき、西欧の思想の歴史を存在の自己展開としてとらえるようになる(この考え方がわかりにくければ、存在を神と置き換えて考えてみればわかりやすいだろう。もちろん、ハイデッガーにとって、存在は神よりも根源的なものではあるが)。このように彼の哲学は、現存在による「自力」の探求から存在による「他力」の探求へと転換していくのである。ハイデッガーの哲学が神秘主義的な色彩を帯びてくると言われるゆえんである。戦後すぐ彼は『ヒューマニズム書簡』という作品を発表しているが、そこではEs gibt das Sein. という重要なフレーズについて述べている。[1] このドイツ語の文をそのまま訳せば、「存在はある」というふうに訳せる。ドイツ語のEs gibtは、英語のThere isやフランス語のIl y aに相当する表現で、「〜がある」の意味である。どうしてこういう言い回しを利用するかと言えば、存在と存在者とを区別するためである。存在は存在者ではない。だから、ハイデッガーはDas Sein ist.(英語ではThe being is. フランス語ではL'être est.)とは言わない。こちらも「存在はある」と訳せるだろうが、こちらの場合は「存在」を「存在者」、つまり「存在するもの」として解釈することになる。主語の名詞の後にbe動詞に相当する動詞(seinやêtreなど)を置けば、この名詞は存在者をさすことになるのだ。存在者とは何かといえば、それは石や木、犬や人間から天使や神まで森羅万象であり、「存在するもの」すべてが該当する。しかし、存在は存在者ではない。だから、Das Sein ist.(英語ではThe being is. フランス語ではL'être est.）とは言えないのだ。そこでドイツ語固有の言い回しのEs gibt das Sein.を使うわけである。そして、このEs gibtにはgebenという「与える」の意味の動詞が使われている。この語句を文字通りに訳せば、「それは与える」となるが、ドイツ語の慣用では「〜がある」の意味になる。ハイデッガーはこの慣用を尊重しつつも、「それが与える」という文字通りの意味をフレーズに含ませる。そして、Es（それ）もまた「存在」と解釈し、Es gibt das Seinを「それ（存在）が存在を与える」と考える。つまり、存在の自己贈与というわけである。しかし、英語やフランス語と比較してみればわかるように、存在の自己贈与という発想はドイツ語においてしか可能ではない。英語のThere isやフランス語のIl y aには、贈与にあたる言葉は含まれていないのだ。ここにはドイツ語でしか哲学はできないというハイデッガー独特の思想が読み取れる。ドイツ語は普遍的な真理を担うのに最も模範的な言語だというわけなのである。

そして、この存在の贈与のおかげで、人間は物を考えることができるようになり、それにより歴史も展開していく。ハイデッガーは思索の歴史、つまり哲学の歴史が根本的に人間の歴史を支配していると考えている。彼は次のように述べている。

この「ある〔それが与える〕〔Es gibt〕」は、存在の運命〔Geschick〕として支配している。存在の歴史〔Geschichte〕は、物事を本質的に考える者たちの語った語のなかで、言葉になって来る。だから、存在の真理のなかで考える思考は、思考として歴史的〔geschichtlich〕である。(2)

一見すると難解な文であるが、ハイデッガーの巧みなところは、言葉の意味の繋がりをうまく使っていくことにある。「運命」を意味するGeschickは、schickenという「送る」や「届ける」を意味する動詞から派生しており、これも「贈与」と繋がってくる。また、GeschickとGeschichteの言葉の近さから、「運命」と「歴史」も関係をもってくる。ここで語られているのは、存在の自己贈与は運命として最も深い次元で歴史を動かしており、これは根源的に思索する者の言葉にあらわれてくる、ということなのだ。このように西欧の哲学の歴史は存在の自己贈与によって展開していくのだが、同時に存在は自ら隠れる傾向がある。だから、歴代の哲学者たちは、存在者を存在だと間違ってとらえてきた。これを「存在忘却」と言う。ソクラテス以前の哲学者から、プラトン、アリストテレスを経て、デカルトやニーチェまで、哲学者たちは存在の自己贈与に考えが至らず、存在の本当の姿を忘却したまま思索していたのだ。さらには、近代の技術においてもこの忘却から人間は自然を支配し利用しようとするに至った、とハイデッガーは主張する。近代の工業技術は、機械の生産から原子力に至るまで、「存在忘却」のなせるわざであり、それは世界の危機を招いているのだ。ハイデッガーの目標は、存在についてきちんと考えることでこの「存在忘却」を克服し、世界を救っていくことにある。

ハイデッガーの影響をうけたフランスの思想家が何人もいることは、すでに述べたが、贈与にかんして真っ向から取り組んで考えた哲学者は、まずはデリダがあげられる。僕らが本書第8章でとりあげた『時間を与える』のなかでも、贈与と忘却の関係はハイデッガーの「存在忘却」をデリダ流に「翻訳」したものと言える。また、『時間を与える』の続巻は、ハイデッガー晩年の論文「時間と存在」を読解する予定であったし、この論文でハイデッガーは贈与について語っていることからも、デリダはハイデッガーの贈与の思想のインパクトを強く受け止め継承した者と言えるだろう。

もうひとりはジャン＝リュック・マリオンである。デリダが贈与を数あるテーマのひとつとして探求しているのに対し、マリオンは贈与を自分の哲学の中核に据えている。そして、どうして贈与について哲学する必要があるのだろうかという問いに、一番明確に答えているのが、マリオンなのである。彼はカトリック系の現象学の哲学者であり、現在も活躍中である。ここではその主著『与えられてあると』を取り上げてみたい。

現象学と還元

現象学といえば、フッサール、ハイデッガー、サルトル、メルロ＝ポンティ、レヴィナス、アンリ、デリダといった錚々たる哲学者の顔が思い浮かぶが、マリオンの哲学も彼らの系譜のなかに位置づけることができるだろう。さて、現象学とは何かというと、これは人によって定義はまちまちであるが、現象、すなわち現れを探求する哲学の方法といちおう言っておこう[3]。しかも、現象をあるがままに探求する方法である。これは『存在と時間』でハイデッガーが「事象そのものへ！」というかたちで定式化している。現象学の開祖というべきフッサールもすでに次のように述べている。

　研究への動機は、既成の哲学からではなく、事象と問題から発しなければならない。〔…〕ラ

ディカルに無前提であることを人はいかなる場合でも放棄してはならない。(4)

ある対象を探求する場合、それについて既成の哲学や科学の知を参照しながら考察していくのではなく、その対象の事象そのものから究明していくことが、フッサールのやりかたである。だから、対象にまつわる「前提」というしがらみから徹底的に自由でなければならないのだ。このようにあるがままの対象の探求をするために、フッサールは「現象学的還元」という方法を編み出す。ふだん僕らはこの世界にある物の実在やあり様を疑うことなく信じて暮らしている。フッサールはこれを「自然的態度」と呼ぶ。世界や物や実在についての諸々の「前提」を知らず知らずのうちに自然に受け入れている態度だからである。こういった実在やそのあり様についての判断をいったん括弧にいれて、意識に現れる現れをあるがままに考察するのが、「現象学的還元」なのだ。あるいは「現象学的エポケー（判断中止）」とも呼ばれる。フッサールは次のように述べている。

あらかじめ与えられている客観的世界に対する態度決定のすべてを、したがってまずはその存在についての態度決定〔…〕をいっさい有効であると認めないこと〔…〕、あるいは、よく言われるように、現象学的エポケーを行なうこと、ないしは客観的世界を括弧にいれることは、私たちを無の前に立たせるのではない。(5)

「現象学的還元」は、対象を無化するような破壊ではない。対象についての諸々の先入観を括弧にいれて意識への現れを虚心坦懐に眺めようということなのだ。
かくして、この「還元」によって、現れのあるがままの探求への道が開かれたわけである。マリオンもこの「現象学的還元」から始める。それでは、彼はどのように贈与を探求していったのだろうか。

試みに僕らの日常を振り返ってみよう。僕らの贈与の慣習にはいろいろな前提がともなっている。結婚式のお祝いには半返しが常識であり、葬式の香典もまた然りである。人に何か贈り物をしたら必ずお返しがある、こういう前提にたっているから、物の流通や人間のあいだのコミュニケーションが贈与をとおして可能になるのだ。贈与はもともと一方的なものではなく、交換されるものであり、贈与交換こそが贈与の本来のありかたなのだ。モースやレヴィ＝ストロースの人類学の贈与解釈は、まさにこういった前提のうえに成立している。しかし、マリオンによれば、僕らは「交換のエコノミーのモデル[6]」に従って考えていることになるのだ。もちろん、モースやレヴィ＝ストロースの人類学は、経済学が商品や交換を取り扱うのとはちがったかたちで贈与をとらえようとしている。しかし、それが交換というかたちでとらえられる限り、やはり前提になっているのは交換のエコノミーなのではないだろうか。

『贈与論』の結論部（二七一頁、二七八頁など）は、モースが自分の民族学・社会学による調査からエコノミーの現代的なモデルを引き出そうとしていたことを、明瞭に示している。そのうえ、クロード・レヴィ＝ストロースが強調しているように、交換（だからエコノミー）は経験的に確認

されたものではなく、ひとつの解釈としてそこに介在している。(7)

前提として存在しているのは、こういった交換のエコノミーのモデルだけではない。贈与に関して、「与える人」、「受け取る人」、「贈り物」が存在していることを、僕らは当たり前のように受けとめている。クリスマスには、サンタクロース——基本的には両親であるが——が子供たちにプレゼントを与えてくれるし、バレンタインデーには女性が恋人にチョコレートを贈るのが習わしになっている(義理チョコの場合もあるが)。そこでは、誰がプレゼントを贈り、誰がそれを受け取り、何がプレゼントであったかがはっきりしている。「与える人」、「受け取る人」、「贈り物」という前提に疑いをいだくなんて、考えてみたこともないだろう。これが僕らの日常なのだ。

そこでマリオンは、フッサールの「現象学的還元」の手法を用いて、エコノミーという前提や「与える人」、「受け取る人」、「贈り物」という前提を、いったん括弧にいれて考えてみようとする。

(一)「受け取る人」 まずは「受け取る人」の場合を考えてみよう。交通遺児や災害の被害者のような、社会的に恵まれない人に僕らがお金を寄付する場合、ふつうは不幸な人に直接わたすことはまずない。相手が親戚や友人知人でもない限り、そういうことはめったにない。たいていは、NPOや福祉団体に寄付して、そこから恵まれない人たちに渡してもらうというかたちをとる。その場合、「こちらが贈与したものを誰が占有しているかは知っているが、厳密な意味で誰に贈与したかはわからない」(8)。そこには、「匿名性」(9)が伴わざるをえないのだ。正直に言えば、しかじかの災害の被害者であれば誰でもよく、特定された個人でなくてもかまわない。僕らが当たり前のように思っている「受け取る人」も、よく考えてみれば、たいへん曖昧な存在なのである。しかも、この贈与にはまずお返しはない。もちろん、団体や被害者の代表から感謝の手紙などをもらう場合もあるかもしれないし、被害者が自立して社会に貢献することが「お返し」であるという解釈も成り立つかもしれない。ただ、「受け取った人」から金銭の面での「倍返し」や「半返し」を期待するわけにはいかない。モースが言うような互酬性はそこには見いだせないのだ。こういった互酬性の欠如は、他にも見られる。例えば、贈り物をした相手が「敵」[10]であったならば、お返しはまず見込めない。贈与は一方的なものとなり、交換とはならない。また、「恩知らず」[11]の場合も同じである。何かをプレゼントしても、何も返ってこないのだ。ここから何がわかるのだろうか。それは、贈与において「受け取る人」の存在はさほど重要ではないということである。「受け取る人」が誰だかわからなくても贈与は成立するし、「受け取る人」が返礼をしなくても、「与える人」が何かを贈れば、贈与はすでに存在するのだ。だから、贈与に関して、「受け取る人」も「お返し」も副次的な役割を果たすに過ぎない[12]。

（二）「与える人」　それでは、「与える人」はどうだろうか。「遺産」の例をとってみよう。「遺産[13]」も贈与のひとつであるが、そこにはひとつの条件がある。それは、「与える人」が死んでいなければならないという条件である。「与える人」がこの世に不在の場合にしか、この贈与は成立しえないのだ。たとえ、遺言状が作成されていても、その遺言が執行されるのは、「与える人」がこの世を去ってからである。そこには必ず「不在」がつきまとうのだ。そのうえ、遺産を受け取っても、相続人は「与える人」に何も返すこともできない。もちろん、死後盛大な法要をいとなんだり、大きな墓を造ったりして、お返しをすることもできるだろう。しかし、生きている「与える人」には何も返礼ができない。「交換のエコノミーはこのように完全に中断されていると思われるのだ[14]」。このバリエーションとして、「与える人が死ぬことなく、ただずっと知られることがない[15]」場合もある。まったく見ず知らずの人が、最後まで身分を明かすことなく、孤児院などに多額の寄付をしたりするケースだ。こういった例は、『あしながおじさん』に代表されるように、小説などの主題によく取り上げられる。また、コミックやアニメを模倣したのか、「タイガーマスク」を名乗る男が、孤児院にランドセルを寄付したという話は、記憶に新しい。「タイガーマスク」にしろ、先ほどの遺産の被相続者にせよ、贈与とお返しという交換の関係が成立しない存在なのである。

別の例としてマリオンが挙げるものとして、「無意識[16]」がある。例えば、スポーツの競技を観戦したり、音楽アーティストのコンサートに行ったとき、僕らは選手のすばらしいプレーに勇気をもらったり、アーティストの渾身の演奏に感動したりする。これを贈与として考えてみよう。たしかに彼らは僕らに勇気や感動を与えてくれるのであるが、僕らが自分たちが受け取ったものを彼らに告白することで、彼らは自分たちが勇気や感動を与えていたことを初めて知るのだ。だから、スポーツ選手はプレーをしながら、アーティストは演奏をしながら、無意識のうちに贈与をおこなっていることになる。しかし、裏返せば、贈与かどうかの判断は、「受け取る人」の心次第であり、この点、大事なのは彼の意識であり、そこに映る「与える人」の姿は副次的なものに過ぎない。

それからもうひとつ、「負債[17]」の場合にも同じことが言える。ある人が贈り物をもらったのに、相手が突然亡くなったりしてお返しができない状況を考えてみよう。このとき贈与は一方的なものとなり、「受け取る人」には「負い目」の感情が生まれる。相手に返せないということで、交換が成立しないとともに、負債の感情、つまり負い目が生じるのだ。しかし、この感情はあくまで「受け取る人」の意識にあるもので、ここでも「与える人」は二次的な存在と言えよう。

（三）「贈り物」　最後に「贈り物」はどうなのか考えてみよう。国王が譲位をするとき、王位を継承する者に「冠」[18]を渡したりする。「冠」は、その物質的な対象それ自体が重要なわけではない。「冠」はいかに贅を凝らしても、それだけでは何の権威をもたない。重要なのは、「冠」が王の権威を象徴しているという事実であり、それがなければただの宝飾品に過ぎない。「冠」は王の権力を表現しているから、多くの者がそこに価値を見出すのである。婚約や結婚の「指輪」[19]の場合も同じである。恋人どうしが結婚の約束をして「指輪」を贈与しあい交換するとき、そこで大切なのは彼らの愛の絆であり、結婚の約束である。「指輪」という「贈り物」を対象として眺めただけならば、その価値はわからない。対象性を越えた象徴的な関係を考慮に入れてはじめて理解が可能なのである。あとひとつマリオンが取り上げている例に、「約束」[20]がある。フランス語で「約束をする」ことを、「約束を与える donner sa parole」と言い、贈与の表現を用いる。この場合、「贈り物」である「約束」は、科学的真理のような客観的な真理ではない。ある政治家が我が国の衆議院選挙で「自分が当選すれば皆さんに減税を約束する」と言ったとしよう。この約束がきちんと守られたとしても、この約束に関係する人は選挙区の人たちかせいぜいが日本国民である。これは、万有引力の法則や相対性理論といった、いつでもどこでも適用可能な科学的な真理とは異なる。約束という「贈り物」は、与えられても、それが果たされたかどうかは、未来にゆだねられるし、その真実も人間関係や社会的状況に依拠しており、客観的な基準で測れる対象でないのである。

こういったことを考慮に入れると、「贈り物」それ自体は副次的であり、それが担っているもののほうに価値があると言える。そうであるならば、「贈り物」それ自体に客観的な価値があるのではなく、客観化できない精神的もしくは主観的な価値をもっているから、その対象としての客観性(客体性)を括弧にいれてとらえたほうがいいのではないだろうか。

以上のように、マリオンは贈与について「現象学的還元」をおこない、僕らがふつう贈与について抱いている先入観を括弧に入れてみることを提案している。それでは、還元の結果、自然的態度から解放されると、何が見えてくるだろうか。

それはまずは、贈与が必ずしもお返しを伴う交換ではないということである。いくつもの例が示すように、返礼が伴わない一方的な贈与も存在するのだ。モースやレヴィ＝ストロースのような人類学者は、こういった一方的な贈与を「できそこないの贈与交換」もしくは「たまたま失敗した贈与交換」と見なすだろうが、マリオンは一方的な贈与のほうがむしろ贈与の本質を表していると考える。交換のほうが副次的なものなのだ。

それから、「受け取る人」、「与える人」、「贈り物」を僕らはふだん自明のものと受け止めていたが、マリオンが挙げる例には、「受け取る人」の不在や「与える人」の不在を強いるものもあり、「贈り物」もそれ自体には価値がないものもあった。だから、よく考えてみると、それらは必ずしも自明なものではなく、むしろ副次的な役割しか果たしていないことがわかってくるのだ。

これによって何がはっきりするのだろうか。それは、「受け取る人」も「与える人」も「贈り物」も僕らの意識との関係においてのみ存在しているということである。還元の結果、贈与は客観的に実在するものではなく、意識に内在する現れとしてとらえられる。つまり、贈与は現象として現れるのだ。

社会学や人類学はこういった事柄を教えてくれない。贈与の本質を問う哲学のみがそこに迫ることができるのだ。ここに贈与を哲学する必要が見えてくる。ただ、贈与を哲学する理由は、それにとどまらない。マリオンはさらに考えを深めていく。

「還元と同じくらい、与えがある」

フランス語で「資料」や「データ」を意味する言葉に、donnéeがある。この言葉を字義どおりにとると、「与えられたもの」である。また、出発点になることにも、この言葉はよく使われる。「ひとつの三角形が与えられると、その三つの角度の総和は90度である」といった表現でも、「与えられる」という言葉にお目にかかる。ごくふつうに日常的なレヴェルで贈与に関する言葉が使用されるのだ。さらに、哲学書を読んでいると、よく「所与」とか「与件」とかいう言葉に出会う。これは、西欧の哲学の伝統では、意識に直接与えられた内容、しかも、思考や推論を加えていない内容のことである。つまり、現実や物に触発されて意識に生まれる最初の知なのである。思考や推論は理性的で能動的なものであるから、それ以前の知は感性のレヴェルのものであり、しかも受動的なのだ。だから、「与えられている」、「所与」という表現が使われている。そして注意すべきは、ここで贈与の言葉が使われているという事実である。言葉の次元で、贈与は人間の認識の仕方に深くかかわっているのだ。

そして、意識に現れる内容も、この伝統的な思考を踏まえるならば、「所与」なのである。ただ、現象学の場合、外部の客観的な実在を括弧に入れているから、厳密に考えれば、「現れ」、つまり「現象」を外部から与えられた意味での「所与」とは言いにくい。また、「所与」には資料やデータの意味もある。そこでマリオンは「所与 donnée」ではなく、これらの意味を還元した「与えられたもの donné」という言葉を使い、「現象」を「与えられたもの」と呼ぶ。「あらゆる現象は与えられたものに属しているのだ[21]」。というのは、現象、つまり、現れるものは「己を示す」ものであり、これは「己を与える[22]」こととほとんど同じと見なされるからである。現象とは外部から与えられるものではなく、自分を示すものであり、自分を与えるものなのだ。マリオンは言う。「現象は己を与える限りでしか、自身からそのものとして己を示さないのである[23]」。だから、「与えられた現象」も「現象の与えられたもの」も同語反復的なものと言うことになる[24]。

マリオンはフッサールの「現象学的還元」の方法を用いて、僕らが贈与について日常的に前提にしているものを括弧に入れて、意識に内在している現象として考えていこうとするのだが、その還元の結果出会ったのが、この「与えられたもの」としての「現象」である。現象は根本においてすでに「贈与」とかかわりをもってしまっているわけである。

しかし、彼はフッサールの現象学の次元に満足しない。マリオンはこの「現象学的還元」をさらに徹底させようとするのだ。その結果、還元の対象になるのは、もうこの世界の現実についての僕らの判断だけではなく、フッサールの現象学が依拠している前提にも及ぶ。それは「対象性」もしくは「客体性」と呼ばれるものである。フッサールについてマリオンはこう述べている。

しかし実際は、フッサールにとってまったくちがったことが大切だった。つまり、対象性の尺度に所与性〔＝与えdonation〕を合わせることが大切だった。対象性は、所与性〔＝与えdonation〕の絶対的な段階として、さらには所与性〔＝与えdonation〕の尺度として、暗黙裡に受け入れられていたのだ。「どんな現われであれ所与として（Ershcinungen als gegeben）定立することが大切なのではなく、所与性〔＝与えdonation〕の本質と対象性の異なる様式の自己構成に着目することが大切だった[25]」。

「所与性」を意味するGegebenheitというドイツ語を、マリオンは「与えdonation」と仏訳しているが、これについては後で述べることにしよう。

ここでマリオンが指摘しているのは、フッサールが所与のものをあるがままに見ようとはせずに、対象化してとらえていることである。フッサールは「主観‐客観（対象）」、「主体‐客体」という近代哲学の枠組みに囚われており、マリオンはこういった先入観すら還元して、所与の現象をあるがままにとらえていこうとするのだ。

それでは、ハイデッガーはどうだろうか。この哲学者は『存在と時間』で、「主体」や「主観」にかわって「現存在」を登場させ、主観による対象（客観）を認識するという近代認識論の枠組みを破壊し、「世界‐内‐存在」としての「現存在」をとおして存在の意味を探求する存在論へとシフトしている。この点で、彼はフッサール的な先入観には囚われていないと言えるだろう。しかも、存在を語るにあたって、「存在はある〔＝それが存在を与える〕（Es gibt Sein.）」という表現をつかうことで、存在と贈与の不可分の関係を強調していた。そして、一九六二年に発表された論文「時間と存在」では、彼はこの関係を完成させる。それによると、「それ」が「与える」のは「存在」と「時間」であり、この「それ」はドイツ語で「エルアイグニスEreignis」と呼ばれるものである。「エルアイグニス」とは、晩年のハイデッガーの哲学の最も深遠な部分である。この言葉はふつうは「出来事」を意味しているが、ハイデッガーはさらに深い意味を込めて「自性であるもの」〔＝固有なもの〕を引き起こすものと考えているから、「性起」と訳されたりする。マリオンは次のように書いている。

ハイデッガーは存在を明らかにするためにいつも贈与〔＝与えdonation〕を利用してきたが、この贈与〔＝与えdonation〕を彼は放棄してしまっているように見える。そしてこの事実を、エルアイグニスの突然の出現が隠蔽してしまっているように私たちは考える。もちろん完璧には隠しきれてはいないのだが。(26)

マリオンが期待していたのは、贈与から出発して存在や存在者を考えていくことである。しかしながら、「存在」や「時間」を「贈与する」エルアイグニスという高次のものを設定することで、ハイデッガーは贈与に副次的な役割しか認めていないのだ。このようにハイデッガーの存在の思想も「贈与」や「与えること」をあるがままにとらえようとはしていない。だから、この「存在」や「存在者性」の前提も還元されなくてはならないのである。

それでは、フッサールによる主観－客観の枠組みを還元し、ハイデッガーの存在も還元したら、現象はどうなるのだろうか。マリオンは次のように言う。

還元と同じくらい、与え（donation）がある。(27)

「還元」をすればするほど、「与え」が見えてくるのだ。フッサールやハイデッガーはそれぞれ「所与」や「贈与」について考えていても還元のレヴェルが低いから、「与え」はよくは見えないのである。

それでは「与え」とは何だろうか。

今「与え」と訳したフランス語は、donationである。この言葉は法律用語で「贈与」を意味しているが、通常使われるdonに比べると、一般的ではない。マリオンは、贈与と同じ意味でありながら違う言葉のdonationをもって根源的な贈与を現象学的に探求していこうとしているのだ。この言葉を贈与と訳したのでは意味の混乱を招くから、ここでは「与え」という訳語を充てることにする。(28)

先ほどフッサールの「所与性 Gegenbenheit」のマリオンによる訳が donation であったことを、ここで思い出してもらいたい。とするならば、「与え donation」は「所与であること」あるいは「与えられていること」という受動的な意味にとることができるだろう。ところが、マリオンはフッサールの「意味付与 Sinngebung」にもこの「与え donation」という言葉を充てている。[29] ここでは「与えること」という能動的な意味をもっている。ハイデッガーに関しては、「ある（＝それが与える Es gibt）」の「贈与」を、「与え donation」と言い換えている。これも能動的な意味と言えるだろう。マリオンはフッサールとハイデッガーのテクストの読解をとおして、「所与性 Gegenbenheit」、「付与 Gebung」、「贈与 Geben」を「与え donation」といわば改釈していくのであるが、このことによって見えてくるのが、「与え donation」が受動的でもあれば能動的でもあるということである。これは現象が「与えられたもの」であるとともに「己を与えるもの」であるということと一致しているのだろう。

そして、この「与え」についてマリオンは「与えと所与のものはたしかに同一視されないが、与えなしの所与のものは考えられないし、現れることもできない[30]」と言う。ここから与えは与えられたものとよく似ているが与えられたものとは異なり、しかもそれなくしては与えられたものも考えられないし、現れもしない、そんな根源的なものだということがわかる。この「与え」を説明するために、マリオンはかつてハイデッガーやドゥルーズがそれぞれの仕方で好んだ「襞」という言葉を使う。「与え」は「与えられたもの」に襞のように折り込まれたものなのである。だから、「所与」や「与えられたもの」から切り離されないし、別個のものではない。ただ、そこに解消されない何かなのだ。しかし、「与えられたもの」が現れるとき、「与え」という襞は伸ばされ解消されてしまったかの印象をあたえる。しかし、隠れながらも己を告げているのだ。

与えのパラドックスは、襞の次のような非対称に起因している。与えの過程から生じた与えられたものは現れるが、与えそれ自身を隠蔽してしまう。そのことで与えは謎めいてくるのだ。(31)

「与えの過程」という言葉が示すように、「与え」は動的、さらには「生成」に似たような状態と考えることができるだろう。マリオンはフランス語の**donation**という名詞に「与えの過程」あるいは「贈与の過程」のニュアンスを含ませている。この「過程」を経て、つまり動的な「過程」の産みだした結果として「与えられたもの」が生じるわけである。しかし、この誕生とともに「与え」は隠れてしまうのだ。ここに根源的な贈与のありかたが見出せるだろう。「所与」、「与えられたもの」、あるいは「与えられた現象」、「自らを与える現象」も、「与え」という根源的な贈与がなければ、生じることができないと言える。

マリオンはフッサールの「現象学的還元」を贈与に適用しながら、僕らが贈与についてふだん無自覚に前提にしているもの――「受け取る人」、「与える人」、「贈り物」――を括弧にくくって考える。さらには、フッサールが前提にしていた「対象性」やハイデッガーが前提にしていた「存在者性」までも括弧にいれて還元してしまう。その結果、還元をすればするほど、与えが見えてくるという公理を発見する。徹底した還元は、根源的な贈与である「与え」の存在を僕らに教えてくれるのだ。

マリオンによれば、贈与こそが哲学にとって最も重要な概念なのである。しかし、その贈与はもう僕らがふつうに贈与と呼ぶようなものではなく、根源的に生起する現象なのである。

受与者

フッサール的な前提やハイデッガー的な前提まで還元してしまったから、この「与え」の現象について、〈私〉は能動的にその対象を構成して認識することはできないし、概念化してその意味を確定させることもできない。この現象は決して必然化されることもない。必然化以前の根源的に偶然な出来事にほかならないからである。だから、この現象は与えられるがままであり、〈私〉は現象を受け取るだけなのだ。マリオンはこれを「飽和した現象」と呼ぶ。「飽和」というと、例えば水が容器のなかでいっぱいになり、今にもこぼれ落ちそうな過剰なさまを思い浮かべてもらいたい。それでは、何が何に対して過剰であるかというと、それは直観が概念に対してである。これについてはカント哲学の考え方を用いながら説明される。カントによれば、物自体からの触発を受けて感性の次元で直観が生じる。これに悟性の次元での概念が加わり、知が形成される。これが僕らの通常の認識である。ところが、マリオンは直観が過剰で概念を超え出てしまう異常な現象を考える。対象化できないし、概念化できないし、必然化できないから、そう考えざるをえないのだ。しかし、そういう場合、現象はあるがままに現れる、あるいはあるがままに己を与える、と言えるだろう。

これが「与え」の現象なのである。

例えば、9・11のアメリカ同時多発テロのような衝撃的事件の場合、これは通常の予測を超えた事態であり、僕らは即座に理解できず思考停止に陥ってしまう。何が何だかわからなくなってしまうのだ。マリオンは対談集『事象の厳密さ』のなかで、次のように語っている。

9月11日、タワーが崩壊したとき、(その日の朝、テロリストたちがそこからハイジャックした都市にあるボストン・カレッジで、学生たちに混じって私はテレビの前にいた)、各人はタワーが崩壊するのをちゃんと見ていたし、これ以上現実的なものはなかったが、同時にそんなことはありえない、と私たちは言っていた。どうしてか。私たちはつぎのように言いたかったのだ。考えられない、つまり直観の法外さ(規範の不在としての法外さ)に適合した概念がないのだ、と。(32)

このような出来事に遭遇したとき、僕らは「ありえない」と叫ぶのだが、そのとき自分がもっている既成の知識では説明がつかない。つまり、概念化できないのだ。出来事が僕らの感性にもたらしたものは、予測をこえており、触発された直観に概念は対応しきれないのである。

あるいは、現代の抽象絵画を見るとき、この世界に日常的に接している物が違ったかたちで描かれている。例えば、キュビストたちが描いたバイオリンは、いろいろな角度から見られた姿を同時に画面に見せている。これはふつうに僕らが事物に期待しているものをかく乱させる。画面に接したとき、僕らのバイオリンについて抱くイメージは裏切られるのだ。

〔…〕先入観にとらわれ、性急で、実用しか頭にないそこいらの人間が見ているものを見させることを、キュビストの画家はもはや望まない〔…〕。〔…〕印象派は正確に経験したことしか示そうとしなかったが、それよりもラディカルなキュビストが試みてときおり成功したのは、実際には見ることのできなかったものを出現させたことである〔…〕[33]。

ここでも通常の予測は裏切られるだろう。何の知識もない者が初めてキュビストの絵画を見るとき、やはり既成の知識にどう対応させていいのか、わからなくなる。ピカソが有名な《アビニョンの娘たち》を発表したとき、遠近法や明暗法の伝統的な技法を破壊したこの絵に当時の多くの人たちが無理解であったのも、そのためである。ここでも直観は概念より過剰なのだ。

しかし、前代未聞のテロとの遭遇にしろ、これまで見たこともない抽象絵画の鑑賞にしろ、こういった経験は特別なものである。日常のふだんの生活を突然引き裂くような、稀な出来事とも言える。そう考えると、「飽和した現象」は例外的な経験なのであろうか。しかし、マリオンによれば、そうではなく、この現象は僕らの日常生活で常に生じているものなのである。9・11の衝撃やキュビスム芸術の異様さは模範的なかたちで「飽和した現象」を露わにしているが、日常的な経験ももっと強度の低いかたちでそれを表現している。「概念を超えて己を与えるものとして見えるとき」、「あらゆる現象」が「例外的な性格」を有するのである。プルーストの『失われた時を求めて』のなかで、話者であるマルセルが「突然私に思い出が現れた」と書くとき、誰にでも訪れるこの思いがけない経験は、日常における「飽和した現象」にほかならない。あらゆる現象が過剰をはらんでいるのだ。[34]

それでは、この過剰な現象を受けとめる〈私〉はどうなるのだろうか。「飽和した現象」をベースにして「与えの現象学」を考えていく場合、〈私〉をどうとらえていく必要があるのだろうか。理性的主体を中心とした哲学の伝統に従って考えるわけにはいかないだろう。デカルトは名高きコギトの原理「我思う故に我あり」の発見によって、「考える我」の確実性という拠り所を得るのであるが、この「我」は理性的な主体としての「我」なのである。カントの「超越論的統覚」もフッサールの「純粋自我」や「超越論的自我」も、デカルトのコギトの系譜をひく理性的な主体と言えるだろう。もちろん、こういった主体も非理性的な受動性とまったく無縁ではない。しかし、「飽和した現象」から出発して〈私〉を考える限り、〈私〉のありかたは理性的で能動的な主体から根本的に変わらざるをえないのではないだろうか。マリオンは〈私〉について「主体」から「贈与される者」への抜本的な変更を主張する。

現象の「自己」は、まずは主格（文法が措定するような主語）をもっと根源的な与格へと転倒する。この与格は（文法的になおも）受け取る人としての「誰に」や「何に」を指し示す。[35]

「飽和した現象」では、現象は己を与えるのであり、この現象で自己贈与（与え）は〈私〉を「与え」の「証人」に変えてしまう。〈私〉は主体的に判断する存在ではなく、受け取る存在になるのだ。つまり、対象を構成する能動的な〈私〉ではなく、根本的に受動的な〈私〉なのである。だから、主格から与格への抜本的な変換が必要となる。〈私〉にとって一番重要なことは、主体としての決断や責任ではなく、ただ受け取ることだからである。そうだから、マリオンは「主格」に基づく「我」や「自我」という〈私〉の規定では不十分であり、与格の〈私〉に基づいたl'adonnéという新しい定義を提案する。l'adonnéを直訳すれば、「没入者」、「没頭者」、「耽る人」、「専心する人」となるだろう。これらの訳語が告げるのは、受動性の意味である。しかし、これらの訳語ではl'adonnéが与格であることが伝わってこない。思い切って意訳して、ここでは造語をして「受与者」としたい。というのは、l'adonnéは「与え」の証人であり、「与え」を「受け取る」受動的な存在だからである。[36] 受け取る人の意味で「受贈者」という言葉は存在するが、「与え」との関係を強調するために、あえて「受与者」という言葉をここでは充てたい。

それでは、根源的に与格であるとはどういうことなのだろうか。「受け取る」というのは、どういう事態を指すのだろうか。マリオンは次のように語っている。

呼びかけが「主体」の後継とする受与者が、こうして誕生する。受与者は、己の受け取るものによって、己を受け取るものとして、「主体」の後継になるのだ。[37]

「主体」にとって代わる新しい〈私〉の姿である「受与者」は、「己が受け取るもの」によって「己を受け取る」のだ。これはどういうことだろうか。「受与者」は、何かを受け取ることによって

「己」になるのだ。言い換えれば、受け取ることを通して、自己同一性を確立する。そして、「受与者」が何を受け取るかというと、それは「呼びかけ」である。これも僕らがふだん呼び止められるような「呼びかけ」よりも根源的なものである。「呼びかけ」は、「いかなるものを私に与える前に」「私」を与えてくれるのであり、「受与者」は何よりもまず「私を受け取る」のだ。[38] ここに、「与え」としての根源的な「呼びかけ」がある。

それでは、この「呼びかけ」はどういうものだろうか。「呼びかけ」に関しては、キリスト教の伝統や、ハイデッガー、レヴィナスといった現代の哲学によって展開された議論がある。簡単に言ってしまえば、それは根源的な呼びかけに対して人間が応答するというものである。キリスト教には「神の声」という呼びかけがあり、これを聞くことが求められてきたが、長い歴史のあいだには、この「声」を神秘的経験のほうに引き付けて解釈する者もあれば、『聖書』をとおして「良心の声」を聴くこと、と穏当に考える人たちもいる。[39] ハイデッガーは『存在と時間』で、現存在のありかたを、世界のなかに埋没する非本来的なありかたと死と向き合う本来的なありかたに分けるが、この本来であることの証が「良心の声」を聞くことである。[40] さらに、後期では「存在の声」に応答することが、形而上学を克服し存在の真理に到達することに繋がると主張している。[41] また、西欧の思想の伝統が他者（他人）への配慮を怠り、他者を支配しようとしてきたと考えるレヴィナスは、他者を尊重する倫理を唱えるが、そのさいに重要なのは、他者の命令に対する応答なのである。他者の「顔」が「汝殺すなかれ」という命令を発するときに、それに応答しなければならないのだ。[42]「神の声」はもちろん根源的なものだし、現象学の哲学者であるハイデッガーやレヴィナスの呼びかけも主体に先立つ根源的なものだろう。マリオンもキリスト教やこれらの哲学者たちの考えを踏まえ、その問題設定を引き継いでいる。しかし、「還元と同じくらい、与えがある」という考えから、「呼びかけ」という「与え」においても還元が徹底されるのである。マリオンの語る「呼びかけ」は、「父なる神」、「存在」、「他人」という拠り所に留まることなく、それらを還元した純粋な「呼びかけ」なのである。(43)「呼びかけ」も「与え」の現象として再解釈されるのだ。

この「呼びかけ」に対して受与者は応答する。ここでもマリオンはハイデッガーやレヴィナスの発想を引き継いでいる。呼びかけへの応答は主体の成立に先立つ根源的なものであり、この応答が責任でもあるのだ。ハイデッガーはドイツ語の「答えAntwort」と「責任Verantwortung」が語源的に関係をもっていることから、両者の結びつきを考えている。(44)レヴィナスもフランス語の「応答するrépondre à」と「責任を取るrépondre de」の関係から、他者に対する「応答」と「責任」の関係を前提にして議論を進めている。(45)マリオンも彼らの問題設定を受け継いでいるが、レヴィナスの「責任」を他者に限定されたものであるし、ハイデッガーの場合も「責任」は「自己の負い目」(『存在と時間』)に限定されていると彼は考え、「受与者」の「応答」はこれらの二つ「責任」もふくむ現象すべてにかかわっていると主張している。(46)ハイデッガーやレヴィナスよりも根源的な応答を考えているので、「応答」もさらに還元して「応えrépons」という言葉を使っている。応答の次元でも還元は徹底され、応答は純化されるのだ。

応答は後からやって来る(反響する、再来する、対応する)。しかしながら、受与者となった私に、応答は呼びかけの最初の音を聞かせ、この私を根源的な沈黙から解放し、疑う余地のない現象性にゆだねてくれる。こういった応答は呼びかけを可視的なものとし、呼びかけに言葉を与える。それは反駁し堕落させるかわりに呼びかけを現象にする。こういった応答を、私たちは応えと命名する。(47)

「与え」の現象に対応する応答は、「応え」なのだ。ここに根源的な贈与である「与え」の現象の構造がある。呼びかけという与えがあり、受与者の〈私〉が「応え」ることで、それを受け取り、受け取ることでまた自分を受け取り、自己同一性が成立する。還元の徹底は、この構造の発見に至るのだ。

かくして、「贈与」、「所与」、「主体」、「呼びかけ」、「応答」、「責任」といった伝統的な概念がいったん還元されて、「与え」の現象から再び再組織化されるわけである。

『与えられてあると』の最後で、マリオンは「与え」のこの構造を振り返りながら、「間与え（間贈与性）interdonation」について示唆している。現象学が他者論を展開するとき、ふつうフッサールにならって、間主観性や共同主観性について論じられる、これは人間関係を主観と主観の関係、主体と主体との関係として説明していく共同体論である。もちろん、それだけではない。ハイデッガーの『存在と時間』は、世界のなかの現存在どうしの関係である「共存在」について語っているし、身体論を展開するメルロ＝ポンティは「間身体性」について言及している。彼らの存在論や身体論は、主観や主体に基づいた共同体論への批判なのである。また、レヴィナスはこういった現象学の議論を他者を「私」と同型のものと見なし「私」による支配の確立に貢献していると批判している。マリオンはどうかというと、「与えの現象学」の立場から、「受与者」どうしの「間与え」の考えを提案している。これは根源的な贈与を受け取る者どうしの共同体である。この共同体論はまだ素描の段階であるが、人間のコミュニケーションの根本を考えるにあたって贈与の概念が重要な役割を果たしていることを示している。これについては結論部で、ほんの少し触れられているだけだが、「愛」(48)がその手掛かりになることが述べられている。しかし、そのためには「愛」の概念を「与え」と連関させながら変えていかなければならないだろう。ちょうど、贈与の概念を「与え」へと現象学的に変えてしまったように。

このように、贈与を哲学することで、その問題を現象学的に掘り下げていくと、最後にまた根源的な次元で贈与に出会う。これを贈与のパラドックスとも言うべきだろうか。僕らが日常生活で当然のものと思い込んでいる贈与を還元しても、根本のところで僕らはまた贈与に付きまとわれる。フッサールの「所与性」やハイデッガーの「それは与える」を踏まえながら、「与え」という新しい概念によって、マリオンはいかなる現象もかかわらざるをえない根源的な贈与の世界を暴き出してしまった。

僕らは決して贈与から逃れることはできないのだ。ある意味で恐ろしくはないだろうか……。

第11章

贈与としての愛

ジャン＝リュック・マリオン（Ⅱ）

あなたがたも聞いているとおり、『目には目を、歯には歯を』と命じられている。しかし、私は言っておく。悪人に手向かってはならない。だれかがあなたの右の頬を打つなら、左の頬をも向けなさい。
「マタイによる福音書」

愛として、それゆえ贈与として考えるように神は自らを与えることができる。
ジャン゠リュック・マリオン『存在なき神』

人はどうして誰かを愛するのか。

恋バナをはじめとして、恋愛についての言葉や映像は、夥しいほど世に出回っている。街を歩いているときやコンビニやカフェに立ち寄ったときに、聞こえてくる音楽に試みに耳を傾けてみると、その歌詞の多くが恋についてのものであるのに気づく。映画やテレビドラマでも、恋愛を題材にしたものが多いし、そうでなくても恋愛をからませたストーリー展開をしているものが大半である。週刊誌やワイドショーでも、芸能ゴシップの記事は恋愛がらみだし、政治家や芸能人の昨今の不倫の暴露もその延長上にある。ラジオや雑誌での、リスナーや読者の投稿も、恋愛に関するものも数多くある。僕らはふつう恋愛はするものだと思っているが、そうであるばかりでなく、語るものでもあり、見たり聴いたり読んだりするものでもあるのだ。僕らの日常は、知らず知らずのうちに恋愛についての言葉で囲まれている、とは言えないだろうか。

しかし、恋愛についての言葉がこれほどまでに氾濫しているのに対し、「人はどうして誰かを愛するのか」というストレートな問いは、逆に少なくなってきている。小説にしろドラマにしろ、恋愛が描かれている場合、そういった問いはふつうは示されてはいないし、僕らも漫然と物語を消費しているだけかもしれない。あるいは、描写から問いと答えを僕らなりにどこかで感じ取っているのかもしれない。ただ、感じ取ったものを掘り下げて、愛そのものについての説明には至らない。恋愛の経験について語ったり、恋愛のテクニックについて話すことができても、愛そのものは問いの対象にはならないのだ。だから、哲学への一歩が踏み出しにくいと言えるのではないだろうか。

もちろん、「人はどうして誰かを愛するのか」という問いに対して、心理学や脳科学による答えを用意することもできるだろう。あるいは、アンケート調査を行ってデータをつくり一定の法則を導き出して社会学的に説明することも可能だろう。だが、果たしてこれで満足がいくだろうか。この問いが「人はどうして誰かとセックスするのか」という問いと異なるのは、心理学、脳科学、社会学によっては汲みつくせない何かがこの問いには潜んでおり、それが僕らを哲学へと導いてくれるからである。

今日の哲学者たちが愛について無関心なわけではない。アラン・バディウやジャン＝リュック・ナンシーのような現代フランスの知性は、愛についての書物を出版している。ナンシーは「狂おしいほど人を愛する」とはどういうことかについて思索をめぐらしているし、バディウは愛を人間の共同性の最小限の単位と考え、コミュニズムの基礎とみなす。[1] 哲学者たちは恋愛をしないほど禁欲的な生活を送っているわけではないし、彼らの思索も愛とは無縁ではないのだ。同性愛者であることから、さまざまな抑圧に敏感だったミシェル・フーコーは、権力と性の関係に関心をもち、『性の歴史』という大著を執筆している。[2]

愛の言葉が巷にあふれているのは、何も現代にかぎったことではない。歴史を紐解いてみればわかるように、古代の神話や文学以来、愛を題材にしたものは枚挙にいとまがない。わが国の古典を考えてみても、『万葉集』には「相聞歌」という恋愛詩のジャンルが存在しているし、『源氏物語』だって光源氏の恋愛遍歴の物語である。ヨーロッパでは、古代ギリシアでは、オリュンポスの神々は人間臭い恋愛を繰り広げているし、女流詩人サッフォーは同性に対する情熱的な恋の詩を残している。中世の騎士の物語では、貴婦人に対する愛は重要なテーマになっているし、近世以降の劇や小説でも恋愛という要素を抜きにしては、文学は人気を博すことはなかっただろう。

それに対し、哲学はどうだろうか。もちろん、哲学者も関心を抱いている。その最たるものが、プラトンの『饗宴』である。彼はここでエロスについて探求している。エロスといっても、僕らが今日連想するようなエロティシズムや猥褻のことではない。この言葉は、古代ギリシア語では「愛」を意味する普通名詞なのである。『饗宴』は、詩人アガトンの家に集まった友人たちが恋の神エロースを讃えるスピーチを行うという話である。

その中でも今日でもよく知られているスピーチとしては、喜劇作家アリストパネスのものがある。もともと人間は、男男、男女、女女という三種の存在であった。しかし、彼らは強く傲慢だったので、ゼウスの怒りにふれ、それぞれ二体に切り離された。その結果、各々は失われた半身を求めるようになる。これが愛の起源である。男どうしで求めあうのも、女どうしで愛しあうのも、男女で互いに好きになるのも、すべてもとの存在に戻りたいからなのである。この考えは、ルネッサンス思想やロマン主義にも受け継がれていき、現代ではフロイトの精神分析にも大きな影響を与えている(3)。

諸々のスピーチの最後に登場するのが、ソクラテスである。彼はディオティマという婦人から聞いた話としてエロスについて語る。エロスとは何かというと、それは美しいものへの恋なのである。しかも、この恋には段階がある。僕らはまずある美しい肉体を愛する。それから、複数の美しい肉体を愛するようになる。そこから、美しいということを理解するようになり、人間の美しい営みを愛するようになる。そしてさらに、美しさについての知を愛するようになり、その知のなかでも最高のものである永遠のもの、美のイデアを愛するに至るのだ。「愛とは何か」という問いの下で、美しいものを愛するという僕らの心は肉体への日常の性愛から始まり、段々と上昇し美しき知を愛するようになり、永遠の美を求めるようになるのは、まさに哲学のありかたそのものなのである。哲学はギリシア語でフィロソフィアであり、その意味は「知を愛する」ことである。ソクラテスが語ったことは、知への愛ということでの、哲学とエロスの一致にほかならない。性愛から永遠のものに至るまで、哲学は美を愛し求めているのである。(4)

『饗宴』はアリストパネスのスピーチやソクラテスのスピーチを通して、「人はどうして誰かを愛するのか?」や「愛とは何か?」といった問いに対して、僕らに考えることを促してくれるだろう。プラトンのようにモノグラフィーを残さないまでも、歴代の哲学者たちは愛について関心をもち、それぞれの立場から論じている。アリストテレスは『ニコマコス倫理学』でフィリア(友愛)について語っているし、デカルトは『情念論』で、スピノザは『エティカ』で愛について論じている。

しかし、そうであるなら、古来あれほど愛や恋について文学で語られてきたのに、どうして哲学はそれらとかけ離れているという印象を、僕らはもってしまうのか。

それは哲学の思索を極めていくと、一番重要な概念が愛ではなくなってしまうからではないだろうか。プラトンの『饗宴』はすばらしい名著であるが、彼の主著と言われればその座は『国家』に譲らざるをえない。それと同じように、永遠のものとしてのイデアのなかでも最もランクが高いものは、美のイデアではなく善のイデアなのだ。アリストテレスの哲学でも、最も根本的で普遍的なものは何かというと、それは「存在」であり、この「存在」を探求する学問が「形而上学」である。

デカルトを考えてみよう。「我思う故に我あり」というのが、彼の有名な文句である。あらゆるものの存在やあらゆる知を疑っても、疑っている自分の存在は確実である、というのが彼の発見である。「疑う」というのも、「考える」ことのひとつであるから、この文句は「考える」「我」は「存在」するという確信を告げるものなのだ。彼はここを起点に神の存在を証明し、その神の権能を利用しながら万物の実在を証明していくのである。『方法序説』や『省察』で、彼はこういったかたちで思考を展開していくのであるが、彼にとって一番根本にある真理は「考える」「我」の「存在」なのだ。デカルトは『省察』で、「想像すること」や「感覚すること」まで「考えること」のカテゴリーに分類しているから、たぶん「愛すること」も「考えること」のひとつだろう。だから、「愛」は「考える」「我」の属性のひとつにすぎないのだ。たとえ人が愛することがなくなっても他の「考える」行為をする限り、『方法序説』や『省察』で展開される論理には何の影響もない。「我思う故に我あり」の真理は発見されるし、万物の実在も証明できるのだ。だから「愛すること」が「存在すること」よりも重要であるとはとても言えないのではないのか。[5] デカルトに影響を与えた中世のスコラ哲学では、神の属性の研究が盛んであったが、そこでも神の属性において一番重要なのは「存在」であり、「愛」ではなかった。「神が愛する」ことよりも、「神が存在する」ことのほうが、はるかに彼らにとって重要だったに違いない。その後の哲学者たちの著作を見ても、「存在」や「我」に比べてみても、「愛」は一段低いものであり続ける。根源的なものへ向かう彼らの関心は、哲学が「愛知」であるにもかかわらず、いや「愛知」であるから知恵を極めようとして、愛についての考察にとどまることはないのだ。真理とかかわり、真理を根拠づける最も根本的なものを探求するのが哲学者の務めならば、存在などに比べて愛はやはり副次的なものになってしまうのである。

そして、こういった思索を徹底していくと、哲学は「知を愛すること」にも留まらなくなる。近代の哲学を完成させ、絶対知による体系を作り上げたヘーゲルは、『精神現象学』の序文でなんと次のように宣言している。

哲学を学問の形式に近づけること、つまり、知への愛という名を捨て去ることができ、現実的な知になるという目標に哲学を近づけること、このことに寄与するのが私のめざすところである。(6)

ある意味でここに哲学の究極の姿があるのではないのだろうか。哲学は「知への愛」を乗り越えて知そのものにならなければならない。愛は中途半端なものであり、そこに留まってはならないのだ。ヘーゲルにとって、愛は自然に根差したものであり、だからこそ克服して理性的な知そのものにならなければならない。哲学が完成したとき、愛は徹底したかたちで抑圧されなければならないのだ。

しかし、そうであるからニーチェは『善悪の彼岸』の冒頭で哲学者を次のように揶揄している。

真理を女性と仮定してみよう。どうであろうか。すべての哲学者が独断論者であったかぎり、彼らは女性をよく理解していなかったのではないかという疑いが根拠のあるものにならないだろうか。これまで彼らが真理に近づこうとしたときは、恐ろしく真面目で不器用に厚かましいのが常であったが、これはご婦人の心をとらえるには拙劣で不適切なやりかたであったのではないか。

女性たちの心をとらえることができなかったのは、疑いの余地がない。(7)

どうも哲学者は女性にふられ続けたらしい。というのも、哲学者は真理である女性に対しまったく無理解だったからである。彼は相手を理解しようとするよりも、自分の独断的な考えを厚かましく一方的に相手に押しつけていたのだ。イデアであれ、アルケーであれ、モナドであれ、絶対知であれ同じである。哲学者は真理を根拠づけるのであるが、哲学者ごとに根拠づける仕方が違うのはどうしてなのだろうか。自分の見解で一方的に真理を説明しているのではないだろうか。これを精神分析的に言えば、一方的に女性に男根を突きつけて平伏させるような男根中心的《ファロサントリック》な態度と同じではないだろうか。哲学者は真理を根拠づけ手なずけたと思い込んでいるが、実は真理は女のようにすり抜けているのだ。彼は真理にも女にも無理解だと言えるだろう。ということは、「愛する」ということにも無理解ではないだろうか。知への愛の思想は、愛への無理解の証と言えるだろう。(8)

確実さを疑うこと

『与えられてあると』の末尾で、マリオンは「間与え(間贈与性)」を考えていくために、愛についての新しい概念が必要であることを述べていた。これまで現象学が人間関係を考えるさいに提示してきた「間主観性」にかわって、「与えの現象学」は「間与え(間贈与性)」を大胆にも提言していた。そして、その鍵をにぎるのが、愛の概念であるとのことであった。それから六年後、彼は

『エロス的現象』を出版する。ここで彼は「間与え」までは思考を深めてはいないが、愛の現象について考察している。(9)

彼は愛についての新しい概念を提案しようとするが、彼は愛について本当に理解しているだろうか。それともあいかわらず無理解なままだろうか。

歴代の哲学者たちと違い、彼の哲学を特徴づけているのは、贈与とならんで愛が最重要の概念と見なされている点にある。この章では『エロス的現象』を取り上げながら、贈与と愛の関係について考えてみよう。

まず最初におさえておかなければならないのは、マリオンが愛をすべてエロスとして考えていこうとしていることである。神の愛であれ、友情であれ、性的な愛であれ、母性的な慈愛であれ、すべてエロスなのだ。これは彼がカトリックだということを考え合わせれば、そうとう思い切った試みと言わざるをえない。というのも、ふつうキリスト教では神の愛はアガペーであり、人間の性愛がエロスとされてきたからである。しかし、マリオンは愛にかんする現象すべてをエロスという概念で包括しようとしている。神の愛ですらエロスなのだ。これはべつに神の愛に性愛を見ようとするのでもなければ、古代ギリシアの愛の概念に帰ろうとするのでもない。エロスという言葉で、愛の新しい可能性を模索しているのだ。神の純粋な愛も人間の性愛も同じエロスという概念を適用することで、両方の愛に共通する本質的なものが見えてくるのではないだろうか。(10)

エロスの主題に入る前に、まずはここで知について考えてみよう。哲学は知への愛であり、あるいはヘーゲルの言うように知そのものであった。なぜ、哲学なるものが必要であるかを聞かれれば、いろいろと多くの意見があるかもしれないが、オーソドックスな回答として、知を最終的に根拠づけるためと言うこともできる。僕らはふだん多くの経験をして多くの事柄を知っている。学校で学んだものもあれば、伝聞で知っていることもある。あるいは、自分で発見したものもあるかもしれない。しかし、これらの知は必ずしもすべてが正しいもの、あるいは真実であるとは限らない。伝聞は裏をとってみると間違っているものもあるし、フェイクニュースだって存在している。商品の宣伝文句などは、誇大広告もあり、買ってみて失望したことなど誰でも経験しているだろう。知はなんとなく受け入れられているが、確実な根拠がなければ信用されないのだ。学問の世界なら、論文を書くのに、証明して論理を正当化するのは、必要不可欠な作業である。そして、哲学はこういった知の最終的な根拠づけをする学問なのだ。

さきほど取り上げたデカルトもあらゆる知を疑うのだが、ひとつだけ確実な知があった。それが「我思う故に我あり」なのだ。この知を出発点にして、神の存在を証明して、神というもうひとつの確実な知を得て、この神の無謬性によって、あらゆる知が確かなものであることを立証していく。『方法序説』や『省察』でデカルトが求めていたのは、知が確実に根拠づけられていることであり、言ってみれば知の確実さに他ならない。

デカルトが「我」の存在から出発したから、彼以降の哲学において、主観‐客観、主体‐客体（対象）の関係が前面にでてくる。マリオンは次のように述べている。

〔…〕対象の認識において、この対象以上に、対象を客体化し、構成し、文字通り確実なものとして保証するエゴ〔「我」のこと〕が重要である。〔…〕対象はその確実さ――その保証――をエゴに負っており、エゴが対象を確実なものとして保証する。[11]

エゴが対象の確実さを保証する。「我」、主観、主体が対象を根拠づけ確実な知を作り上げるのだ。もちろん僕らは物理でも数学でも多くの証明された確実な知があることを知っている。文系の学問では方法的な中核をなす実証主義にしろ、理系の学問の分野での実験の方法にしろ、自分が練り上げた仮説を証明して知の確実さを求める点においては同じなのだ。そして、これらの証明をするのは「私」(エゴ)であり、その意味で最終的に知を根拠づけるのはこの「私」(エゴ)にほかならない。たしかに、僕らは知にかんして確実さを追求する。しかし、僕らの人生はそれだけだろうか。もしそれだけで終わる人生なら、虚しさを覚えないだろうか。

虚しさは、世界を対象にしようと私自身を対象にしようと、あらゆる確実性を失効させる。[12]日常的な認識、技術、科学、学問においてたしかに確実な根拠は必要であるが、「それで何になるのか?」という問いを突きつけられると、確実性への執着だけでは十分には満足できないものを、僕らは感じるのではないのだろうか。実験科学や実証科学が十分確実な知を提供しようと、近代の哲学が依拠する知の確実性のシステムが完璧であろうと、自分が確実な知のなかでのみ暮らしているのではない、という実感が僕らにはあるのではないだろうか。

この虚しさが送るシグナルに応答するために、マリオンは「還元」を提案する。しかし、この還元は確実性の探求に留まっているような還元ではない。なおも主観と客観の図式を守り、知の確実な根拠づけを追求するフッサールの「現象学的還元」ではこの虚しさを前にしてまったく無力であろう。そこでマリオンが主張するのは、「エロス的還元 réduction érotique」[13]である。

エロス的還元

それでは「エロス的還元」とは、どういうものだろうか。

第10章で述べたように、「還元」とは、事物の実在などをそのまま認めず、それらをいったん括弧にくってあるがままにとらえていくという現象学の手法であった。ここでもマリオンは『与えられてあると』と同じように、三種類の還元を考えていく。まずは「認識論的還元 réduction épistémique」[14]と彼が名づけるもので、フッサール流の「還元」が想定されており、「主観」や「対象」という前提が問われず、知の確実性の探求に埋没している。また、事物を存在者と規定し、存在による存在者の支配へと帰着するハイデッガーの哲学も「存在論的還元 réduction ontologique」[15]と名づけられ、現象そのものを見ていないという理由で退けられる。そこで彼が考えるのは、第三の道「エロス的還元」である。

この「還元」は、「主体」「主観」「エゴ」「自我」、それらと組みになっている「客体」「客観」「対象」、さらにはこれらすべての知の確実性をも疑い、それらを前提にしないで考えていこうとしていくことにある。しかし、だからといって、それらを「存在」に帰着させるわけにもいかない。知と確実性への虚しさは、デカルトの方法的懐疑と違う、エロスへの道を発見させるのだ。「エロス的還元」において、「私は愛されているのか?」[16]という問いを、マリオンは提起する。この問いに答えることで、虚しさを克服できるのではないだろうか。エゴが事物を対象化し、確実なものとして把握したのに対し、この問いでは他者や他人との出会いがある。問いは「私は愛されているのか? 別のところから?」[17]とも言い換えられているので、別の場所、他なる場所も前提にされている。

エロス的還元の光に照らされると、エゴイズム自体は根源的な他者性を認めるから、エゴイズムだけが場合によっては他者の試練を可能にすることになるのだ。[18]

愛は対象から他者へと目を開かせてくれる。愛についての問いのもとで、対象や確実性についての判断を中止すると、他者に出会うことになる。つまり、同じものを見ても、還元のおかげで、対象とはみえず、他者と感じられるのだ。これが「エロス的還元」の第一歩と言えるだろう。これによって、エゴも変化する。

虚しさから自由な所与 donnée として保証されているような、与えられた donné(もしくは受与された adonné)現象としての自分を発見する必要が、私にはあるだろう。[19]

私はひとつの現象なのだ、しかも、与えられた現象なのだ。愛を通して、僕らは能動的なエゴではなく、受動的な存在であることに目覚める。「私は愛されているのか？」という問いを通して、僕らは愛の保証を求めている。「私は愛されているんだ」という確証が、対象の確実性を求める虚しさから救ってくれる。これは他者からの愛の贈与による保証にほかならない。この保証は、対象についての知の基盤である確実性とは異なる。もっと不確実で漠然としたものである。

〈求める愛〉の限界

「私は愛されているのか」と自問したとき、誰かに愛されているという愛の保証があれば、たしかに僕らは安心するだろう。この場合、僕らは人に愛を求めている。愛の贈与を求めているのだ。しかし、この贈与を受け取るだけで僕らは完全に満足するだろうか。誰かが愛してくれているのなら、僕らの人生はバラ色なのだろうか。もちろん、知の確実さにのみ執着しているよりは、愛があったほうが他者とかかわりをもち、はるかに潤いがある。だが、愛を求めるだけでは、愛の本質は理解できないのではないのか。

僕らが人に愛を求めたとき、この愛が得られなかった場合、どうだろう。失望したり、恨んだり、嫉妬にさいなまれたりしないだろうか。愛が得られても、それが常に得られてないと不安をおぼえたり、よからぬ疑念をいだいたりする。マルセル・プルーストの小説『失われた時を求めて』では、恋愛心理について緻密な分析がなされている。主人公マルセルは恋人アルベルチーヌが実は同性愛者ではないかという疑いを抱き、嫉妬にさいなまれる。主人公が彼女の愛を確保しようとしてパリの自宅に住まわせたりするが、この疑念は心を離れないし、彼女を問い詰めてもするりとかわされてしまい、その挙句、彼女は出奔してしまう。アルベルチーヌはマルセルの思うとおりにならない「逃げ去る女」とも名づけられている。相手の愛を得て、相手を我が物にしようとしても、主人公の心の中では彼女にいつも裏切られてしまう。そこで待っているのは、嫉妬地獄にほかならない。[20]

〈求める愛〉なるものは、最終的には、いくら求めても完全には満足が得られない愛なのではないのか。というのも、人間の愛や欲望にはとめどがないからである。たとえ一時的に満足しても再び新たな欲求が生まれる。あるいは、不安から愛を確認したくなる場合もある。だから、「私は愛されているのか」という問いは、繰り返し発せられることになり、究極の満足は得られない。そして、満足は「私」以外の者による愛の保証以外にありえないから、僕らは必死になって他者に愛を求め続ける。それによって、僕らは根本的に他者に依存してしまうことになるのだ。ストーカーと呼ばれる人たちも、他人に求めることしかできない人たちなのである。

それを避けるにはどうしたらいいだろうか。マリオンはいささか皮肉っぽく「哲学者たちの知恵の理想」と呼ばれているものを、引き合いに出す。哲人たるもの、人の目など気にしないではないか。他人が自分のことを愛しているかどうかに、自分の精神が左右されることなどないのではないか。それはどういうことかといえば、自分によって自分を満足させることである。

「私は愛されているのか？　別のところから？」という問いに満足のいく答えをだすには、想像のうえですべての人が私を愛して最後には私もまた代理を通して自分を愛するようになるべく、あらゆる人が愛する者のイメージに私を適合させれば十分だろう。(21)

頭のなかで自分が愛されていることを思い浮かべ、それを信じ込めば、他人に愛を求める必要はない。自分だけで愛も事足りることになる。他者を必要としなくても、愛はなりたつのだ。最初のうちは他者を必要としても、それを想像上の空間に置き換えさえすれば、愛は「私」による「私」への保証によって満足がいくことになる。〈求める愛〉がもたらす不安や嫉妬は、他者を自分が代理することで、解決するのである。ストア派の賢人がモデルの哲学者のように、自己について揺らぎない確信をもっているならば、他者への愛を自己への愛に置き換えることにためらいもないだろう。何らかの対象についての意識が、実は自己意識であったように、他者への愛は自己愛にすぎないということになる。ただこうなってしまうと、愛の哲学も独我論に陥ってしまうのではないのか。「エロス的還元」は、最終的に愛を自己愛に導くということで、はたしていいのだろうか。

しかし、完璧な自己愛なんて不可能だろう。たしかに、一時的に他者による保証を自分自身による保証に置き換えることも可能かもしれない。だが、これをいつまでも続けることはできないだろう。というのも、人は終わりなく自分を愛することなどできないからである。満足がいかないことがあると、自己愛は自己嫌悪に変わるのだ。マリオンは次のように説明する。

誰も自分自身を愛することはできない。無条件の自己愛によって自分自身を愛することなど、確実にありえない。なぜならば、自分に関して各人は、いわゆる自己愛より根源的な自己嫌悪を自分のなかに見だすからである。(22)

僕らの自己愛には根本的に自己嫌悪が棲みついている。人は完璧ではない。限りなく自己愛を満足させる人などいないだろう。だから、自己愛が反転して自己嫌悪になる。これがさらに他者に投射されて、お互いに嫌いになり、相互嫌悪に至ったりするのだ。

こういう意味で、〈求める愛〉が自己愛に変わったとしても、この愛には限界があるのだ。

もうひとつ指摘しておかなければならないことがある。お返しの論理である。「私」が愛されているという保証は、「私」を互酬性のなかに入り込ませることになる。人が誰かを愛するとき、お互いに愛し合わなければ恋愛は成立しない。たとえ一方的な片思いでも、そこに愛は存在するのであるが、相手からの愛の保証は得られない。もちろん、ふられる場合もある。そうならないように、僕らは愛の保証を求めて、相手をその気にさせようといろいろと手練手管を用いたりする。あるいは、こちらが深く傷つかないように、相手に先に告白させて確かめることを仕組む場合もある。恋愛には、駆け引きや計算がつきものである。そして、こういった場合に前提になっているのが、交換や互酬性の論理である。これらはエコノミーの論理であり、現実には、愛の保証をめぐって交換の取引があるのだ。しかしそうであるなら、愛はエコノミーに還元されてしまうのだろうか。恋愛における誘惑や駆け引きは切実な場合もあるし、ゲームのように快楽をもたらしてくれるものかもしれない。しかし、よく考えてみると、これは愛の本質的な面ではないのではないのか。「還元」されてしまうと残らないものではないだろうか。マリオンは次のように言う。

互酬性は交換の可能性の条件を定めるが、また愛の不可能性の条件を立証する。(23)

エコノミーによる愛の説明には限界がある。愛は互酬性をはみ出してゆくのだ。「エロス的還元」は、〈求める愛〉の次元に踏みとどまる限り、愛の本質からは遠ざかったままなのだ。

〈与える愛〉

〈求める愛〉だけでは、こういったジレンマに陥るから、「エロス的還元」をさらに深めて展開させる必要がある。マリオンは次のように宣言する。

エロス的還元が徹底されると、これから次のような問いが定式となる。「私が最初に愛することができるのか？(24)」

愛についての考えを深めると、愛は求めるものではなく、与えるものとなる。重要なのは、愛を受けとることではなく、愛を与えることなのだ。この問いは、自分が最初に愛を与えるということが、愛の本質であることを伝えている。ここでは愛の保証は意味を失うのだ。「エロス的還元が徹底されるにつれて、保証の要求は正当性を失い、私は完全にこの要求を放棄しなければならないだろう」[25]。愛というものは、愛されることの保証によって自分の心を安定させるためのものではない。「私は愛されているのか？」という問いは、「エロス的還元」において確かに大事ではあるが、事物の確実さへの執着から他者からの愛へと目を開かせるためのものである。しかし、それにとどまっている限り、愛は保証を求めるものの域を出ない。「還元」の徹底とともに、保証の要求を越えた贈与に、愛の思想は移行する必要があるだろう。

それでは、〈与える愛〉とはどういうものか。

まず、この愛は交換のエコノミーには属してはいない。誰かが愛してくれるから、お返しに愛するのではない。また、相手の愛を求めて愛するわけでもない。これらの場合、愛は互酬性の前提に立っている。しかも、互酬性に基づく交換のエコノミーは根拠づけと結びついている。マリオンは次のように書いている。

互酬性はエコノミーを根拠づけているが、それはサービスや給付として一方が他方におこなったことをできるだけ正確に計算することによってである。対価は交換の根拠を定め、正当な互酬性を保証する。対価はエコノミーを根拠づけている。[26]

相手が愛してくれるからこちらも愛するという場合、ここには片方の愛ともう一方の愛のあいだに対価としての関係があり、そこでは交換のエコノミーが前提になっているのはもちろんのこと、それだけではなく相手の愛と自分の愛の間には根拠と帰結の関係が想定されている。相手の愛を求めて「私」が相手を愛する場合も同じである。この相互の愛が成就したとき、交換のエコノミーが成立するとともに、根拠と帰結の関係も成立するのだ。そうだから、マリオンはライプニッツの発見した「充足根拠の原理」をここに適用する。ライプニッツは「いかなるものにも根拠がある」という意味でこの言葉を使ったが、マリオンは交換のエコノミーのなかでは「いかなるものにも根拠がある」という意味にずらしている。それに対して、〈与える愛〉は互酬的ではないし、交換のエコノミーにも属さないから、「充足根拠の原理」の適用外になる。「愛する者は、互酬性なしに愛するから、根拠なく愛するのだ(27)」。この愛は、ただただ根拠もなく愛を与えることにほかならない。言い換えれば、ただ愛すること以外に理由はない。マリオンは次のように語る。

> 愛する者は、自分が愛している者を最初に愛することで目に見えるものとする限り、自分の愛している者以外に、自分の愛している者を愛する根拠はない(28)。

自分の愛する相手をただ愛する以外に、愛の根拠はない。人はただ愛するがゆえに愛するだけなのだ。愛の贈与がうまくいこうが不首尾に終わろうが、僕らは何も計算しないでただ贈与するだけである。ここに、保証、計算、互酬性、エコノミー、充足根拠といった要因を還元したあとに現れる、愛の贈与の本質がある。

〈与える愛〉の強調は、一見すると、ドン・ファンの愛に似ているかもしれない。ドン・ファンは、モリエールの戯曲『ドン・ジュアン』やモーツァルトのオペラ『ドン・ジョバンニ』の主人公としても有名であるが、伝説上の人物で色事に長けたスペイン貴族である。『ドン・ジョバンニ』では、二〇〇〇人もの女性と関係をもったことになっている。「愛の運び手」と自称するこのプレイボーイも〈与える愛〉を実践しているとも言える。彼は女性から口説かれるのではなく、まず女性を口説くのである。相手から愛される前に、まず相手を愛するのである。彼は、自分から愛の贈与をおこなうことで、愛の本質に近づいているのだろうか。しかし、ドン・ファンは「誘惑」というやりかたで「エロス的還元」を行っているとマリオンは指摘する。「誘惑」による愛の贈与は、逆にこの本質から遠ざかってしまう。

他の人がひとたび誘惑され（その愛の告白にまで至る）と、私も自分の方が先に愛することもなければ自分が損をして愛することもなくなる。相手からのお返しとともに、完全に互酬的に愛するようになるだろう。愛に関して私はただ単に前払いをしていたのかもしれない。しかし、これは利子とともに返済されることになるだろう。(29)

誘惑は最終的に「エロス的還元」を裏切る。ドン・ファンは、自分が好きになった相手にさまざまなやりかたを駆使して自分を愛するようにさせる。ここではすでに互酬性の前提に立っている。しかも、愛が首尾よく成就したら、彼はその女性に飽きてしまい、愛さなくなる。彼はもう最初に愛する人であり続けるのでなく、相手から愛されるだけの人になってしまう。ドン・ファン的な愛は、率先的に他人を愛するという点では、「私が最初に愛することができるのか?」という問いに答えながら、〈与える愛〉を模範的に実践しているように見えるかもしれない。しかし、よく考えてみると、ドン・ファンは互酬性にとらわれており、「還元」を完全に徹底してはいないのだ。

それでは、「エロス的還元」が徹底されるとどうなるのか。それは他者の優位を肯定することなのだ。マリオンはこう説明している。

エゴは決してもう再び中心になることはないだろう。最後に至るまで、エゴは常に来るべき中心である他人を目指して中心からはずれなければならない。この他人のほうに私は追いやられるのだ[30]。

中心はもうエゴではない。〈与える愛〉においては、私の欲望が満足するかどうかは、重要ではない。ドン・ファンの誘惑も〈与える愛〉ではあるが、この愛は自分の欲望の満足にとどまってしまい、やはり「私」が中心なのだ。愛される人は、「私」の満足のための手段に過ぎない。しかし、「還元」が徹底されると、他者のほうが中心となる。「私」は他者への愛のためにすべてを捧げるのだ。これについてマリオンは、他者への三つの条件を挙げている。まず、「愛する者はすべてを支える」[31]。それから、「愛する者はすべてを信じる」[32]。最後に、「愛する者は愛する、少なくとも時折見ることなく愛することができる」[33]。神や天使のような見えない存在への愛もマリオンはカウントしている。これらの条件が満たされたとき、「エロス的還元」が完遂されるのだ。愛の贈与は、「私」が行うものであるが、この贈与は他者のためのものなのである。

神への愛と神の愛

愛からエゴ、対象、確実性、保証、互酬性、計算、エコノミー、根拠、誘惑などを還元していくと、〈与える愛〉の本質が見えてくる。たしかに僕らの日常では、愛はこんな純化されたものではなく、打算もあれば互酬性もある。しかし、愛の本性を探っていくと、他者に対する贈与としての性格が明るみにでてくるというのが、マリオンの考えである。彼がキリスト教徒であることを考慮してみると、ここでモデルになっているのはキリスト教の「無償の愛」なのではないだろうか。

〈与える愛〉についてもう少し具体的に考えてみよう。

〈与える愛〉は、互酬制を前提にしない愛である。相手が自分を愛しているかどうかを気にせずに与える愛にほかならない。これは相手に決して見返りを求めない無償の愛である。金品のような物質的な見返りはもちろんのこと、愛のような精神的な見返りも求めないのだ。例えば、敬虔なキリスト教徒たちはあらゆる所有物、あらゆる知識を捨て去ることによって、神と一体化しようとする。この場合、捨てること（abandonner）も与えること（donner）の一種なのであり、彼らは神に対して「捨てる」という「贈与」を行ったとしても、見返りとして救済も天国も神に求めることはない。マリオンはこう言う。「愛する者は何も所有しないし所有すべきではない[34]」。神への愛のため、僕らはあらゆるものの「所有」を放棄する、つまり、あらゆるものを神に贈与するのである。

マリオンがいくつもの著作で引用し、論文まで書き、翻訳までしているキリスト教神学者にディオニュシオス・ホ・アレオパギテースがいる[35]。この人物は、『聖書』にも登場する古代の有名人であり、パウロのもとでキリスト教に改宗したとされる。だがその著作は、文献学的考証の結果、今では、ネオプラトニズムに詳しい別の人物が書いた偽書だと判明している。しかし、彼の思想は否定神学あるいは神秘神学として伝わり、その後のキリスト教神学に大きな影響を与えている。その影響は、トマス・アクィナスのような体系的な思想家から、エックハルトや十字架のヨハネのような神秘家と呼ばれる人たちにまで多岐にわたっている。ディオニュシオスの考えでは、神を称えるために、あらゆる知やあらゆる事物を捨てなければならない。僕らは財産を所有している。それと同じように、知識、概念、言葉もまた所有している。財産から言葉にいたるまでのこういった所有物をいっさい捨てることが求められるのだ。すべてを捨て去ったときに、はじめて僕らの魂は神と一体になれるのである[36]。

この考え方は、トマスでは、「神は存在ではない」、「神は善ではない」といったかたちでの神についての思考に取り入れられている。これはなにも「神が存在しない」とか「神が悪である」とか言おうとしているのではなく、神の「存在」や「善」が人間の思考をはるかに超え出たものであり、人間の考える「存在」や「善」とは異なるということを強調するために、わざわざ否定辞を使っているのだ。「神は超-存在である」や「神は超-善である」というのと同じ意味と言えるだろう。言葉を使って聖書などを解釈していくトマスのような「肯定神学」のなかにもディオニュシオスの思想は部分的に採用されているのだ[37]。

それに対して、「神秘家」と呼ばれる者たちは、「否定神学」や「神秘神学」の方向性を強く押し出している。エックハルトは、あらゆるものを捨て去る「放下」という考えを展開している。「放下」においては、自分が「存在すること」にも、「愛すること」にも執着してはいけない。さらには、神に固執することも許されず、神をも放下しなければならないのだ[38]。ディオニュシオスの思想は、こういったかたちでドイツ神秘思想に受け継がれていくし、またアビラのテレサや十字架のヨハネのようなスペイン神秘家たちにも多くの影響を及ぼしている。現代では、ジョルジュ・バタイユの「無神学」にすらディオニュシオスの思想の痕跡を認めることができる。

敬虔なキリスト教徒が、神への愛においてすべてを放棄して神に与えること、ここに「エロス的還元」の完成した姿があるのではないだろうか。

そして、これは神自身の愛に近づくことではないだろうか。「私が最初に愛することができるのか？」という問いから、最初に愛を与える者について考えていくと、その究極は神にあるのではないか。マリオンは次のように言う。

> 最初に愛する者は、昔から神と名づけられていた[39]。

僕らが神を愛する以前から、神は僕らを愛している。しかも、僕らが神を愛するより、無限なほど遥かに強く神は僕らを愛している。「神は最良の愛する人として僕らを凌駕しているのだ[40]」。神は誰に対してであれ、無限の愛の贈与をおこなっている。キリスト教の信者に対してであれ、異教徒に対してであれ、無神論者に対してであれ、同じである。神は相手を選別することなく、返礼を期待することなく、無償の贈与を行っている。彼の愛は、ただ贈与することだけにあるのだ。この神が「愛することのただひとつの正確なやり方[41]」を教えてくれる。神の愛は人間の愛のただひとつのモデルというわけである。ここには人間と神との連続性がある。マリオンは神の超越性は認めつつも、人間と神との連続性を主張する。彼が神であれ人であれ、愛についてエロスという言葉を使うのは、この連続性を強調するためなのである。

〈与える愛〉の理想は、神にあるのだ。

愛と憎しみ

マリオンが考える神はキリスト教の神であり、一神教の神である。その限りで、神のモデルから多神教の神は排除されている。この点で彼の思想には限界があるかもしれない。しかし、神と人間の本質に愛があり、この愛の本質に贈与があることを見抜いた点においては、彼の洞察は評価に値するものである。

人間の本質には愛がある。〈私〉が〈存在〉して他人を愛するのではなく、他人を愛することを通して自分が〈私〉であることや自分が〈存在〉していることを自覚するのである。人間関係の根本はまずは愛なのだとマリオンは主張する。しかも、神の愛に近づく〈与える愛〉なのだ。もちろん、僕らの愛はたいていは〈求める愛〉であり、この愛から逃れることは難しい。交換に至る愛、所有しようとする愛、憎しみや嫉妬に変わる愛、こういった愛の気持ちを抱いてしまうのは、僕らが他人に愛を求めてしまうことに原因がある。しかし、こういった〈求める愛〉のなかにも、〈与える愛〉が潜んでいる。だから、神の愛の水準には達しなくても、無償の愛を感じる瞬間が僕らにも時折あるのではないのか。「エロス的還元」が教えてくれるものは、「還元」を徹底していったときに遭遇する贈与として愛なのだ。しかも、〈与える愛〉は、神秘家のような限られた人たちだけの愛ではなく、すべての人がそれに関わっているものだろう。

現在、イスラム過激派とアメリカを中心とした国々のあいだで「戦争」が繰り広げられている。テロと空爆の繰り返しといった、憎しみの連鎖と呼ばれるものが、解決の糸口もなく続いている。パレスティナとイスラエルとの関係も、地域的に小型化されたかたちで、報復につぐ報復という、憎しみの連鎖を生みだしている。愛と憎しみが裏腹の関係にあるのなら、愛が憎しみに変わったように憎しみが愛に変わる契機はないのだろうか。所有や征服と結びついた〈求める愛〉は、せいぜいが交換、最悪の場合は憎しみしかもたらさない。しかし、どんな愛にも〈与える愛〉がそのなかに潜んでいるのなら、憎しみのなかにもこの愛の可能性を考えていくべきではないだろうか。たとえ現代の政治が利害関係や冷徹な打算の産物であろうと、広い意味での愛が人と人とを結びつける感情の根本にあるのならば、政治も愛と無縁とは言いがたい。指導者、国家、宗教へ人々が熱狂する場合を考えてみればよくわかるだろう。そもそも、政治も教育も宗教も〈与える愛〉から出発すべきものなのではないのか。だが、現実には交換や征服と結びついた〈求める愛〉にそれは変質している。だから、政治、教育、宗教を通して〈求める愛〉をできる限り〈与える愛〉に近づけ、贈与を交換、所有、征服から解放すべきではないのか。敵対する人々に〈求める〉のではなく〈与える〉ことで、憎しみの連鎖のなかにも愛を期待することができるのではないだろうか。

終章

結論にかえて

たくさんのたくさんの眼の碧い蜂の仲間が、〔…〕、一つ一つ小さな桃いろの花に挨拶して蜜や香料を貰ったり、そのお礼に黄金いろをした円い花粉をほかの花のところへ運んでやったり、〔…〕もういそがしくにぎやかな春の入口になってゐました。

宮沢賢治「洞熊学校を卒業した三人」

私たちはモースが座礁した地点を跳躍台にして、彼の野心の実現に向かって、新しいジャンプを試みたのである。

中沢新一『カイエ・ソバージュ』

贈与とは何か？

序章はこの問いから始まったが、はたしてその答えを得ることはできただろうか。モースからマリオンまでの思想史的な流れをたどることができても、ひとつの答えを見つけるのはむつかしいのではないだろうか。個々の思想家の贈与解釈はそれぞれに独創的で面白いのだが、そのなかのどれが正しいのか、どれがもっともすぐれているのか、僕らはいろいろ考えを巡らし悩んでしまうのではないだろうか。

はっきり言えば、模範解答など求める必要はない。これらの人類学者や哲学者の主張を自分なりに検討しながら、身の回りの出来事などと照らし合わせながら考えていけばよいのだ。そのために、本書ではアクチュアルな問題を数多く盛り込みながら、読者と共に贈与について考えてきたつもりである。

そもそも「何か？」の問いには、最終的な答えはないのかもしれない。二〇世紀最大の哲学者といわれるハイデッガーは、「形而上学とは何か？」という問いを立てながら、存在についての思索を深めていったが、この問いに最終的な答えを与えることはなかった。僕らが仮に「人間とは何か？」という問いを立てて、「二本足の動物」と答えたところで、この答えで満足する者は少ないだろう。むしろこの問いを通して人間について考えることで、人間のいろいろな奥深い面を明るみに出すことができるのではないだろうか。「贈与とは何か？」の問いも似たものと言えよう。本書で取り上げた各思想家のテクストから答えを得たとしても、それも差し当たりのものでしかなく、その答えを問い直すことによって考えは深まっていくのである。答えに甘んじないことは、思考を未来に開いていくための条件だろう。

モースからマリオンまでの贈与論から何を受け取るかは、もちろん各人の自由であるが、結論めいたものを書くために、僕としては彼らの記述から二つの問いを立ててみたい。

人間中心主義

ひとつは、贈与が人間に特有なものであるのかどうかという問題である。贈与は、どうあっても人間中心の発想のなかに収まってしまうものだろうか。

モースの『贈与論』を思い返してみよう。彼は資本主義のもたらす経済中心の発想を未開人の贈与の知恵によって改善しようと試みていた。というのも、通常の商取引は、商品と商品の交換、もしくは商品と貨幣の交換であり、この交換からは人間関係が省かれているからである。ところが、贈与交換には人間関係が反映されている。目上の人にはおごれないとか、プレゼントを受け取ったらお返しが必要だという、僕らがよく知っている慣習がそれを立証している。モースによれば、マオリ族では、贈与には返礼の義務があった。贈与物にはハウという霊が宿り、それが元の所有者のもとに帰りたがるからである。返礼を怠ると災いがもたらされるのだ。このことによって部族のなかの流通が生じ、人間関係が円滑にいくのである。また、北米原住民の儀礼であるポトラッチは、相手よりも多くのものを贈与することで勝利し、社会的地位を手に入れる儀式であった。この贈与交換も、闘いという部族同士の関係、つまり人間関係が表現されている。

レヴィ＝ストロースの『親族の基本構造』でも、女性の贈与は今日の経済における交換とは異なり、部族どうしの関係を表していた。それは、南仏のとある定食屋で手酌をしないで隣席の人に酒を注いでコミュニケーションをはかるのと同じである。贈与は部族間の関係、さらには人間関係を円滑にするための手段なのである。確かにレヴィ＝ストロースは、デカルトのような理性的な主体をベースにした、サルトルの唱えるような人間中心主義に対しては批判的である。こういった主体が自覚することなく支配されている見えざるシステムと言うべき「構造」を、彼は重視しているからである。それゆえ構造主義者の彼は、反ヒューマニストとか非人間主義者と揶揄されたりもしていた。しかし、この「構造」も人間関係を支配する法則である。他の部族への女性の贈与も、部族内での近親相姦の禁止と結びついており、贈与交換のシステムも人間に特有なものとも言えるだろう。

このように考えてくると、モースやレヴィ＝ストロースのような人類学者たちが扱う贈与論も広い意味で人間中心主義と見なすこともできるかもしれない。

しかし、もう少し慎重に考えたほうがいいだろう。

モースは『贈与論』のなかで、贈与交換は人と人との関係にとどまらず、「神聖な存在」とも関係をもっていると主張している。すでに見たように、マオリの贈与では、森の霊であるハウが物に宿っていると考えられていた。未開人や古代人の思考では、人と人の関係も、人と物の関係も「神聖な存在」抜きでは考えられないのだ。そして、人が最初に贈与交換したり契約したりして関係を結ばなければならないのは、「神々」や「死者の霊」なのだ。というのも、それらが地上のすべての富の真の所有者だからである。[1] こういったモースの主張を考慮すると、贈与交換は人間だけの狭い世界の産物ではなく、神や霊といった存在も関係したものと言える。そう考えると、贈与交換は人間関係を反映しているとはいえ、決して人間中心のものではなく、霊や神々のような、人間を超えた存在と交わりながら物や人との関係を維持できるものなのではないだろうか。

これはレヴィ＝ストロースの『火あぶりにされたサンタクロース』にも言える。クリスマスもハロウィンも、秋になり昼が短くなって舞い戻ってきた死者たちに生者たちが贈り物をしてもてなし、そのかわりに平和を保証してもらうという儀式である。年が明け昼の時間が長くなり死者たちが異界に帰るまで、生者たちはこの贈与交換によって死者たちと良好な関係を結ばなければならない。ここでも贈与交換は異界の者たちとこの世の者たちとのあいだで行われている。

だから、モースにせよレヴィ＝ストロースにせよ、彼らの主張のなかには、贈与が異界の者、霊、死者、神々といった存在と深く関係をもっている限り、人間中心主義と言って終わらせられないものが含まれているのではないのか。

他の思想家のテクストでも、ヴェイユの愛の狂気も、神や神々の命令や神の「脱－創造」と深くかかわっていたし、マリオンも「与え」という根源的な贈与を神の愛と結びつけて語ろうとしていた。デリダによる「イサクの奉献」の解読もやはり人間と神の関係を表している。彼らも贈与が人間の枠組みのなかに収まりきれるとは考えていない。彼らの贈与論や贈与のテクストの読解も、贈与が人間を中心とみる見方から逸脱していく傾向があることを証言しているのではないだろうか。

そして、この件に関して、特に僕の関心を引くのは、バタイユの考え方である。彼は『呪われた部分』の第一巻『消尽』で、太陽による贈与を扱っているが、ここでは太陽が地球に光を放つことを贈与という言葉で説明している。しかも、古代の人たちが気前の良い贈与に価値を置いたのは、太陽が無償で光を与えてくれるから、と主張している。贈与という事態は、もともと人間の事柄ではなく、人間は太陽に憧れ太陽をまねただけなのである。バタイユの考えでは、贈与は人間に特有なものでは決してないのだ。

ただ、神、神々、霊、死者、太陽のどれに対してにしろ、人間が自分たちの贈与や交換のイメージを投射して関係をつくっているのではないか、という疑問が残るのもまた否めないだろう。人間は身近な贈与の出来事から類推しながら神や異界の住人たちについて考えたり、太陽の放射に贈与のイメージを仮託したりしてしまうのだ。だが、こう考えてしまうと、贈与はやはり人間中心の発想のうちにあるということになる。だから、これらの思想家の考えが人間中心の発想からの逸脱の傾向を示しているとはいえ、贈与が人間に特有なものであるかについては、さらに別の例を挙げながら考えを進めていかなければならないだろう。

互酬性

もうひとつの論点は、贈与は返礼をともなうものかという点である。

モースは『贈与論』で冒頭の「銘」から一貫して贈与の互酬性を主張してきた。贈り物をいただいたら、お返しをするのが義務なのだ。贈与の習慣を支える原理は、「与える」「受け取る」「お返しをする」というこの三つの行為である。マオリ族では、贈与物にはハウという霊が宿り、受け取った人がお返しを怠ると災いをもたらすとされている。北米原住民のポトラッチでも、ライバルが贈り物を贈ってきたら、それを受け取り、その後でより多くのものを返さなければ、社会的に敗北を喫したということになる。

モースの『贈与論』を踏まえて親族についての理論をつくりあげたレヴィ＝ストロースによる「女性の贈与」の考えも、お返しを前提にしている。そこにあるのは、互酬性に基づく交換のシステムなのだ。例えばＡＢＣ三つの部族のあいだで、Ａ部族からＢ部族に、Ｂ部族からＣ部族に、Ｃ部族からＡ部族にといったぐあいに順繰りに女性を贈与し、結果的に交換になるのである。また、クリスマスやハロウィンでの、死者に対する生者の贈与は、死者の側からの保護というかたちで報われる。ここにあるのは、異界の住人とこの世の住人のあいだの贈与交換なのである。

それに対して、バタイユは贈与でもっとも本質的な面は一方的であることだと考えている。「消費の観念」における彼のモース解釈でも、ポトラッチの理想が贈与してお返しがないことにあることを強調している。そして、太陽による贈与が古代人や未開人の価値の源泉であるならば、贈与の本質は一方的であることになるだろう。

「愛の狂気」におけるヴェイユの自己犠牲も、純粋に他者に自分を与えるということであるから、一方的なものだろう。彼女の贈与は、その純粋さゆえ、この世で場所をもちえなかったのだ。そこには、見返りの期待、計算や打算がまったくないからである。

『時間を与える』のなかで、デリダは贈与の概念を徹底的に掘り下げたが、それは贈与と交換の峻別といったかたちでであった。彼は贈与交換を贈与ではなく交換とみなすばかりでなく、認知のレヴェルでもこの考えを徹底していた。贈与を贈与と認めたなら、象徴的に相手に何かを返したことになり、交換となってしまうのだ。この意味でデリダは、お返しのない贈与をぎりぎりのところで考えていたと言えるだろう。

還元という現象学の手法を駆使しながら、贈与と所与の共通の根ともいうべき「与え」を発見したマリオンは、この「与え」を神による愛の贈与と結びつけ、その一方向性を強調している。

このように、人類学者たちはお返しのある贈与にもとづく贈与交換のシステムを考察してきたが、哲学者たちはむしろお返しのない贈与を考えようとしている。ここに、贈与は互酬的なものか否か、という係争点が見いだされるのだ。

本書のなかで紛糾しているこの二つの問題について考えてみよう。贈与は人間中心のものだろうか。また、贈与の本質は互酬性にあるのだろうか。

動物から人間への贈与

まずは、贈与は人間に特有なものであるかどうかを検討してみよう。

西欧では、人間と動物のあいだに大きな隔たりを設けてきた。西欧の文化を長らく支えてきたキリスト教は、人間による動物の支配を肯定してきたのだ。『聖書』は、神は自分に似せて人間を創造し、すべての動物を支配させたと述べている。


神は言われた。

「我々にかたどり、我々に似せて、人を作ろう。そして海の魚、空の鳥、家畜、地の獣、地に這うものすべてを支配させよう。」

神は御自分にかたどって人を創造された。(2)


人間も被造物であることにおいては動物とかわらないが、人間は神に似た存在であるから、その特別な性格により、動物を支配することが許されているのだ。人間による動物の支配は、神の意志にほかならない。キリスト教の世界観の根本には、このように人間による動物の支配が存在している。こういった基盤のもとで、近世では人間中心の発想が加速し、デカルトは動物を自動人形と同じと見なし、魂をもった人間と明確に区別している。魂をもつ人間は、それをもたない動物より優れているのだ。カント、ヘーゲル、フッサールといった哲学の流れも、デカルトの「意識の哲学」を継承しており、動物への人間の優位は揺らいでいない(3)。

人間と動物の峻別という発想は、動物を科学的な実験の対象にすることを可能にし、一九世紀になると動物実験の方法が確立された。それ以来、医療品や化粧品の開発のために、動物は実験の材料となるのであり、おびただしいほどの動物がその犠牲となっていった。また、肉食それじたいは太古から存在したが、二〇世紀後半になると食肉や肉の加工品の需要が大々的に高まり、大量生産のシステムが急激にできあがっていった。

人体実験での殺人や人肉食のための殺人は犯罪であるが、実験で動物を殺しても食肉のための屠畜も罪にはならない。これは人間と動物のあいだの階層的な差異を前提にしている。もちろん一九世紀のイギリス以来、動物愛護の法律は存在している。しかし、この法も人間と動物の区別の上に成立しているのではないだろうか。あるいは人間に対して適用されるいくつかの考え――例えば、生命の尊重――を、大幅な制限のもとで動物に適用しているだけなのではないだろうか。

それでは、贈与の場合はどうだろうか。ふつうに考えれば、贈与は人間と人間を繋ぐものである。動物は対象にはならない。しかし、未開人の神話的な思考では、どうか。例えば、トーテミズムでは、トーテムは一族の祖霊であり、動物や植物として具体的に存在している。ここでは人間と動植物が一体化している。それは、『聖書』やデカルトが前提にしている階層的な関係にはないのだ。こういった未開の思考のなかで、今僕らが考えるうえで重要なのは、アイヌの熊祭り、イオマンテの例である。これは縄文時代の狩猟文化を受け継いだものである。

それは次のようなものである。

（一）冬の終わりに、穴で冬眠している熊を狩る。その際に、母熊は殺すが、子熊は助ける。

（二）子熊を集落に連れて帰り、人間の子供に対するのと同じように愛情をこめて育てる。ときに、乳母が母乳を与えたりもする。子熊が成長すると檻に移すが、上等の食事を与えて丁重に育てる。

（三）一年から三年の期間を経て、熊を送る儀式をおこなう。成長した熊を矢や丸太で殺し、その肉を集落の民全員で食べる。これは熊をあの世に送る儀式であり、盛大に行われる。

（四）送られた熊の魂が、自分が人間たちに手厚くもてなされたことを、あの世で仲間の神々に伝える。そうすると、神々は熊として生まれたらいいことがあると思い、たくさんの熊が生まれる。

（五）豊猟となる。(4)

これは人間と神々（熊たち）との贈与交換と言えるだろう。人間は熊たち（神々）に食事などを与えて大切にもてなす。それに対して、神々は熊となり、自分を食べ物として人間に与える。モースが言うような、互酬的な贈与交換と言えるだろう。

こういった野生の思考では、贈与は人間と動物のあいだにも生じるのだ。

もちろん、だからと言って、合理的に考えると、動物がお返しをするわけがない。これはあくまで神話的な世界観の内部で許される考え方である。つまり、人間が考えたことを神話のなかで動物に仮託しているのだ。人間は動物を大切に育てるかもしれないが、殺された動物がお返しをするわけではない。たとえ豊猟になったとしても、それはたまたまの出来事であり、偶然の産物に過ぎない。人間を中心にして合理的に考えれば、こういう結論になるだろう。しかし、ここで僕らが記憶にとどめるべきは、神話的な思考では贈与交換が成立しているという事実である。なぜなら、ここでは人間中心の発想がとられていないからである。

もうひとつ例を挙げよう。

人類学者ポール・ナタスディは、狩猟民と動物のあいだには社会的な関係があると主張している。カナダ北西部のユーコンの南西にあるクルアネでは、動物が猟師に「みずからを捧げる」ことがあるそうだ。これは世界の狩猟民の話のなかに多く見られるものである。

ナタスディ自身がウサギを罠にかけたとき、次のような体験をしている。


他の狩猟民と同様に、しばしばユーコン南西部のクルアネの人々も、動物が猟師に「自らを捧げる」と断言する。1996年、バーウォッシュ・ランディングに着いてさほど経たないうちに、私はウサギを罠にかける方法を習った。罠の中で生きているウサギをはじめて見たことは、私にとって危機的な出来事であった。私は一人であり、自分でウサギの首の骨を折らなければならないことを悟った。今までに素手で何かを殺したことがなかったため、私は自分が何をしているか定かではなかった。結果として、その動物は苦しみ、私はみじめな気持ちになった。次の日、私はいく分、この出来事のトラウマから立ち直ったので、私の隣人であり、当時クルアネ・ファースト・ネーションの首長であったジョー・ジョンソンに、昨日何が起きたか、またウサギが苦しんだことに対してどれほど心苦しく思っているか話した。彼はそんな風に考えてはいけないと私に告げた。彼が言うには、適切な反応はその動物に対してただ感謝の祈りを捧げることである。動物を殺すときに、それの苦しみについて考えることは失礼にあたるのだ、と。当初、私は理解できなかった。しかし私にそれ以来適切なウサギの殺し方を教えてくれたアグネス・ジョンソンが、数か月後にそのことを説明してくれた。それは「ポトラッチのときのような」ものだと彼女は言った。もし、誰かがポトラッチのときに贈り物をくれたならば、その贈り物をけなす言葉を口にしたり、そう思ったりすることさえ、もしくは、何らかの理由（たとえば、贈り主が非常に高価な贈り物を賄う余裕がないこと）でそんな贈り物をするべきではなかったと示唆することは、礼を失することである。彼女が言うには、それは動物についても同じである。もし動物が自らを捧げたなら、人は感謝の祈りを捧げ、与えられた肉の贈り物を受け取らねばならない。動物の苦しみを考えることは、贈り物にけちをつけることであり、そもそも、その動物がその人に自身を捧げるべきであったかどうかについて、疑いの目を向けることだと彼女は言った。こうした振る舞いは、動物を侮辱することになり、二度とそのような贈り物を受け取れなくなるおそれがある。(5)

現地の人たちの考えでは、動物が罠にはまり殺されることは、動物が「自分を捧げる」ことなのである。だから、動物の側からの贈り物に対しては、感謝の気持ちを返さなければならない。これは人間のあいだの贈与交換の儀礼と同じで、贈与に対しては返礼が必要なのだ。ジョー・ジョンソンやアグネス・ジョンソンのようなクルアネの人々がナタスディに教えてくれたのは、現地の人たちにとっては当然のことである、動物との贈与交換の考え方なのである。贈与に関する人間の儀礼は、そのまま人と動物のあいだにも言えるのだ。

そしてナタスディは、さらに不思議な体験をする。ある日、罠にかかっていたウサギが針金を切って逃げ出すのを目撃した。ただ、ウサギの首には針金が巻きついたままだったので、逃げたウサギも長くはもたない状態だった。ところが、五日後そのウサギが彼の小屋までやってきたのだ。彼はこう述べている。

そのウサギは、5日前に罠から逃げたものに間違いなかった。それでもなお、罠は私の小屋から半マイル以上も離れたところに仕掛けられたものであったし、ウサギは（村の全軒の中から）とりわけ私の小屋のドア目がけてやってきて、殺されるのを待っているかのように、静かにたたずんでいた。(6)

この体験をどう解釈すべきだろうか。ウサギはどうやって彼の小屋を見つけたのだろうか。ウサギは彼に殺されにきたのだろうか。現地の人たちにとっては、何の不思議もない。動物は猟師に「自らを捧げる」存在だからである。現地の人たちの考えに慣れてきたナタスディは言う。「ウサギは私を探しに来て、文字通り、自らを私に与えたのではないかと思わざるを得なかった。そして、今も私はそう思っている」(7)。だから、彼は次のような行動をとる。

拾い上げようとして私が膝を折っても、ウサギは逃げようとしなかった。動きを止め、ただ私を見つめるばかりであった。拾い上げても、逃げようとせず、もがきもせず、私の目を見つめている。私はウサギの首を折って殺した。殺した瞬間、そして、私が自分で何をしたのか気付く直前に、静かな感謝の祈りを捧げている自分がいた(8)。

ナタスディはこの不思議な体験を、ウサギによる贈与と考えている。だから、彼は感謝の祈りを捧げたのだ。これはアグネス・ジョンソンが言うような「ポトラッチのときのような」ものである。モースが主張したように、贈与に対しては返礼をしなければならない。ウサギは「自らを捧げた」のだから、祈りを返すことで、贈与交換を成立させなければならない。贈与交換は、人と人のあいだだけではなく、人と動物のあいだにも成立するのだ。その結果、ナタスディは「人と動物が(隠喩的にではなく)実際に継続的な互酬的交換に従事している」(9)と結論している。

この事実は動物と人間のあいだに贈与を通しての社会的な関係があることを予測させる。贈与は決して人間に特有なものではない。動物にも贈与の可能性を認めるべきではないだろうか。今後これからの贈与の可能性について考えていくのならば、贈与の概念の意味を人間中心の解釈からずらしていく必要がある。

動物のあいだの贈与

贈与をするのが人間だけではないということは、人間と動物の関係から提起されるばかりではない。動物のあいだにも贈与の関係は存在している。これまで贈与といえば、人間のあいだの例ばかり挙げるのが常とされてきたが、僕らは贈与の概念を広げて考えてみてもいいのではないか。

チンパンジーの社会では、毛づくろいの習慣がある。ダニや虱を取り除くために、二匹がお互いに毛づくろいをする。一方が相手の毛からダニや虱をとってあげると、もう片一方もお返しに同じことをする。その意味で、毛づくろいは互酬的な行為と言える。毛づくろいの贈与に対しては、同じ贈与のお返し、ここには動物の次元での、贈与交換が見られる。

それと同じように、チンパンジーには、食物分配の習慣がある。オスはメスに肉を与えて交尾を求めたり、交尾した相手に肉を与えたりする。また、群れのなかの特定の仲間にも食物を分配するが、それも闘いのとき味方になってもらうためである。

このようにチンパンジーの食物分配には互酬性と社会性が見られる。これは贈与交換の一種とみなしていいのではないだろうか(10)。

また、大型類人猿でもゴリラやオランウータンは、お返しがなくても食物分配をおこなっている。

与える者と受け取る者のあいだには必ずしも互酬性は自覚されていない。しかし、これらの類人猿のあいだでも食物分配を断る者には集団のなかで非難の目が向けられることからも、食物分配が何らかの社会関係と結びついていることが確認されている。[11]

しかし、すべての動物にこういった社会的な食物分配が認められるわけではない。たいていの場合は、親子か夫婦のあいだに限定されておこなわれている。

例えば、鳥が巣の子供のためによそから餌をとってくるのはよく知られている。親鳥はくちばしを通して雛に餌をあたえるのだ。鳥類は親子間でこういったかたちで食物分配を行っている。

哺乳類でも、ライオン、オオカミ、ハイエナなどの肉食獣は、やりかたに細かい違いはあるにせよ、親は自らがしとめた獲物を子供たちに分配している。しかも哺乳類の場合はこれにとどまらない。どの哺乳類も、授乳というかたちで母親が子供に贈与をしているのだ。これは通常の食物分配に先立つ根本的な食物分配（そう呼べないかもしれない）もしくは贈与と言えるだろう。

夫婦のあいだでの食物分配もよく見られる。鳥類でも、先ほどのチンパンジーでの例と同じように、しばしば求愛のためにオスがメスに餌を与える。カモメやカワセミはオスが持ってきた魚を食べることで求愛をメスが受け入れたことになる。昆虫でも、ある種のクモはハエなどをメスに与えて交尾をするし、カマキリのオスはメスに食べられながら交尾をする。頭を食べられることで、精液が大量にパートナーに流れ込むそうである。[12]

このように親子のあいだや夫婦のあいだの食物分配は、種の維持のために必要な本能的なものと言える。ここでは贈与は社会性に先立つものであり、動物の根本とかかわっていると言えるだろう。

贈与は動物進化を通して社会性を帯びていったのであろうし、贈与の対象も食物以外のものへと広がっていったのである。

こういった動物のあいだでの贈与から、僕らは何を考えていけばいいだろうか。それは贈与は決して人間中心のものではないということである。僕らのさまざまな慣習が示してくれるように、たしかに贈与は人と人を繋ぐものである。しかし、動物どうしの贈与は、大型類人猿の群れの社会性と贈与が密接に関係していることを語ってくれたり、動物の親子間や夫婦間の贈与が、種の維持のために必要な根本的なものであることを教えてくれるのだ。先ほどの動物と人間のあいだの贈与交換の例も、贈与が人間の特権ではないという事実を暴露している。贈与をめぐる人間と動物の境界の強調はもう一度問い直されなければならない。人間の贈与の慣習がいかに高度な文化を担っているとはいえ、人間は動物であるがゆえに、根本的に贈与する存在なのではないのだろうか。

だから、贈与の概念を考え直す必要があるだろう。その際注意しなければならないのは、人間と動物の連続性と不連続性を同時に問いのまな板の上に乗せることである。人間の贈与の観点から動物の贈与をとらえ、動物の贈与の視座から人間の贈与をとらえ返さなければならない。こういった二重のとらえ直しによって、僕らは贈与の本質に迫ることができるのではないだろうか。

返礼なき贈与

次に、贈与が必ずお返しをともなうものかどうかを検討してみよう。

『現代思想　特集＊老後崩壊』で、平川克美が自分の介護の経験について書いているが、この経験について考えてみよう。それは、母親の死後一人残された父親を、彼が在宅介護をした話である。間違ってプラスチックの洗い桶を火にかけボヤをおこした父親をみかねて、ヘルパーさんの力を借り、近所の方々にも気をつけてもらって、彼は仕事をかかえながら実家で介護に取り組んだ。毎日スーパーで食材を買って父親のために料理をつくったのだが、その際も飽きないように工夫を凝らし、父親に「おまえは料理がうまい」と喜ばれるまでに上達した。さらに、薬を飲ませたり、排便の世話をしたり、風呂に入れたりとかいがいしく世話をした。この介護から彼は多くのことを学んだのだが、そのうちのひとつに贈与にかんすることがある。父親の死後、彼はこう書いている。

わたしが学んだことの二つ目は、自分がまったく予期しなかった、わたし自身の変化である。父親の生前あれほど情熱を込めて作り続けていた料理を、死後はまったく作らなくなってしまったのである。あれ以後、わたしの夕食は外食となった。ひとは、誰もが、自分のために生きているのであり、他者のために生きるなどというのは、所詮はきれいごとだと言われることがあるが、ひとは自分で考えるほど、自分自身のために生きているわけではない。誰も、自分のためにおいしい料理を、毎日作ろうなんていう気持ちにはなれないのだ。ただ、待っていてくれる人があればこそ、ひとは一生懸命に料理を作る気持ちになる。こちらの方が自然の姿なのである。自分を必要として、待ってくれている人間のために働くとき、その人間のパフォーマンスは最大化する。ひとは自分のためにではなく、他者のために生きているというのは、「きれいごと」ではなく、人間に備わった本質的な属性なのではないか。だからこそ、マルセル・モースやマリノフスキーが部族社会の中に観察したような、贈与のしきたりが残っているのだ。わたしは、わたし自身の変化を通して、思いがけなくも、モースの『贈与論』の世界に触れることになった。[13]

人のために何かを与えたり、人のために自分自身を提供したりして、自分を必要としてくれる人のために働くとき、僕らは喜びを感じる。そこに「人間の本質的な属性」があると、平川は介護の経験から鋭く分析している。介護は贈与の経験だったのだ。

そして平川は、父母から最初の贈与があり、この贈与を当人たちではなく、第三者に送り返す贈与のパスが必要だと主張している。彼はこの考えをいささか性急にモースの『贈与論』と結びつけているが、むしろナタリー・サルトゥー＝ラジュの『借りの哲学』に近い考え方である。彼女も親から受け取った借りを自分の子供のような第三者への贈与を行うことで〈返す〉ことができるという考えを打ち出している。[14]

しかし、平川自身によるこういった発展的な解釈より、僕はむしろ彼の原点にある、他人にサービスする感覚に注目したい。さきほどの平川の引用が興味深いのは、彼の介護体験が世話になった父親への返礼として解釈されるのではなく、自分を必要として待っていてくれる人への一方的な献身と考えられている点である。贈与の根本には、お返しや互酬性に先立ってこういった感覚が存在するのではないのか。

こういった感覚を、また違った視点から考察しているのは、アナキスト人類学のデヴィッド・グレーバーである。人々が「共通のプロジェクト」のもとでともに働いているとき、各人は「その能力に応じて」貢献し、「その必要に応じて」与えられるという「原理」(15)のもとで働いている、と彼は主張する。

水道を修理しているだれかが「スパナを取ってくれないか」と依頼するとき、その同僚が「そのかわりになにをくれる?」などと応答することはない。たとえその職場がエクソン・モービルやバーガー・キング、ゴールドマン・サックスであったとしても、である。その理由はたんに効率にある(これを「コミュニズムは端的にうまくいかない」という旧来の思考に照らして考えると実に皮肉である)。真剣になにごとかを達成することを考えているなら、最も効率的な方法はあきらかに、能力にしたがって任務を分配し、それを遂行するため必要なものを与え合うことである。ほとんどの資本主義企業がその内側ではコミュニズム的に操業していることこそ、資本主義のスキャンダルのひとつである、ということさえできる(16)。

ある会社で僕らがプロジェクトを立ち上げたとき、一番に考えるべきは何といっても効率よくプロジェクトを遂行することである。その作業の際に、隣で働いている人にそこのスパナを取ってくれと頼めば、返礼など求めずにまず取ってくれる。ここに返礼のない贈与がある。グレーバーはこの人間関係をコミュニズム的と名づけるが、このコミュニズムは財産の共有に基づくものではなく、能力と必要に応じた贈与の人間関係によるものである。皮肉なことに、資本主義の労働の根本にこういったコミュニズム的な人間関係があるのだ。

そもそも、コミュニズムという言葉を分析すると「共同の」という意味があり、一九八〇年代にブランショやナンシーがバタイユの共同体論を読み直してコミュニズムを再解釈していこうとしたとき、「共有財産」に基づくコミュニズムではなく、もっと本質的な人間の共同性を考えようとした。「私有財産」であれ「共有財産」であれ、「財産」や「所有」のレヴェルにとどまっているのであり、こういったレヴェルよりも根本に人間関係の本質があるのだから、財産の共有というかたちで人間の共同性を考えるだけでは不十分であり、それをこえて共同性を考えなければならないのだ。[17]その意味で、グレーバーの贈与の指摘はこれから共同性を考えていくのに重要だと言える。「私有財産」を徹底的に追及する資本主義にしろ、「共有財産」を極めようとする共産主義にしろ、これらの主義主張が忘却していたのは、一方的に贈与することを通しての共同関係なのである。

こういった共同性は、大災害の緊急時などでさらに強まる。地震や台風のときの人命救助の際に、誰も返礼などと悠長なことは言わない。スパナを渡さなければ、人命が失われたり、多くの人に多大な損害を与えるようなときは、誰でもすぐにスパナを相手に渡すのではないだろうか。グレーバーはこれを「赤の他人が姉妹兄弟になり人間社会が再生したように感じる特別な経験[18]」と呼ぶが、この経験でも贈与の根本にあるのは、互酬性とは異なるものなのではないのか。たぶん、人類が狩猟で暮らしていた時代、まだ階層分化が進んでいない社会では、贈与はこういった素朴なかたちでおこなわれていたのである。[19]

他人のためを強く意識するときとか、共同のプロジェクトのためとか、緊急のときとか、人はお返しを求めることなく贈与する。ここに共同性の原点があるのではないだろうか。こういった贈与の感覚は、お返しや互酬性の意識に先立つ。というのも、こういった贈与がなければ、モースが主張するポトラッチのような贈与交換やレヴィ＝ストロースが言うような女性の贈与による親族のシステムも存在しえないからである。もちろん、交換のシステムのなかでは、贈与の原初的な感覚はむしろ抑圧され気づかれないままになってしまう。だが、平川の経験やグレーバーの例は、この贈与が交換のシステムに回収されないという事実を表現しているのではないだろうか。それとともに、この贈与は交換のシステムのなかでこのシステムに対して見えないかたちで抵抗もしている。贈与交換のシステムや資本主義の交換のシステムの根本には、拭いさりがたいかたちでこういった贈与が潜んでおり、一見するとこの贈与がシステムをうまく機能させているようにみえるが、その実このシステムの歯車を狂わせる可能性をはらみ続けている。だから、モースの『贈与論』を読み直して、バタイユはポトラッチによる贈与交換のなかに、交換関係を崩壊させるものを見つけることができたのだ。プライドの高さから、勝利への非合理な欲望に引きずられながら、制限なく贈与し続けて破滅した首長もいるのだ。この点で贈与は恐ろしい。資本主義の交換であろうと、贈与交換であろうと、相互扶助であろうと、他者とのいかなる相互の関係も破壊してしまう危険を常に隠しもっているからである。(20)

僕らは日常的に数多くの贈与を経験している。それはモースやレヴィ＝ストロースが指摘するような互酬的なものもあれば、平川やグレーバーが言うような互酬的でないものもある。それでは、僕らの人生経験での最初の贈与はどういうものだろうか。それは、母親による授乳という贈与である。幼児は母から乳を受け取ることで最初の贈与を経験するのだ。この贈与の影響は単に栄養補給の次元にとどまらない、精神の次元でも大きな影響を及ぼしている。フロイトはここから幼児に口唇の性欲が生じる事実を発見したし、成年になっても口唇の欲望の強い人は精神的に幼児期に退行しているとも述べている。[21] メラニー・クラインは空腹を満たす良い乳房と空腹のままの悪い乳房の分裂を考え、母乳の贈与が幼児の後年の人格形成に大きな影響を与えていることを示している。[22] 精神分析が明らかにしてくれたのは、母乳の贈与が幼児の生命を維持させるだけではなく、精神的にポジティブな影響とネガティブな影響をともにもたらすという事実である。贈与は幼児の成長の糧を与えてくれるとともに、心の病の原因になる危ない可能性もはらんでいるのだ。そして、母乳の贈与は一方的なものであり、お返しとは無縁である。これは哺乳動物全般に言えることである。この贈与は本能的なものであり、他者との関係の根本に位置するが、交換による社会的関係以前のものである。

これはナタリー・サルトゥー＝ラジュが言うような、借りの論理とは異なる。『借りの哲学』は、親に育ててもらって生じた借りを、自分の子に同じことをして〈返し〉たり、社会に貢献して〈返し〉たりすることと主張している。つまり、親からの贈与による借りを、親に返すのではなく、自分の子や社会に〈返す〉ことで解消すべきということである。

しかし、母乳の贈与は、貸し借りの自覚以前の本能的なものではないだろうか。この贈与は受け取った幼児が意識しようとしまいと、すでに幼児のなかにインプットされたものなのではないだろうか。こういった一方的な贈与が親から子へ幾世代にもわたって続いているのだ。贈与と返礼、貸し借りの関係に先立つところで、この贈与は生起しているのであり、そして、一方的に受け継がれているのである。

生、死、種の保存といった生物の根本にかかわると、贈与は一方的なものになってしまう。贈与は根源的なものになればなるほど、純粋なものになってしまうのだ。返礼、交換、互酬性に還元されえないものが、僕らの贈与の感覚には残っているし、僕らにインプットされている贈与の本能も交換などに回収されないものを提示している。哲学者たちがそれぞれの仕方で返礼なき贈与を思索したのも、根源に近い贈与を思索しようとしたからではないだろうか。バタイユによる太陽の贈与の考えであれ、デリダによる現前しない贈与であれ、マリオンによる与えであれ、これらの贈与は返礼なしでしか生じえない。交換の社会性に先行する贈与、あるいはこの社会性の根本にある贈与は、その根源との近さゆえに、一方的にしか生起しえないのである。しかも、この贈与があるからこそ、他の諸々の贈与も交換も生じうるのである。スパナの贈与や母乳の贈与がなければ、贈与交換も資本主義の交換も成立しえないのだ。もちろん、交換が崩壊する危険もこれらの贈与にははらまれている。しかし、だからこそ、僕らは根源に近い贈与を考えていかざるをえないのだ。

贈与の未来

現代において贈与についての関心は高まっている。それは、モースが二〇世紀初頭ですでに予見したように、あらゆるものを商品化して交換の対象にする資本主義経済が行き過ぎてしまったことの反省からである。人間は「経済的動物」ではないのだ。そのため本書でも取り扱った思想家はもちろんのこと、実に多くの人たちが贈与の可能性について考えてきたのだ。さすがにそこからひとつの結論を導き出すのはむつかしいが、僕らは各思想家の考えを引き継ぎながら二つの方向性を導き出した。ひとつは、人間中心とはなりえない贈与の可能性である。もうひとつは、贈与と返礼、貸しと借りとは異なるかたちでの贈与の可能性である。こういった可能性を考慮に入れながら、僕らは贈与の概念を問い直し続ける必要があるだろう。

たしかに、贈与は人と人を繋ぐものである。人はそれによって多くの慣習や交易を生み出してきた。貨幣による交換や物々交換より前に贈与交換が存在していたというモースの考えを受け入れるのなら、贈与は文明の基礎とも言える。しかしまた、人間と動物のあいだにも、動物と動物のあいだにも贈与が認められる。だから、人間、動物、自然を贈与の視点から再び捉え直さなければならないだろう。

また、互酬的な贈与、贈与交換は社会的な慣習において重要な役割を果たしている。チンパンジーの毛づくろい、マオリの贈与交換、ポトラッチ、部族間での女性の贈与、バレンタインデーとホワイトデー、冠婚葬祭での贈与と返礼、等々。

それとともに、返礼を伴わない贈与もいくつも見られる。動物の食物分配、宗教的な慈善活動、募金などの福祉活動、途上国への無償援助などなど。さらには、現代社会が必要としている臓器移植の法システムやボランティアの制度、それから将来導入が期待されるベーシック・インカムも、形式的には返礼なき贈与のかたちをとっている。社会制度に組み込まれたものとしての返礼なき贈与は、これからさらに広がっていくだろう。

商取引としての交換、互酬的な贈与交換、返礼なき贈与は、これからの世の中で、ひとつに還元されることなく、お互いに関係をもちながら、それぞれの役割を果たしていくことになる。これらの多様な交換と贈与の現象を、僕らは交換、贈与と返礼、貸しと借りといった解釈の次元にとどまらず、もっと根本から考えていくべきである。そしてその根本は、動物や人間の動物性とも深くかかわっており、人間と動物の関係の問い直しにもつながってくるのだ。

そこにこそ、贈与の来るべき本質が見えてくるのではないだろうか。

そして、こういった現状を踏まえながら、さらに一歩踏み込んで贈与の未来について考えていくには、資本主義との関係について触れざるをえないだろう。

本書のサブタイトルは「資本主義を突き抜けるための哲学」であるが、突き抜けることなど果たしてできるのだろうか。現代の資本主義が経済のみならず政治・社会・文化などに張りめぐらしている網状のシステムは想像以上に複雑であり、そう簡単に打破できるものではない。打破しようとしても、よほど周到に準備しないと簡単にからめとられてしまう。だから、やみくもに資本主義の交換様式に贈与交換や返礼なき贈与を対抗させて取って代わらせようとしても、いたずらに混乱を引き起こすだけだろう。突然、贈与革命なるものが起き、僕らが贈与交換か返礼なき贈与のみで暮らさなければならない場合を考えてみれば、その混乱もたやすく理解できるだろう。あるいは、贈与革命も資本主義のさらなる展開に協力し、贈与交換も返礼なき贈与も効率よく資本主義を支える要素として組み込まれてしまうかもしれない。そうなると、資本主義の交換、贈与交換、返礼なき贈与の共存をうたっても、勝ち誇るのは資本主義だけということになってしまう。しかも、仮に贈与革命が成功したとしても、資本主義を突き抜けた先に待ち構えているのは何であろうか。モースの構想した穏健な社会主義の世界なのか、マルクスやレーニンの共産主義社会なのか、あるいは自由を標榜するアナキズムの超理想社会なのか。それはユートピアなのか、ディストピアなのか。過去の革命がもたらした歴史のページを繰ってみると、資本主義を突き抜けることなど幻想の類としか思えないだろう。

しかし、資本主義が圧倒的な力で僕らを支配するなかで、資本主義を突き抜けようとする試みは、決して無駄ではない。というのも、資本主義のなかには、資本主義に抵抗するものや資本主義を超え出るものが存在しているからである。それらは資本主義の仕組みのなかにうまく収まっておりそれに貢献すらしているものであるが、よく見ると少し異質で両義的な表情をしている。

グレーバーが言っていたことを思い出そう。企業内であるプロジェクトを立ち上げて効率よく仕事をするためなら、職場がエクソン・モービル、バーガー・キング、ゴールドマン・サックスのような資本主義の権化のような会社であっても、ある社員が別の社員に必要から何かを求めても、求められたものを与えた者はお返しなど求めない。そこには商取引の交換もなければ、贈与交換もない。あるのはただの贈与である。返礼なき贈与による相互扶助を、グレーバーはコミュニズム的と呼んでいるが、皮肉なことに、資本主義の経済を支えているのが、このコミュニズムなのである。そうであるならば、この贈与の人間関係を利潤の追求という資本主義の目的から解放したらどうだろうか。このコミュニズムを利潤の追求とは異なる目的をもたせたらどうだろうか。かつて宗教、国家、政党はこういったコミュニズムを利用してきたのだから、現代でも決して不可能ではない。そして、この基盤としてのコミュニズムを増大させていけば、現在の資本主義も少しずつ変質していくのではないだろうか。

また、所有と利潤の追求を目的とする資本主義は、バタイユの主張するような「消費のための消費」を無視してきた。彼が挙げた「賭け」や「供犠」や「贈与」の例を考えてみると、これらも現代社会では資本主義に抵抗するものというよりは、きれいにそこに収まっているものという印象のほうが強い。もちろん賭博で無駄にお金を消費し破滅する者もいるし、賭博中毒に陥る者も存在している。しかし、多くの国でカジノが合法化されているし、そこからの収益を財源にしている団体や国家もある。また、現代の資本主義の中核を担っている、株式や金融商品は賭博としての性格を併せ持つことも否めないだろう。それから供犠に関しては、華々しい儀式は信者にとっては敬虔な信仰の対象であるが、宗教団体にとっては集金のための手段でもある。教団が聖なる世界を保つために、資本主義の外にいるというのは幻想であり、十分にその経済の恩恵を享受している。贈与に関しては、ポトラッチの現代版ともいうべき「マーシャル・プラン」は、第二次大戦で疲弊したヨーロッパに一方的に富を贈与するものであったが、これも復興したヨーロッパにアメリカ製品を買わせるのが目的であり、純粋な消費とは異なっている。このように、「賭け」、「供犠」や「贈与」は資本主義のなかにすでに取り込まれており、現代の社会ではそこから経済的な利益を引き出すための装置に変わってしまっている。しかし、もう一度バタイユ的な視点から「賭け」や「供犠」や「贈与」を見つめ直したらどうだろうか。現在、資本主義のなかで場所を得ているそれらとは違った姿を見せるのではないだろうか。人間の無意識との関係から考えていけば、賭博の欲望には自己の破滅へと誘う危険な願望が見て取れるし、供犠の根本には残酷な暴力性が潜んでいるのがわかる。第6章で見たように、マーシャル・プランの決断のなかにも「消費のための消費」の狂気が読み取れるだろう。所有と利潤の追求とは違った面が、バタイユの読みからは浮かび上がってくるのだ。この解釈をさらに徹底していけば、資本主義の変容を徐々に準備できるのではないだろうか。

グレーバーのコミュニズムとバタイユの「消費のための消費」という二つの例は、資本主義の体制のなかで場所をもちながら両義的な面をもつものの存在を暴いてくれる。しかも、ふだん僕らはその両義性に気づいてはいない。資本主義に都合のいいものの見方にあまりに慣らされてきたからである。両義的なものは他にも多々あるだろう。これらの両義性に注目し、忘却から救い出し、それに基づいた解釈や実践を展開していくならば、僕らは資本主義を変質させ、違ったかたちにもっていくこともできるのではないだろうか。

そのとき、来るべき世紀は贈与の思想から始まることになるだろう。

補章
『借りの哲学』補完計画

はじめに

近年、贈与論が流行っている。

その流れをさしあたり思いつくがままに挙げてみる。

ひとつには、資本主義、市場を支配する等価交換の原理、利潤追求の功利主義を批判し、モースの『贈与論』を再評価しながら、贈与を政治、経済、共同体の新たな原理として考えていこうとする動きがある。フランスの社会学者、アラン・カイエが率いる思想運動「社会学における反功利主義運動」（略称ＭＡＵＳＳ）の活動がその中心と言えるだろう。

次に、哲学の分野でも、ハイデッガーの「存在の贈与」の発想の影響のもとで、デリダ、レヴィナス、マリオンといった現代フランスの哲学者たちがそれぞれのやりかたで贈与について論を展開している。その中でも特にマリオンは、贈与の問題系を重視し、「与え（donation）」という概念を自分の哲学の基盤に据えて、「何かが存在する」という「存在論」から「何かが与えられている」という「贈与論」への転換をはかっている。

さらに、東日本大震災と原発事故のあと、自然の贈与を見直す動きがある。中沢新一が指摘するように、原子力は石炭や石油のような生態系に依拠したエネルギー源とは違い、人類が発明した「人工太陽」のようなエネルギー源であり、太陽からのエネルギーの贈与は必要とされない。震災が気づかせてくれたのは、自然や太陽の贈与という次元である。「グリーン・アクティブ」の活動や「どんぐりと民主主義」の運動もその影響にあると言えるだろう。

こういった大きな流れのもとで、昨今、贈与を主題としてとりあげる著書や論文が増えている。このような状況の中で、贈与を「借り」という概念を使って問い直そうとしているのが、ナタリー・サルトゥー＝ラジュの『借りの哲学』だろう。従来、借り（dette）は負債のニュアンスが強くネガティブな意味のタームであった。借金なる言葉が示すように、人に借りを作るのはよくないことだと思われてきたし、またニーチェの言うように、精神の上で負債を背負うことからルサンチマン（怨恨）が生じたりもする。こういったネガティブな烙印を押された概念を再検討し、むしろポジティブな意味を担わせていこうとするのが、彼女の野心である。借りは経済においてだけではなく、社会における人間関係や家族関係においても生じる。人は他者との関係を生きている限り、借りなしには生きることはできない。その借りを恩義を受けた相手や、あるいは社会の別の誰か、あるいは次世代の者たちに「返して」いくことが重要なのだ。こういった視座から、彼女は等価交換に立脚した資本主義経済、それから借りのない自由を標榜する新自由主義を批判している。この点で『借りの哲学』は、カイエのＭＡＵＳＳの運動とも共鳴しあっているし、経済中心的な人間関係を超えたコミュニケーションと共同体について新しい考えを切り開いていくものと言えるだろう。

『ａｔプラス』二〇号は「借りの哲学」の特集であり、寄稿者はサルトゥー＝ラジュのみならず、教育学専門の矢野智司と哲学者の宮崎裕助がおり、「借り」の問題提起を「教育」や「哲学」の分野にまで広げて考えていこうとする試みであった。しかしながら、矢野も宮崎も多くの点で『借りの哲学』に批判的である。本章では彼らの不満のいくつかを踏まえ、どうしたら「借りの哲学」がひとつの哲学的可能性をもちうるのかを考えていきたい。これは別に『借りの哲学』を否定する試みではない。むしろ『借りの哲学』の立論を補いながら、借りの可能性について掘り下げていくのが僕の狙いである。

純粋贈与と贈与の出来事

寄稿している二人は「借りの哲学」の問題提起を認めつつも、根本的に批判的である。矢野と宮崎の不満に共通しているのは、サルトゥー＝ラジュの借りの論理が贈与を贈与交換としてとらえ、交換に還元できない贈与、あるいは純粋贈与と呼ばれるものを捨象している点にある。漱石や賢治にも通じている教育学者の矢野智司は、教育を贈与というユニークな視点から捉え直している。

彼は国民教育なるものが「先祖への借り」に依拠していることを指摘し、こう述べている。「「この私の命」「この私の土地」は、私が自分の力で作りだしたものでも獲得されたものでもない。これらはすべて先祖から与えられたものなのだから、私たちはすでにいつも、犠牲となった先祖にたいして大きな借りがある。そして、いつかこの借りを返さなくてはいけない。そのため祖国を防衛する事態が生じたときには、自らの命をも差し出さねばならない」（矢野智司「負債の教育と贈与の教育」『ａｔプラス』二〇号、二〇一四年五月、一〇頁）。国民国家の物語は、建国のために身を捧げた英雄や祖国を守るために犠牲になった戦士たちからの贈与の物語であり、国民教育はこの贈与による負い目を国民に植え付け、その借りを返すように促すのだ。この点、サルトゥー＝ラジュの立論には国家についての分析が欠けていると矢野は鋭く指摘している。実際、『借りの哲学』では共同体、社会、家族についてはよく言及がなされているが、国家との関係は触れられていない。こういった国民教育に対して、矢野はもうひとつの教育を語る。それは「純粋贈与」としての教育、つまり、いっさいの見返りを求めない教育である。誰かから無償で贈与された喜びから、人はまた新たに別の人に贈与する。これは、負い目からの返礼でもお返しのような交換でもない。ただただ喜びから贈与していくことである。これを矢野は「贈与のリレー」と呼ぶ。もちろん、現実の教育には多くの贈与交換が見られ、一見すると「純粋贈与」は幻想に思えるかもしれないが、「純粋贈与」の出来事こそが国民教育とは異なる教育の可能性を与えてくれる、と矢野は主張している。ただ、『借りの哲学』も、贈与を受けた者は別の者に贈与を与えることで借りを返すと考えており、例えばある世代の者は次の世代の者に贈与し、次の世代の者はまたさらに次の世代の者に贈与し、「返礼を求めない贈与」も受け継がれていくと考えている（ナタリー・サルトゥー＝ラジュ『借りの哲学』高野優監訳、小林重裕訳、太田出版、二〇一四年、二二頁）。こういった一種の借りのリレーは、矢野の主張する「贈与のリレー」に近いようにも見える。しかしながら、純粋贈与なるものと「借りを返す」という考えが一致するためには、借りの概念をもっと根本的に変更する手続きが必要なのではないだろうか。「借り」を負い目や負債から引き離す点において、サルトゥー＝ラジュは従来の「借り」の概念を修正してはいるのだが、「純粋贈与」の「純粋」と折り合いをつけるには、まだ何かが欠けているのではないだろうか。

カントの『判断力批判』についての著書をもち、デリダについて数々のすぐれた論文を発表している宮﨑裕助もまた『借りの哲学』に関していくつもの不満を記している。それは一言で言えば、サルトゥー＝ラジュが贈与についての問題系をあまりにラフに扱っているからであるが、その根本においては宮﨑が考えている「贈与」が彼女の「借り」の概念では説明しきれないからである。宮﨑はサルトゥー＝ラジュが「借り」の概念をモースの「贈与交換」の体系に即して理解するのとは異なり、「「贈与」が交換の体系に根本的に回収できない剰余を孕む」（宮﨑裕助「「借りの礼讃」と贈与の出来事」『ａｔプラス』二〇号、二六頁）ことを主張し、そのことを贈与についてのデリダの思想を例にとりながら説明している。さらには、デリダのテクストのなかの「赦し」や「法」の問題に即しつつ、次のように述べている。「贈与とは、誰の、誰に対する贈与であるかが失効してしまうほどサプライズ（予期不可能性）を伴う出来事として生ずるのだ」（宮﨑、二八頁）。贈与が生じているときには、それは誰も気がつかず認識もできないのであり、その効果が事後的に認識されるだけなのだ。宮﨑は、「赦し」をめぐる法的概念が思わぬかたちで国家の主権を拘束している事例を挙げている。贈与の効果はサプライズなのだ。こういった贈与の出来事をどう考えていくべきであろうか。少なくとも、誰かから受けた借りをその人に返すとか、別の人に「返す」という素朴な「贈与交換－借り」論では、こういった贈与は説明できないだろう。

それでは、矢野の語る「純粋贈与」、宮﨑の主張する「贈与の出来事」を視野に入れて、「借り」の概念を練り上げるにはどうしたらいいだろうか。『借りの哲学』には何が必要なのだろうか。

補完その一　システムを可能にするもの

『借りの哲学』のなかで僕がいちばん興味を惹かれるのは、「「返礼を求めないものとする哲学的な捉え方」（ハイデガー、レヴィナス、デリダ、マリオンなど）」と「「返礼を求めるものとする社会学的な捉え方」（モースにおける《贈与交換》）」（サルトゥー＝ラジュ、一一頁）の対立が、「借り」の概念を導入することによって解決する、とサルトゥー＝ラジュが主張している点である。従来の贈与の考え方を「借り」というファクターとともに解釈し直すと、この対立はなくなるというのだ。それはなぜかと言うと、「《贈与》したほうが返礼を求めようが、求めまいが、《贈与》されたほうには《借り》が生じる」（サルトゥー＝ラジュ、二〇頁）からである。贈与が行われれば、贈り物を受け取った人は必ず「借り」ができる。その場合、贈り手に何かを返せば「借り」は解消する。「無償の贈与」の場合でも、受け手は返礼を行いはしないが、別の人に贈与することによって「借り」を解消する。親子関係では、子供は親からいろいろなものを与えられて借りをつくるが、自分の子供に与えることで借りを解消するのだ。このように贈与の連鎖が借りをベースにして続いていくのである。

しかしながら、哲学者たちの考える「贈与」と社会学者たちの考察する「贈与」を同じ平面に並べて論じていいのだろうか。これらの哲学者が贈与について考えるとき問題となっているのは、僕らが通常贈与と呼ぶ経験に先立つような次元での贈与である。例えば、ハイデッガーが「存在の贈与」について語るとき、この贈与は存在者の次元の贈与ではない。僕らがふつう贈与と呼ぶ出来事、プレゼントを贈ったり、チャリティで寄付したりするような贈与は、存在者の次元の贈与なのだ。つまり、「存在している」「私」は「存在している」誰かに、「存在している」贈り物を贈るのであり、「存在」そのものを贈るわけではない。

それに対し、「存在の贈与」はこういった経験を成り立たせるような贈与、存在者を存在せしめるような贈与にほかならない。言い換えると、社会学をふくめて経験諸科学が論じるいかなる贈与も、ハイデッガーの視点に立つならば、この根源的な贈与なしには生じえないと言えるだろう(1)。そう考えると、哲学的贈与論と社会学者の贈与交換論の対立――そもそも対立など存在しているのだろうか――は、本当に解消されているのだろうか。

サルトゥー＝ラジュは「借り」の概念を肯定的にとらえれば解決できると考えるが、どうであろうか。彼女は、「自分には《借り》がある」と思うことから出発しなければならないと説く。子供は親に育ててもらって借りがあるという自覚をもったとき、自分の子供に対して同じようにさまざまなものを与えて育て、そのことで親からの借りの返すことができる。あるいは、臓器の提供を受けた者は、ドナーからの借りを意識することで、社会に対して何かを返そうという気になる。人間は他人と接していれば何らかの借りがある。その借りを自覚して返していくことからの人間関係が大切なのだ。

このようにサルトゥー＝ラジュが考える「借り」は、意識し自覚できる次元のものである。たとえ最初は意識していなくても最後には意識し自覚し「返す」ことのできるものにほかならない。そうすると、「借りの哲学」は、一時代前の「意識と主体の哲学」と同じ次元の哲学なのではないだろうか。自覚された「借り」を念頭に「返す」ことを選択し行動すべきという彼女の発想は、サルトル的な主体の発想の焼き直しなのではないだろうか。僕らはよくも悪くも「借り」というかたちで社会（共同体や家族）に拘束されているが、そうであるからこそ「借り」を「返す」という社会選択をしなければならないといった具合に。

サルトゥー＝ラジュの素朴な発想は、モース解釈にも反映している。彼女はマルセル・モースの『贈与論』を高く評価しており、「借り」の考えをベースにしながら、「贈与交換」を取り入れた社会をつくることが、彼女の理想なのだ。よく知られていることだが、モースは市場の確立や貨幣の使用に先立つものとして「贈与交換のシステム」を考えていた。この考えを援用しながら、サルトゥー＝ラジュは、市場経済のベースになっている「等価交換のシステム」ではなく、「贈与交換のシステム」を社会の基盤に据えようとしている。ただその場合、モースの理論そのものではなく、借りをベースにして修正された「「贈与交換－借り」のシステム」（サルトゥー＝ラジュ、六一頁）が、彼女があらたに提案するものなのだ。このシステムの内実をつめていくことが彼女の今後の課題のひとつになるだろうが、僕がサルトゥー＝ラジュの立論へ抱く疑問点がここにある。『借りの哲学』には、このシステムを可能にしているもの、このシステムを成立させているものについての問いがまったく欠けているのである。哲学史を紐解けば、哲学なるものが諸々の知や諸々の学を基礎づけたり、それらの可能性の条件を探求したり、といった作業が多々見つかるだろう。形而上学をアポリアに追い込んだりその概念を破産させたりする脱構築の哲学すら、今述べた前提とは切り離せない。ところが、サルトゥー＝ラジュは新たなシステムというモデルの提案のみを行っており、それを可能にするものについていっさい考えていない。ここに僕は、彼女の哲学の哲学としてのありかたに大きな違和感を覚える。

サルトゥー＝ラジュは指摘していないが、モースの『贈与論』のなかには「贈与交換」のシステムを可能にするものの発想が含まれている。モースは「贈り物の循環を強制するような力」、「贈り物を与え、お返しをさせる力」[2]の存在を認めている。これはいくつもの未開部族の闘争的贈与交換（ポトラッチ）を分析した結果である。彼らにとっては、そこに精霊の力があるのだ。また、ポトラッチに限定されず、贈与交換を引き起こすものとして「物に宿る霊」の存在がある。マオリ族であるならば、それはハウと呼ばれる。[3]この発想をどう考えるべきだろうか。

もちろんこれは未開部族の人たちの呪術的な側面とも言えるし、レヴィ＝ストロースのように未開の人の言葉にとどまらずに構造化し普遍化してとらえるべきだという主張も可能だろう。ただ、ここで重要なのは、何かを引き起こす、可能にするという発想である。何がシステムを作動させているのだろうか、なぜシステムは機能しているのだろうか、という問いである。もちろん、モースの思想は哲学ではない。だが、サルトゥー＝ラジュの発想に根本的に欠落しているものを補う第一歩はそこにあるのではないだろうか。

だから、「贈与交換－借り」をベースにシステムを構築していくのなら、「借り」の概念を主体の自覚と選択の次元にとどめず、「無意識」のレヴェルにまで刻印されている「贈与交換−借り」のシステムを記述することがまず必要だろう。つまり、「私」の意識や意図を超えて支配する「贈与交換−借り」のシステムが問題なのだ。彼女自身フロイトのメランコリーやエディプス・コンプレックスについて言及し、ラカンの「象徴界」や「想像界」について独自の解釈をしており、「生まれながらの借り」の例として言語や社会規範を挙げている（サルトゥー＝ラジュ、一三一頁）から、こういった作業は不可能ではないだろう。そしてそれを踏まえた上で、システムの記述にとどまらず、システムを可能にするものを考えていくべきではないだろうか。このシステムを可能にする根本のところに「贈与」と「借り」の織りなす運動、システムを生成する運動を考えてはどうだろうか。そう考えていけば、「借り」はもう主体の自覚や選択の次元にはない。それは例えば超越論的なもの、さらには超越論的なものと経験的なものの対立に先行するものとして、今までとは異なる姿を示すだろう。矢野が「贈与のリレー」において語る「純粋贈与」の「純粋」も、宮崎が事後的にその効果のみ認識できると指摘する「贈与の出来事」もこの次元も考慮にいれないと、説明しにくいのではないだろうか。可能にするものの問い、あるいは可能性の条件の問いが欠けているから、サルトゥー＝ラジュは哲学的贈与論と社会学の贈与論を同一平面に並べてしまっているのではないだろうか。(4)

ハイデッガー、レヴィナス、デリダ、マリオンという、名前の挙がっている四人の哲学者のうち、サルトゥー＝ラジュが唯一論じている哲学者は、レヴィナスである。彼女はレヴィナスの他者の倫理を評価しつつも、彼が主張する「他者に対する責任」と自分の考える「生まれながらの借り」との違いを明確に示している。

彼女によれば、レヴィナスの場合、人は生まれながらにして他者に責任を負っており、生きることはその責任を果たすことなのである。だから、この責任を果たすために、人は他者に対して自己を贈与するのだ。責任は、他者に対して一方的に負っているものであり、責任を果たすことは見返りを期待しない純粋な贈与なのである（サルトゥー＝ラジュ、一三四―一三五頁）。

これに対して「生まれながらの借り」の場合は、一方的ではない。子は親に育ててもらった恩を、老後の面倒というかたちで返せば、相互的である。また、この借りを、誰か違った人に何かを贈与することで「返す」場合もある。あるいは、この贈与がめぐりめぐって自分に「返って」くることもある（サルトゥー＝ラジュ、一三七頁）。この対比を通して、サルトゥー＝ラジュはレヴィナスの「贈与」よりも自分の「借り」の重要性を強調していく。

「借り」がレヴィナスの「贈与」よりも優位に立つ概念であるかどうかはここでは問わないでおこう。ただ、レヴィナスの贈与の例として彼女が挙げているものは、主体の選択や決断のレヴェルのそれなのである。責任を果たすために、主体は他者に自分を贈与するということなのだ。もちろん、多少ラフなところもあるが、彼女の解釈は間違ってはいない。しかしながら、レヴィナスの倫理に関して、一番肝心なところが抜け落ちているように思える。つまり、どうして「私」は他者に自己を贈与するのだろうか、なぜ他者への責任が生じるのだろうか、という問いである。レヴィナスによれば、それは他者が「私」に呼びかけるからである。他者——レヴィナスの用語に従えば、他者の顔——が、「私」に命令し、「私」が応答するからである。彼はこう述べている。

私は〔他者の〕顔を前にして（あるいは顔に向けて）応答する〔…〕と同時に、顔に対して責任を負うているのだ。(5)

レヴィナスはフランス語の répondre à（応答する）と répondre de（責任をとる）の言葉の連関をうまく使い、応答と責任を結びつけている。人は他者に応答することで何かを肯定的に返しており、そのことは責任に繋がるというわけである。しかも、この応答——返答といったほうが適当かもしれない——は無条件なものであり、「無制約な〈諾《ウィ》〉」(6)である。これは、「私」の選択以前の応答、諾か否かに先立つ〈諾《ウィ》〉である。この応答は、「私」が望もうと望むまいと、意識しようとしまいと、すでに生起している。だから、この根源的な応答に対する主体の関係をレヴィナスは「あらゆる受動性に先立つ受動性」(7)と言っている。そして、この無条件の応答を通してのみ、他者への責任をもった主体が確立されるのだ。応答は主体の成立のための条件にほかならない。

サルトゥー＝ラジュも主体の自己確立について語っているが、レヴィナスの考えるような根源的な応答はそこにはない。彼女によれば、人は借りがあっても、それを返すことによって自己確立する。借りと返すことは自己が成立するための必要条件なのだ。彼女はこう説明している。「《借り》があるということは、自分には足りないものがあって、それを誰かに与えてもらって、その欠如＝欲望を満たしたということである。その結果、今度は自分が与える側になって、最初に与えてもらった《借り》を返す。それが「自分自身になる」――自己を確立することなのである」（サルトゥー＝ラジュ、二一〇頁）。ただ、ここで語られている自己確立も選択の論理のうえに成立している。他者への応答という返しが主体の意志や選択に先立っているのに対し、借りを返すことでの自己確立は、主体がそれを選ぶかどうかにかかっているのである。

サルトゥー＝ラジュの借りの論理が乱暴に見えてくるのは、レヴィナスが丹念に語っている根源的な応答を無視して、自分を他者に捧げる自己贈与のみを強調しているからである。彼女に必要なのは、主体の成立以前の応答をふくめて借りの概念を練り上げることではないだろうか。他者の命令とその応答は、まさに他者の贈与、借り、返しの構造そのものなのだ。違いは、主体の成立以前か以後かである。もちろんレヴィナスはこの根源的な応答を贈与への応答というかたちでは語っていない。『存在の彼方へ』で語られる「贈与」は、自分を他人に贈与するという贈与である。しかしながら、主体を成立させる応答の考えを、贈与や借りの概念を使って説明することは可能ではないだろうか。

レヴィナスの応答の考えを継承しながら、この考えを贈与の論理によって練り上げていったのが、ジャン＝リュック・マリオンである。この現象学者はフッサール、ハイデッガー、レヴィナス、アンリ、デリダを批判的に摂取しながら、独自の贈与論を展開している。彼によれば、自己は知を構成したり行動したりする能動的な存在である以前に、呼びかけ——他者の呼びかけでも神の呼びかけでもいい——を受け取る存在なのだ。だから自己は、デカルトをはじめとする近代の哲学者が考えたような出発点としての「私」ではない。「私」である以前に何かを受け取る者なのである。こういった考えを前提にして、マリオンは自己をまず、受け取ることに身を捧げる存在と定義し、さらに踏み込んで、「与えられるものから自己を受け取る」[8]とまで言う。つまり、呼びかけの贈与を受け取ることで、自己の同一性が確立するのである。根源的な贈与なくしては、自己は成立しない。自己同一性は贈与の産物とも言えるだろう。マリオンはレヴィナスの応答の考えを贈与という考えによって問い直しているわけである。[9]

こういった呼びかけ、その贈与と応答の考えは、借りの論理によっても説明できるかもしれない。ただ、『借りの哲学』が主体の自覚と選択のレヴェルにとどまっている限り、それは無理だろう。それが可能になるのは、「贈与－借り－返す」の構造が、主体、自己、「私」の同一性成立以前にかかわる必要があるだろう。

そして、こういった「贈与－借り－返す」を考えることが、矢野や宮崎の不満に答えるひとつになるように思われる。矢野は「純粋贈与」を現前しないものとしてとらえようとしていたし、宮崎は「贈与の出来事」を事後的にその効果しか認識できないものと考えていた。こういった贈与は「私」が意識する「以前の」ものであるとともに、「私」の成立にも深くかかわっているからである。

主体の選択に先立つ根源的な受動性においてこそ、「贈与－借り」の思想の可能性が開けていくのではないだろうか。

補完その三　贈与のスカトロジー

『借りの哲学』は「借り」のネガティブな面を無視しているわけではない。経済における負債やニーチェの負い目についても目を配りながら論を展開しているし、「《借り》が個人を共同体や、共同体の成員であるほかの人々に縛りつける」（サルトゥー＝ラジュ、二〇七頁）面についてもきちんと言及している。そういった借りの負の面をコントロールしたうえで、借りに立脚した社会をつくろうというのが、サルトゥー＝ラジュの主張である。ただ少し気になるのは、贈与それ自体がもつネガティブな面について彼女が論じていない点である。

彼女の借りの理論が大幅に依拠しているのがモースの『贈与論』であることをすでに指摘したが、この『贈与論』を彼女とは違ったかたちで解釈しているのが、バタイユである。彼は贈与交換のなかで特にポトラッチに関心をもち、これを中心に贈与を考えていく。ポトラッチとは、ある部族の首長が相手の部族の首長に自分の名誉のため贈り物をすると受け取った首長は屈辱をそそぐためにより多くの富を返すという闘争的贈与交換のことを指すが、この交換は自分の所有物を破壊することによっても行われる。ある首長が奴隷を数人殺したら、ライバルの首長はより多くの奴隷を殺してお返しをした。また、シベリアのある部族は自分たちにとって貴重な橇犬を殺して他の部族にその力を誇示し、辱められた部族もそれ以上の犠牲を殺してお返しをした。ポトラッチとはこのように破壊的なものなのである。「消費の観念」という論文で、バタイユは次のように書いている。

贈与は損失と考えなければならない。したがって部分的な破壊と考えなければならない。というのも、破壊したいという欲望を、部分的に受取人に振り向けるからである。精神分析が描く無意識の形態においては、贈与は排泄を象徴しており、排泄はそれ自身、肛門エロティシズムとサディズムとの根深い関連に応じて死と結びついている。[10]

これはどういうことだろうか。贈与とは、高価で大事なものを糞のような無価値なものに変えてしまうということを、意味しているのではないだろうか。この点で贈与は破壊的である。お腹のなかに貯め込んでいた貴重な〝財産〟を排泄によって糞に変えるのと同じだからである。そこには、フロイトの言うような、破壊の快楽と結びついた肛門のサディズムが介在する。[11]バタイユは次のような例を挙げている。「北西部沿岸でとりわけ贈物の対象となる、紋章つき銅塊の排泄象徴は、たいへん内容が豊かな神話に基づいている。メラネシアでは、贈与する者は絢爛たる進物を選定して、競争相手の首長の足許に己の廃棄物のごとく置き捨てるのである[12]」。贈与とはすぐれてスカトロジックなものなのだ。しかも、これは単にポトラッチだけに言えることではない。贈与というものが、自分の所有しているものが失われ、自分にとって無関係な価値のないものに変わる限り、そこにはスカトロジーの破壊的な快楽が常に伴うと言えるだろう。贈り手にとって、贈与物はどんなにすばらしい富であれ最終的には糞であり破壊されたものなのである。もちろん、純粋な愛情から相手のためを思い、相手の役に立つ素晴らしい贈り物をすることはできるだろう。しかし、この場合ですら、たとえ贈与する者に意識されなくても、この破壊性は拭い去れない。これは特に「毒の贈与」と呼ばれるものに典型的に見られる。例えば、相手のために善意の気持ちからお金を与えたことが、逆に相手を甘やかして破滅をもたらしてしまうことがある。その場合もちろん責任は相手にあるのだが、贈与する者の「無意識」に潜む悪意をそこに読み取ることも可能だろう。ここに贈与のもつ密かな「破壊性」、「攻撃性」があるのだ。

この破壊性はさらにエスカレートして贈与交換それ自身の破壊の可能性と結びついている。『贈与論』の一節を引用しながら、バタイユはさらにこう述べている。

「理想的なのは、ポトラッチを与えてお返しを受け取らないことだろう」と、モースは指摘している。この理想は、慣習に可能な対応物が見いだせないある種の破壊により実現される。(13)

相手が返せないくらいの法外な富を消費して、ポトラッチに勝つのが各首長の理想だろう。あるいは損失が莫大すぎて、名誉は得るものの自己破滅のケースもあるだろう。もちろん、理想と現実は違う。現実には贈与交換は行われ続ける。ただここでバタイユが見抜いているのは、ポトラッチのシステムにはそれを破壊する危険が必ず伴われているということである。この贈与交換のシステムには、システム自身を不可能にする可能性が常にインプットされているのだ。そして、システムの破壊が何らかのときに、生じるかもしれない。贈与交換とは不可能と背中合わせのものと言えるだろう。

サルトゥー＝ラジュが「借り」をベースにしたシステムを考えるとき、贈与の破壊性とどう折り合いをつけるべきだろうか。インプットされた交換不可能という可能性をどう考えていったらいいのだろうか。「贈与交換－借り」のシステムも、システムを狂わせるある種の自己破壊の要因とともに考えていくべきではないだろうか。「贈与のスカトロジー」を考慮に入れることで、「交換に帰着しない贈与」の可能性が見えてくるように僕には思える。

おわりに

席巻するネオリベと増加するプレカリアート、資本主義経済の行き詰まりと終末の予感。そんななかで、モースの贈与交換の考えを広げていき、借りをベースにして人間関係を考えていこうとするサルトゥー＝ラジュの試みは大変魅力的である。特に興味深いのは、今まで否定的なニュアンスをもっていた借りの概念を練り直して肯定的な意味をもつようにしたことである。ただ、繰り返し指摘したように、この借りとそれを返すことは、主体の自覚と選択の次元にある。どうせ概念の意味を変えるなら、もっと徹底すべきだったのではないだろうか。そういった考えから、「贈与交換のシステムを可能にするもの」、「根源的な贈与と応答」、「システムを破壊する危険のある贈与のスカトロジー」によって、借りの概念を補うことで、借りの可能性は広がっていくと僕は思うのだが、どうだろうか。「補完計画」などという大それたタイトルを付けたけれど、むろんこれで完成などとは思っていない（こういう補いに関しては、そもそも完成などというのはあり得ないのかもしれない）。矢野や宮崎の問題提起を踏まえつつ、「借り」の概念をできる限り掘り下げていくのが、僕の狙いだからである。

たぶん『借りの哲学』の著者は、こういった「意味の徹底」に納得しないだろう。しかし、「借り」の概念が著者の所有物であることをやめたときにはじめて、「借り」の問題提起はより多くの人の議論の対象になるのではないだろうか。概念なるものは、著者にとって耐えがたいものによって補完されることによって、新しい可能性を生み出すのではないだろうか。

注

序章

(1) ボランティアやNPO団体の理念が贈与の論理によって支えられているのは確かであるが、それらがふつう僕らが抱きがちな「滅私奉公」や「自己犠牲」とは違う考えで動いているという事実には注意を向ける必要がある。少なくともそこに「純粋な贈与」を見る考えは避けるべきだろう。ボランティアに関しては、一九四五年から二〇〇〇年代までのボランティアの言説を分析した仁平典宏の労作、『「ボランティア」の誕生と終焉〈贈与のパラドックス〉の知識社会学』（名古屋大学出版会、二〇一一年）を、NPOに関しては、同情や自己犠牲のためではなく自分のキャリアを生かすためにNPOに就職した職員たちを取材した、中村安希『N女の研究』（フィルムアート社、二〇一六年）をそれぞれ参照のこと。

(2) 「臓器移植」と贈与の関係については、山崎吾郎『臓器移植の人類学　身体の贈与と情動の経済』（世界思想社、二〇一五年）を参照。また、近年話題になっているナタリー・サルトゥー゠ラジュの『借りの哲学』も、患者がドナーから臓器の贈与を受けるがドナーには何も返せない「臓器移植」の考えを応用しながら、ドナーからの借りを社会や他の人たちに〈返す〉べきであると主張している。「臓器移植」の贈与の論理も、哲学にひとつのモデルを提供していると言えるだろう（N. Sarthou-Lajus, *Éloge de la dette*, PUF, 2012）。

(3) 井上智洋は『人工知能と経済の未来』のなかで、ベーシック・インカムの世界を、バタイユの「普遍経済」に結びつけて、AIなどが産み出した過剰な富をどう消費していくかが重要になっているという、面白い指摘をしている（井上智洋『人工知能と経済の未来』文春新書、二〇一六年）。

(4) T. Piketty, *Le caital au XXIèm siècle*, Édition du Seuil, 2013, pp.52-53, p. 555.

(5) A. Caillé, *Critique de la raison utilitaire. Manifeste du MAUSS*, La Découverte, 2003, p. 156, *Anthropologie du don. Le tiers paradigme*, La Découverte, 2007, p. 106.

(6) S. Latouche, *Pour Sortir de la société de consommation*, Les Liens qui libèrent, 2010, pp. 76-77.

(7) 柄谷行人『世界史の構造』岩波書店、二〇一〇年。

（8）柄谷行人『憲法の無意識』岩波新書、二〇一六年、一一八―一三三頁。
（9）中沢新一『カイエ・ソバージュ』講談社、二〇一〇年。
（10）中沢新一『日本の大転換』集英社新書、二〇一一年。

第1章

（1）M. Mauss, *Essai sur le don*, PUF, Quadrige, 2012, p. 231.
（2）モースが贈与を贈与交換と定義することに、すべての思想家や研究者が納得しているわけではない。哲学者ナタリー・サルトゥー＝ラジュは、贈与に二つのモデルがあると言い、一方には、ハイデッガー、レヴィナス、デリダ、マリオンのように贈与をお返しのない純粋で無条件なものと考える哲学者のとらえかたがあり、もう一方には、モースのようにお返しを想定する社会科学で支配的なとらえかたがある、と整理している（Sarthou-Lajus, *op. cit.*, pp. 7-8）。この対立については、本書の叙述をたどっていけば、次第にあきらかになるだろう。終章「結論にかえて」では、僕なりの見解を述べている。
（3）Mauss, *op. cit.*, p. 62 et p. 63.
（4）*Ibid.*, p. 64.
（5）K. Marx, *Das Kapital : Kritik der politischen Ökonomie*, Nikol, 2011. 特に第一部「資本の生産過程」の第一編「商品と貨幣」の第一章「商品」（SS. 49-148）を参照のこと。
（6）Mauss, *op. cit.*, p. 65.
（7）*Ibid.*, pp. 133-134. しかし、『贈与論』におけるモースの考えは、定住社会を念頭においた説明であり、定住以前の狩猟採取社会にはあてはまらないという批判がある。アメリカの人類学者マーシャル・サーリンズは、未開社会の家族の経済に注目して、「共同寄託」をそこに見出している。大人たちが仕事をして産み出した成果を家族に提供し、老若男女問わず家族のみんなで分配して享受しているのだ（M. Sahlins, *Stone Age Economics*, Routledge, 1988）。この「共同寄託」とモースが主張する互酬との違いに注目した柄谷行人は、モースの贈与交換の考えは定住社会の発想であると主張する。定住し富の蓄積が可能になった社会で通用するものなのである。定住以前の狩猟採取社会では、互酬的な贈与交換はなく、「共同寄託」が存在したのだ。この社会を貫く価値観は「純粋贈与」なのだ、と柄谷は指摘している（柄谷行人『帝国の構造』青土社、二〇一四年、四一―四六頁）。経済の起源に「贈与交換」をもってくるモースの理論は、「物々交換」から出発して経済を説明する経済学の理論を覆すほどの重要性はあるが、定住以前の歴史について考えていくと、サーリンズや柄谷の主張するように、交換ではない贈与のありかたを考えざるをえないのではないだろうか。

（8）Mauss, *op. cit.*, p. 79-80.

（9）*Ibid.*, p. 133. モース『贈与論』の読解においてこの「時間」を重視するのが、ジャック・デリダである。本書第8章「贈与は贈与でない!? ジャック・デリダ（I）」を参照のこと。

（10）Mauss, *op. cit.*, p. 134.

（11）Mauss, *op. cit.*, p. 135.

（12）モースが贈与交換と見なしたもののなかには、その後の人類学の研究成果から、そうとは見なせないものもある。例えば、アメリカの人類学者アネット・ワイナーは『譲渡できない所有　贈与して手放さないパラドックス』のなかで、トロブリアンド諸島を調査しながら「聖なる外套」や「骨」のような貴重で「譲渡できないもの」について言及している。これらの貴重品を所有することは、他人に譲り渡せないことによって、自分の威信を高めている。しかし、そうであるから、他の人たちからの交易や交換を求める欲求の対象になる。そういった場合に他人の要求を完全に無視するわけにもいかないので、その所有者はどうするかといえば、当のもののかわりに代理のものを与える。または、与えつつも相手の所有を一時的なものにして最終的に自分のもとに帰ってくるようにする。これが「与えて手放さないパラドックス」なのだ（A. Weiner, *Inalienable possessions: the paradox of keeping-while-giving*, University of California Press, 1992）。この発想のもとでモースの『贈与論』を読み直したのが、マルクス主義系構造主義のフランスの人類学者モーリス・ゴドリエである。彼はモースのテクストの曖昧な点を指摘しながら、どうして贈与したものが元の所有者のもとに帰ってくるのかを明快に説明している。モースはいささか性急にあらゆる贈与を贈与交換として理論化したが、交換ではなく一種の貸借のような贈与もあるのだ。「護符」や「紋章のついた織物」のように、家族にとって貴重な品物は「譲渡できないもの」であり、交換の対象にはならないのだ。一見、交換しているように見えても、この貴重品は譲渡されてはいない（Mauss, *op. cit.*, pp. 153-163, M. Godelier, *L'énigme du don*, Flammarion, 2008, pp. 79-109）。このように贈与物には、商取引のような交換の対象になるものから、交換の対象にならないで、子孫に受け継がれていくものとがあるのだ。僕がここで強調したいのは、モースは明確に自覚してはいなかったが、ゴドリエがモースのテクストに交換不可能な領域を発見したことである（モースとワイナーとゴドリエの関係については、今村仁司『交易する人間』講談社学術文庫、二〇一六年、特に第七章「「人格的所有論」譲渡と非譲渡」を参照）。

第2章

（1）M. Fournier, *Marcel Mauss*, Fayard, 1994. モース研究会『マルセル・モースの世界』平凡社新書、二〇一一年を参照。
（2）Mauss, *op. cit.*, p. 231.
（3）エドワード・W・サイード『オリエンタリズム（上・下）』板垣雄三・杉田秀明監修、今沢紀子訳、平凡社ライブラリー、二〇〇一年。
（4）Mauss, *op. cit.*, p. 231.
（5）*Ibid.*, p. 214.
（6）*Ibid.*, p. 240.
（7）*Ibid.*, p. 216.
（8）*Ibid.*, p. 143.
（9）*Ibid.*, p. 134.
（10）*Ibid.*, p. 227.
（11）*Ibid.*, p. 208.
（12）*Ibid.*, p. 209.
（13）É. Benveniste, *Le vocabulaire des institutions indo-européennes 1. économie, parenté, société*, Les Éditions de Minuit, 1969, p. 68.
（14）J. Derrida, « La pharmacie de Platon », *La dissémination*, Éditions du Seuil, 1972, pp. 69-198 ; id., *Donner le temps 1 la fausse monnaie*, Galilée, 1991, p. 53.
（15）Benveniste, *op. cit.*, pp. 87-101, J.Derrida, *Anne Dufourmantelle invite Jacques Derrida à répondre* de l'hospitalité, Calmann-Lévy, 1997, p. 45.

第3章

（1）C. Lévi-Strauss, *Les structures élémentaires de la parenté*, Mouton, 1967, pp. 68-69.
（2）*Ibid.*, p. 70.
（3）本書一三―一四頁。
（4）Lévi-Strauss, *op. cit.*, p. 71.

（5）「女性の贈与」という発想を前面に出して親族関係を解明したことで、レヴィ゠ストロースはフェミニストたちからの評判はすこぶる悪い。女性差別主義者とすら言われている。しかし、『親族の基本構造』の「女性の贈与」はあくまで未開社会の婚姻のシステムを構成するものである。ヨーロッパで誕生した「権利の思想」を彼が忘れているわけではない。その証拠に著書の終わりのほうで、現代ヨーロッパにおける婚姻がどういう性格をもっているかについて、彼は言及している。親等内での近親結婚さえ避ければ配偶者を自由に選べるということ、夫婦として男女平等であるということ、婚姻は親族関係から解放され個人どうしによる契約となっているということ、この三点が婚姻の基本的なありかたなのである（*ibid.*, p. 547）。これは近世以降のヨーロッパによる自由、平等、契約の考え方の成果と言える。ただ、こういった理念にもかかわらず、人により意識が違うとはいえ、習慣による「女性の贈与」がなおも「権利の思想」に妥協を強いているのが、婚姻の現状ではないだろうか。しかし今後、権利意識がさらに浸透していくと、女性の社会的地位が今以上に向上していくし、同性婚も社会で認められるようになっていく。そのとき親族関係はどう変化するだろうか。さすがにインセスト・タブーはなくならないにせよ、「女性の贈与」の慣習はしだいに希薄になっていくように思われる。そうなったとき、どういう贈与がおこなわれるだろうか。あるいは、贈与という言葉では説明できなくなるのだろうか。

（6）*Ibid.*, pp. 14-29.

（7）*Ibid.*, p. 60.

（8）*Ibid.*, p. 72.

（9）*Ibid.*, p. 76.

（10）*Ibid.*, pp. 78-79.

第4章

（1）中沢新一「新版のための序文」クロード・レヴィ゠ストロース『火あぶりにされたサンタクロース』角川書店、二〇一六年、四—五頁。

（2）C. Lévi-Strauss, « Le Père Noël supplicié », *Les Temps modernes*, n°77, mars 1952, pp. 1572-1573.

（3）*Ibid.*, p. 1573.

（4）*Ibid.*, p. 1579.

（5）*Ibid.*

（6）*Ibid.*, p. 1585.

（7）*Ibid.*, p. 1586.

（8）*Ibid.*, p. 1587.

（9）*Ibid.*

（10）*Ibid.*

（11）*Ibid.*, p. 1588.

（12）レヴィ＝ストロースは、子供以外に外国人や奴隷も社会集団のなかの他者と考えている（*ibid.*）。古代ローマのサトゥルヌス祭では、奴隷がこの他者の役割を担っていた。

（13）「火あぶりにされたサンタクロース」の訳者である中沢新一は、レヴィ＝ストロースの論文をもとに「クリスマスの贈与」という論文を書いている。そこで中沢はレヴィ＝ストロースの考えを発展させて、贈与による宇宙的なエネルギーの循環について述べている。「人類のいだいてきた贈与の精神にとっては、贈り物として贈られる『モノ』が、重要ではなかったのである。贈り物の内部には、『モノ』としての個体性をこえて活動する、高次元の力が宿っている。その力は生命のように動き、活動しているが、生物の生命とはちがって、個体の中に閉じ込められてはいない。古代ギリシア人が、個体的生命である『ビオス』に対比して、個体性をもった生命システムの生死をこえて流れ続ける『ゾーエー』という高次元の力を思考したように、人間は贈与のけだかい行為をとおして、『モノ』の移動とともに発動し、世界に流動をつくりだしていく『贈与の霊』という概念をつくりだした。そして、この宇宙的な力の発動が感じ取られるとき、贈り物をかわしあった二人の間には、個体性をこえたつながり、つまりエロスによる結びつきの感覚が発生することになったのである。クリスマスは、そのような贈与の祭りなのである」（中沢新一「クリスマスの贈与」『火あぶりにされたサンタクロース』所収、角川書店、二〇一六年、一一〇頁）。中沢の解釈がユニークなところは、レヴィ＝ストロースの考えを、「贈与の霊」のような表現を使いながらモース風に発展させ、さらには独自の宇宙観へと昇華させたことにある。

（14）今日、僕らは死に対するある種の実存主義的な見方とは異なる視点に立たなければならないのではないのか。例えば、『存在と時間』のなかでハイデッガーは、現存在（人間）が死を意識し死に向かい合うことがその本来のありかたであり、日常的に他人とおしゃべりをして過ごすのは非本来的なありかただとしている。しかし、レヴィ＝ストロースのこの小論は、クリスマスやハロウィンのような冬祭りでは、他者を通して死と交わると述べている。子供やサンタクロースは異界の住人であり死者なのだ。死との関係は何らかのかたちで他者との交わりを強いるものではなかろうか。そもそも死というものは、個人の生の全体性を完結するだけのものではなく、むしろ他者との関係を開かせるものではないだろうか。中沢は「クリスマスの贈与」で個体の枠組みをこえた宇宙の流れについて言及しており、これがふつうの意味の生と死をこえていると指摘している。また、精神分析のフロイトも「快原理の彼岸」や「自我とエス」などの論文で、個と個を繋ぐ「生の欲動」（エロス）と個を破壊する「死の欲動」（タナトス）の二つを人間の無意識の根本に見出している。宇宙の流れにしろ、エロスとタナトスの併存にしろ、個が単独で存在するのではなく、他者との関係にあることを示すものである。最終的には、他者との交流と死は密接な関係にあるのではないだろうか。

第5章

（1）G. Bataille, *L'anus solaire*, *Œuvres complètes*, I, Gallimard, 1979, p. 85.
（2）*Ibid.*, p. 86.
（3）G. Bataille, « L'œil pinéal », *Œuvres complètes*, II, Gallimard, 1979, p. 14.
（4）G. Bataille, *Le petit*, *Œuvres complètes*, III, Gallimard, 1971, pp. 59-60.
（5）*Ibid.*, p. 60.
（6）*Ibid.*, pp. 60-61.
（7）G. Bataille, « La valeur d'usage de D.A.F. de Sade (1) », *Œuvres complètes*, II, *op. cit.*, p. 60.
（8）*Ibid.*, pp. 60-61.
（9）*Ibid.*, p. 58.
（10）*Ibid.*, p. 59.
（11）*Ibid.*, p. 62 et pp. 66-68.
（12）G.Bataille, « La notion de dépense », *Œuvres complètes*, I, *op. cit.*, p. 305.
（13）*Ibid.*, p. 310. Mauss, *op. cit.*, p. 150.
（14）G. Bataille, « La notion de dépense », *op. cit.*, p. 310.
（15）精神分析学者フロイトはその論文「性欲論三篇」で幼児の成長過程における性欲の役割を重視するが、そのなかに肛門領域の性感帯が発達する「肛門期」がある。この時期に幼児は、排泄に快楽を感じるようになり、排泄を調整してより高い刺激を求めるようになる。だから、腸の内容物を肛門への刺激をもたらしてくれる「贈り物」と幼児は考えるようになる（S. Freud, » Drei Abhandlungen zur Sexaltheorie «, *Studienausgabe*, Bd.V, S. Fischer Verlag, 1975, SS. 92-94)。このことから、太古からの神話、童話、迷信のなかで、それから夢や無意識の領域でも、糞は金銭と同じ価値をもつものとされる。金銭や黄金のような経済的に高い価値をもつものと糞のような取るに足らないものが同じ価値をもつことを、「性格と肛門愛」という論文でフロイトは示しているが、その背景にあるのは肛門におけるこの性的な刺激と興奮の考えなのである（id., » Charakter und Analerotik «, *Studienausgabe*, Bd.VII, S. Fischer Verlag, 1973, SS. 28-29)。また、この性的な快感は貴重な財産である腸の「内容物」を排泄することで破壊することだから、サディズムを伴う。だからフロイトは「肛門期」を「サディズム＝肛門」期（Freud, « Drei Abhandlungen zur Sexaltheorie », *op. cit.*, S.104）と呼んでもいる。後期の主論文「快原理の彼岸」以降、フロイトは死の本能（タナトス）を理論の中核に据えるようになるが、このサディズムも死の本能による根源的なサディズムのもとで再解釈されるようになる（id., » Das ökonomische Problem des Masochismus «, *Studienausgabe*, Bd.III, S. Fischer Verlag, 1975, SS. 348-349)。フロイト自身は肛門の快感やサディズムを、贈与や交換のテーマとは結びつけてはいないが、糞と金銭の同一視、肛門を締めることで財産を貯めこむ性格の分析、糞と死や破壊との関係といった、いわば無意識の経済について示唆に富む洞察をいくつも残している。

（16）Bataille, « La notion de dépense », *op. cit.*, p. 310.

第6章

（1）G. Bataille, *La Part maudite*, *Œuvres complètes*, VII, Gallimard, 1976, p. 35. 太陽の贈与については、僕は違った角度からの読解も試みている。岩野卓司『ジョルジュ・バタイユ　神秘経験をめぐる思想の限界と新たな可能性』水声社、二〇一〇年を参照されたい。

（2）Bataille, *La Part maudite*, *op. cit.*, p. 35.

（3）*Ibid.*, pp. 51-65.「アステカ人たちの供犠と戦争」の章。

（4）*Ibid.*, pp. 93-108.「非武装社会　ラマ教」の章。

（5）*Ibid.*, pp. 111-122.「資本主義の起源と宗教改革」の章。

（6）*Ibid.*, pp. 141-158「ソヴィエトの産業化」の章。

（7）*Ibid.*, p. 36.

（8）*Ibid.*, p. 42.

（9）*Ibid.*

（10）*Ibid.*

（11）*Ibid.*, p. 43.

（12）*Ibid.*, p. 174.

（13）*Ibid.*, p. 175.

（14）F. Perroux, *Le Plan Marshall ou l'Europe nécessaire au monde*, Librairie de Médicis, 1948.

（15）Bataille, *La Part maudite*, *op. cit.*, p. 175.

（16）*Ibid.*, p. 172.

（17）*Ibid.*, pp. 45-46.

（18）*Ibid.*, p. 179.

（19）*Ibid.*, p. 178.

（20）*Ibid.*

（21）G. Bataille, *Théorie de la religion*, *Œuvres complètes*, VII, Gallimard, 1976, pp. 292-306, pp. 307-318, pp. 341-345.

（22）G. W. F. Hegel, *Phänomenologie des Geistes*, Suhrkamp Verlag, 1983. A. Kojève, *Introduction à la lecture de Hegel*, Gallimard, 1976. D. Auffret, *Alexandre Kojève. La philosophie, l'État, la fin de l'Histoire*, Grasset, 1990.

（23）Bataille, *La Part maudite*, *op. cit.*, pp. 178-179.

（24）『カイエ・ソバージュ』では、第三部「愛と経済のロゴス」第五章「最後のコルヌコピア」と第五部「対称性人類学」第八章「よみがえる普遍経済」を参照のこと（中沢『カイエ・ソバージュ』前掲、四二五―四三七頁、七七六―七九七頁）。『日本の大転換』では、特に付論「太陽と緑の経済」で「太陽による贈与」と「フィジオクラシー」（重農主義）とを組み合わせながら現代の状況への提言がおこなわれている（中沢『日本の大転換』前掲、九九―一四一頁）。

（25）D. Hollier, « L'inénarrable. Les vases non-communicants », in Denis Hollier (éd.), *Georges Bataille après tout*, Belin, 1995, p. 271.

第7章

（1）カミュ、レヴィナス、バタイユ、ブランショのヴェイユ論は、翻訳（カミュをのぞいて抄訳）を専門の研究者たちの解説とともに『別冊水声通信　シモーヌ・ヴェイユ』（水声社、二〇一七年）で読むことができる。

(2) G. Bataille, « La victoire militaire et la banqueroute de la morale qui maudit », *Œuvres complètes*, XI, Gallimard, 1988, p. 537.
(3) S. Pétrement, *La vie de Simone Weil*, Fayard, 1973, p. 306.
(4) S. Weil, « À propos de la « La Condition humaine » », *Œuvres complètes*, II-1, Gallimrd, 1988, p. 318.
(5) Bataille, *Œuvres complètes*, I, *op. cit.*, p. 373.
(6) *Ibid.*, p. 375.
(7) *Ibid.*, pp. 305-306, pp. 308-311.
(8) *Ibid.*, pp. 314-315.
(9) *Ibid.*, pp. 316-318.
(10) マルクス主義者のなかでバタイユの「消費」にいちはやく理解を示したのは、今村仁司である。彼の『暴力のオントロギー』（勁草書房、一九八二年）を参照のこと。
(11) A. Breton, « Second manifeste du surréalisme », *Œuvres complètes*, I, Gallimard, Bibliothèque de la pléiade, 1988, pp. 821-828.
(12) A. Malraux, *La condition humaine*, *Œuvres complètes*, I, Gallimard, Bibliothèque de la pléiade, 1989, pp. 729-740.
(13) Pétrement, *op.cit.*, pp. 308-309.
(14) *Ibid.*, p. 309.
(15) S. Weil, « Lettres à Maurice Schumann », dans *Écrits de Londres et dernières lettres*, Gallimard, 1957, pp. 191-192. 前述の『別冊水声通信　シモーヌ・ヴェイユ』には「最前線看護婦部隊編成計画」の新訳（西文子訳）と鈴木順子による解説が掲載されている（『別冊水声通信　シモーヌ・ヴェイユ』前掲、三一―四三頁）。参照していただきたい。
(16) S. Weil, « Luttons-nous pour la justice ? », dans *Écrits de Londres et dernières lettres*, Gallimard, 1957, p. 48.
(17) S. Weil, « Dieu dans Platon », dans *La source grecque*, Gallimard, 1953, p. 78.
(18) S. Weil, « La personne et le sacré », dans *Écrits de Londres et dernières lettres*, Gallimard, 1957, p. 24.
(19) *Ibid.*, p. 26.
(20) S. Weil, « Luttons-nous pour la justice ? », *op. cit.*, p. 56.
(21) *Ibid.*, p. 57.
(22) Mauss, *op. cit.*, pp. 134-138, Braille, « La notion de dépense », *op. cit.*, p. 310.
(23) S. Weil, *L'Enracinement*, *Œuvres complètes*, V-2, Gallimard, 2013, p. 341.
(24) *Ibid.*, pp. 341-342.

（25）Weil, « Luttons-nous pour la justice ? », *op. cit.*, p. 56.

（26）S. Weil, *Cahiers IV*, *Œuvres complètes*, VI-3, Gallimard, 2002, p. 170.

（27）M. Blanchot, *L'Entretien infini*, Gallimard, 1969, pp. 169-172.

（28）S. Weil, « Lettres à ses parents », dans *Écrits de Londres et dernières lettres*, Gallimard, 1957, p. 256.

第８章

（１）R. Descartes, *Le discours de la méthode*, *Œuvres philosophiques*, I, Garnier, 1963, pp. 567-650, *Méditations*, *Œuvres philosophiques*, II, Garnier, 1967, pp. 404-505.

（２）E. Husserl, *Logische Untersuchungen*, II/1, Tübingen, Max Niemeyer, 1968, SS. 35-37, J. Derrida, *La voix et la phénomène*, puf, Épiméthée, 1967, Chapitre VI : La voix qui garde la silence.

（３）M. Heidegger, *Sein und Zeit*, Gesamtausgabe, Band 2, Frankfurt am Main, Vittorio Klostermann, 1976, SS. 33-34.

（４）J. Derrida, *Positions*, Les Éditions de Minuit, 1972, p. 15.

（５）*Ibid.*, p. 57.

（６）*Ibid.*

（７）J. Derrida, *De la Grammatologie*, Les Éditions de Minuit, 1967, p. 83 et pp. 88-89.

（８）J. Derrida, *Donner le temps 1 La fausse monnaie*, Galilée, 1991, p. 24.

（９）*Ibid.*, p. 26.

（10）*Ibid.*

（11）*Ibid.*

（12）*Ibid.*, p. 29.

（13）*Ibid.*

（14）フロイトは多くのテクストでこのことについて語っているが、例えば『精神分析入門』第一九講「抵抗と抑圧」（S. Freud, » Vorlesungen zur Einführung in die Psychoanqlyse «, *Studienausgabe*, Bd. 1, Frankfurt am Main, S. Fischer, 1994, SS. 285-299）を参照されたい。

（15）Derrida, *Donner le temps*, *op. cit.*, p. 30.

（16）*Ibid.*, p. 17.

（17）*Ibid.*, pp. 17-18.
（18）デリダの「エコノミー」の詳細については、亀井大輔『デリダ　歴史の思考』（法政大学出版局、二〇一九年）を参照のこと。特に第二章「言語の問いから脱構築の戦略へ」第二節「エコノミーと戦略」（八四―一〇〇頁）では、時代は限定されているが、デリダのエコノミーについての考えが細かく論じられている。第四章「『声と現象』とハイデガー」第二節「真理の歴史　アレーテイア、痕跡、贈与」のなかの「出来事と真理」（一七五―一八〇頁）では、エコノミーを主題として論じてはいないが、『時間を与える』について触れている。
（19）Heidegger, *op. cit.*, SS. 570-571.
（20）Derrida, *Donner le temps, op. cit.*, p. 57. Cf. Mauss, *Essai sur le don, op. cit.*, p. 133.
（21）*Ibid.*, p. 102.
（22）Derrida, *Donner le temps, op. cit.*, pp. 59-60. 贈与と時間との関係については、ハイデッガー晩年の論文「時間と存在」の影響は否みがたい。デリダ自身も『時間を与える』のなかで多少言及している（*ibid.*, pp. 34-35）。また、この著作の続刊では、「時間と存在」について論じる予定であった。モースとレヴィナスとの対比のうえでデリダの贈与解釈を論じたものとして、藤岡俊博「待期の贈与　モース・デリダ・レヴィナス」齋藤元紀・澤田直・渡名喜庸哲・西山雄二編『終わりなきデリダ』法政大学出版局、二〇一六年、三五五―三七二頁を参照のこと。

第９章

（１）正確には次の表現である。「良心のとがめなしに悪をなすことほど、完璧なまで嬉々として悪をなすことはない」（B. Pascal, *Pensées, Œuvres complètes*, Gallimard, Bibliothèque de la pléiade, 1954, p. 1331）。
（２）例えば、人間における残酷な本能に対して鋭い洞察を向けているニーチェは、宗教における残酷の歴史を考えている。それは大きく分けて三段階あるが、どれも「犠牲」や「供犠」と結びついている。最初の段階では、人身供犠であり、初子の供犠や古代ローマのティベリウス帝によるミトラ島での供犠の例が挙げられている。次の段階では、キリスト教の時代で、人間は自分の本能や欲望を神に捧げて犠牲にする。禁欲とは一種の供犠にほかならないのだ。最後の段階では、人間の残酷さはさらに極まって神をも無のために犠牲にするようになる。「神の死」も人間の残酷な本能のなせる業なのだ（F. Nietzsche, *Jenseits von Gut und Böse, Kritische Studienausgabe* 5, Berlin / New York, Deutscher Taschenbuch Verlag / de Gruyter, 1988, S. 74）。
（３）『聖書』新共同訳、日本聖書協会、一九八八年、創世記、二二：一―二二：一九。

（4）J. Derrida, *Donner la mort*, Galilée, 1999, p. 82.
（5）*Ibid.*, p. 50.
（6）*Ibid.*
（7）*Ibid.*, pp. 84-85.
（8）*Ibid.*, p. 87.
（9）*Ibid.*, p. 105. S. Kierkegaard, *Crainte et tremblement*, *Œuvres completes*, t.V, tr. P.H. Tisseau et E.M. Jacquet-Tisseau, Éditions de l'Orante, 1972, p. 200.
（10）Derrida, *Donner la mort*, *op. cit.*, p. 105, Kierkegaard, *op. cit.*, p. 204.
（11）Derrida, *Donner la mort*, *op. cit.*, p. 106. バートルビーについては、メルヴィル『バートルビー／漂流船』牧野有通訳、光文社、二〇一五年を参照。
（12）Derrida, *Donner la mort*, *op. cit.*, p. 131.
（13）*Ibid.*, p. 133.
（14）*Ibid.*, p. 139.『聖書』前掲、マタイによる福音書、五：三九。すでに述べたように、柄谷行人は、イエスのこの思想を一方的な自己犠牲、一方的な贈与の考えとみなし、日本国憲法第九条の軍備の放棄を解釈している（柄谷、前掲）。
（15）Derrida, *Donner la mort*, *op. cit.*, p. 139.
（16）*Ibid.*, p. 98.
（17）*Ibid.*
（18）*Ibid.*, pp. 98-99. ここでは動物については触れられないが、『死を与える』のデリダの他者論にかんして動物をも射程に収めた論考として、郷原佳以「近い他者　遠い他者　デリダと文学的想像力」『早稲田文学』二〇一五年夏号、三八―五一頁を参照のこと。
（19）他者にかんするアポリアについて、デリダはフランス語の表現Tout autre est tout autreという短い文で表現している。意味は、「およそ他者というものは／まったく他なるものは、あらゆる他者である／まったく他なるものである」である。この文の解釈については、『死を与える』の訳者、廣瀬浩司の詳細な訳注を参照されたい。ジャック・デリダ『死を与える』廣瀬浩司・林好雄訳、ちくま学芸文庫、二〇〇四年、二六三―二六四頁。
（20）ソポクレース『アンチゴネー』呉茂一訳、岩波文庫、一九六一年。G.W.F. Hegel, *Phänomenologie des Geistes*, Werke 3,

Frankfurt am Main, Suhrkamp, 1970, SS. 327-359.

（21）B. Peeters, *Derrida*, Flammarion, 2010, pp. 438-440.

（22）Derrida, *Donner la mort*, *op. cit.*, pp. 118-119.

（23）*Ibid.*, p. 119.

（24）*Ibid.*

第10章

（1）M. Heidegger, » Brief über den » Humanismus « «, *Wegmarken*, *Gesamtausgabe* Bd.9, Frankfurt am Main, Vittorio Klostermann, 1976, S. 334.

（2）*Ibid.*, S. 334.

（3）現象は「現れ」だけではない。晩年のハイデッガーに「現れないものの現象学」というものがある。『存在と時間』では「存在の意味」を解釈学の手法を用いて明るみに出すことを目的としたが、その後決して明るみにだすことのできない存在の秘匿性を探求することになる。存在は隠れることによって己を告げるものなのである。この考え方をハイデッガーは晩年の『四つのゼミナール』で「現れないものの現象学」と名づけている（M. Heidegger, *Vier Seminare*, Frankfurt am Main, Vittorio Klostermann, 1977, S. 137）。この考え方はフランスの現象学系の哲学者に大きな影響を及ぼすことになり、レヴィナス、アンリ、デリダ、マリオンはそれぞれの仕方で「現れないもの」を思索している。これに対して、ドミニク・ジャニコーは『フランス現象学の神学的転回』のなかで、メルロ＝ポンティの死後フランス現象学が神学的な傾向を帯びてくることを指摘し、その方法的基盤に広い意味での「現れないもの」という現象の探求があるという事態を批判的に暴露し、こういった現象の探求を現象学と呼べるのであろうか、という根本的な疑義を彼は呈している（D. Janicaud, *Le tournant théologique de la phénoménologie française*, Édition de l'éclat, 1991）。だが、レヴィナスの「他者論」とデリダの「現前の形而上学の脱構築」を踏まえた今日、もう単純な「現れ」を基盤にして研究を推し進めるわけにはいかないのではないのか。そうでないと、現れない「他者」への暴力とか、現前の形而上学の考えに陥ってしまうからである。「現れないもの」の探求が、「現象学」と呼べるかどうかは意見の分かれるところであるが、哲学の可能性はむしろこちらに開かれるのではないだろうか。この「現れないもの」の現象学を論じながら、その可能性を探求したものとして、関根小織『レヴィナスと現れないものの現象学』晃洋書房、二〇〇七年、永井晋『現象学の転回　「顕現しないもの」に向けて』知泉書館、二〇〇七年を参照のこと。

(4) Ed. Husserl, *Philosophie als strenge Wissenshaft*, Frankfurt am Main, Vittorio Klostermann, 1965, S. 71.

(5) Ed. Husserl, *Cartesianische Meditationen*, *Husserliana*, Bd.1, Haag, Martinus Nijhoff, 1973, S. 60.

(6) J.-L. Marion, *Étant donné. Essai d'une phénoménologie de la donation*, PUF, Quadrige, 1998, p. 118.

(7) *Ibid.*, p. 119, note.

(8) *Ibid.*, p. 127.

(9) *Ibid.*, p. 124.

(10) *Ibid.*, p. 128.

(11) *Ibid.*, p. 130.

(12) カトリックのマリオンは「最後の審判」のときに判明する、キリストへの贈与についても例として言及している。この審判で、キリストは善行を積んだ者たちに天国を約束してこう言う。「お前たちは、わたしが飢えていたときに食べさせ、のどが渇いていたときに飲ませ、旅をしていたときに宿を貸し、裸のときに着せ、病気のときに見舞い、牢にいたときに訪ねてくれたからだ」(「マタイによる福音書」、二五：三一—二五：四〇、『聖書』、新共同訳、日本聖書協会、一九八八年、五〇—五一頁)。しかし、彼らはキリストの姿を見たことはないし、そんなことはしたことがないと言う。彼らは、見たことのない人に贈与し、「最後の審判」で報われるのだ。贈与をする者たちにとって、「受け取る人」は来るべき存在であり、審判が訪れるまで不在であったのだ (Marion, *op. cit.*, pp. 132-133)。

(13) *Ibid.*, p. 136.

(14) *Ibid.*, p. 137. たぶん、マリオンは気づいていないが、「死体臓器移植」の場合のほうがより的確に該当すると言える。臓器を与えた死者が誰だったか、決して明かされることなく、「受け取る人」への贈与はなされる。「受け取った人」から臓器提供者の遺族にお返しがなされたとき、それが臓器売買に繋がる恐れがあるから、「与える人」の匿名性は保持されるのだ。

(15) *Ibid.*, p. 138.

(16) *Ibid.*, p. 139.

(17) *Ibid.*, p. 141.

(18) *Ibid.*, p. 149.

(19) *Ibid.*, p. 150.

(20) *Ibid.*, p. 151.

(21) *Ibid.*, p. 169.

(22) *Ibid.*

(23) *Ibid.*, p. 168.

(24) *Ibid.*, p. 169.

(25) *Ibid.*, p. 50. 強調はマリオン。また、マリオンによる引用は、フッサール『現象学の理念』からである。Cf. Ed. Husserl, *Die Idee der Phänomenologie. Fünf Vorlesungen, Husserliana*, Bd.2, Haag, Martinus Nijoff, 1958, S. 73.

(26) *Ibid.*, pp. 58-59.

(27) *Ibid.*, p. 19.

(28) 岩野卓司『贈与の哲学　ジャン＝リュック・マリオンの思想』明治大学出版会、二〇一四年を参照。

(29) Marion, *op. cit.*, p. 47.

(30) *Ibid.*, p. 94.

(31) *Ibid.*, p. 100.

(32) J.-L. Marion, *La rigueur des choses*, Flammarion, 2012, p. 146.

(33) Marion, *Étant donné*, *op. cit.*, pp. 283-284.

(34) Marion, *La rigueur des choses*, *op. cit.*, p. 151. 「飽和した現象」は、「出来事」、「偶像」、「肉」、「イコン」という四つのカテゴリーに分類される、そして、そのなかでこの四つのカテゴリーを同時に表現している最たるものとして、マリオンは「イエス＝キリストの啓示」を挙げている。「飽和した現象」について極めて精緻に読解したものとして、伊原木大祐「キリストの現象について　ミシェル・アンリとジャン＝リュック・マリオン」『宗教学研究室紀要』、一三号、京都大学宗教学研究室、二〇一六年、三―二八頁を参照されたい。

(35) Marion, *Étant donné*, *op. cit.*, p. 344.

(36) 『贈与の哲学』では、l'adonnéを僕は「捧げる人」と訳しておいたが、この訳語は「没頭者」らの系譜に連なる訳語であり、「与格」としての含意が抜けている。

(37) Marion, *Étant donné*, *op. cit.*, p. 369.

(38) *Ibid.*, p. 371.

(39) ノアやアブラハムをはじめ「神の声」を聞いた人物は、『旧約聖書』に幾人も登場する。これをどう解釈するかで意見は分かれる。

(40)『存在と時間』の第五四節から六〇節までを参照のこと（M. Heidegger, *Sein und Zeit*, *Gesamtausgabe* Bd.2, Frankfurt am Main, Vittorio Klostermann, 1977, SS. 267-300)。

(41) ハイデッガーは次のように述べている。「この反響が、存在の音声なき声の語に対する人間の答えである」（M. Heidegger, » Nachwort zu » Was ist Metaphysik? « «, *Wegmarken*, *Gesamtausgabe* Bd.9, Frankfurt am Main, Vittorio Klostermann, 1976, S. 310)。また、こうも言っている。「答えるということは、とりもなおさず問われるものの本質に応答することである」（M. Heidegger, » Die Frage nach der Technik «, *Vorträge und Aufsätze*, *Gesamtausgabe* Bd.7, Frankfurt am Main, Vittorio Klostermann, 2000, S. 27)。

(42)『全体性と無限』で、レヴィナスはこう書いている。「顔が現前することは、言葉がすでにわれわれのあいだで共通のものにしている所与をこえて、私に呼びかける。〔…〕顔が現前することは、私を存在と関係をもたせる。この存在の存在することは、〔…〕、日延べできないほど切迫して応答を要求することで遂行される」（E. Lévinas, *Totalité et Infini. Essai sur l'extériorité*, The Hague, Matinus Nihjof, 1961, p. 187)。

(43) Marion, *Étant donné*, *op. cit.*, p. 367.『与えられてあると』の前に書かれた現象学研究の作品『還元と与え』では、マリオンは「呼びかけの純粋形式」（J.-L. Marion, *Réduction et donation. Recherches sur Husserl, Heidegger et la phénoménologie*, PUF, Épimétée, 1989, p. 302）と言っている。

(44) ハイデッガーは言う。「本質的な答えAntwortは責任Verantwortungの始まりに過ぎない」（Heidegger, » Nachwort zu » Was ist Metaphysik? « «, *op. cit.*, S. 304)。

(45) レヴィナスは次のように書いている。「語りにおいて、私は他者からの問いかけにさらされる。応答réponseの切迫さ――現在の鋭い切っ先――が、私に責任responsabilitéをとるようにさせる。責任をとる者responsableとして、私は自分の究極の実在に戻る」（Lévinas, *op. cit.*, p. 153)。

(46) Marion, *Étant donné*, *op. cit.*, p. 405.

(47) *Ibid.*, p. 397. フランス語のréponsはもともとキリスト教の用語で「答唱」の意味。ミサの儀式で、司会の人による聖書の朗唱に答えて、会衆が聖書の一節を朗唱することをさす。しかし、マリオンは現象に繋がる応答、つまり「応え」をこの言葉で表現している。岩野『贈与の哲学』（前掲、五七―五八頁）を参照のこと。

(48) Marion, *Étant donné*, *op. cit.*, p. 443.

第11章

（1）J.-L. Nancy, *Je t'aime, un peu, beaucoup, passionnément... Petite conférence sur l'amour*, Bayard, 2008, A. Badiou et N. Truong, *Éloge de l'amour*, Flammarion, 2009.

（2）M. Foucault, *La volonté de savoir, Histoire de la sexualité*, t. 1, Gallimrd, Tel, 1976, *L'usage des plaisirs, Histoire de la sexualité*, t. 2, Gallimard, Tel, 1984, *Le souci de soi, Histoire de la sexualité*, t. 3, Gallimard, Tel, 1984.

（3）Platon, *Le Banquet*, Texte et Traduction, Les belles lettres, 1999, pp. 29-37.

（4）*Ibid.*, p. 67-72.

（5）『省察』のなかの「第二省察」（R. Descartes, *Méditations touchant la première philosophie, Œuvres philosophiques*, t. II, Classiques Garnier, 1983, pp. 414-429）と『方法序説』第四部（R. Descartes, *Discours de la Méthode, Œuvres philosophiques*, t. I, Classiques Garnier, 1976, pp. 601-612）を参照されたい。

（6）G.W.F. Hegel, *Phänomenologie des Geistes, Werke*, 3, Frakfurt am Main, Suhrkamp, 1970, S. 14.

（7）F. Nietzsche, *Jenseits von Gut und Böse, Kritische Studienausgabe*, München, Deutscher Taschenbuch Verlag; Berlin/New York, Walter de Gruyter, 1988, S. 11.

（8）デリダは『衝角　ニーチェの文体』（邦訳『尖筆とエクリチュール』）で、ニーチェにおける女性と真理の関係を去勢、ヴェール、偽装、テクストなどの視座からみごとに論じている（J. Derrida, *Éperons. Les styles de Nietzsche*, Flammarion, Champs, 1978）。

（9）マリオンはそれまでいくつかの著作で愛について語ってきたが、『エロス的現象』（J.-L. Marion, *Le phénomène érotique*, Grasset, 2003）では、現象学の視点から再検討している。

（10）マリオンは自分がキリスト教の先人たちの考えを踏まえているとも考えている。対談集『事象の厳密さ』のなかで、彼はこう語っている。「聖アウグスティヌスは、愛、親愛、慈愛をひとつの語で語っています。しかしまた、聖ボナヴェントゥラ、聖ベルナール、聖フランシスコ・サレジオもそうなのです。最も古い伝統に属する別の著者たちもこの見解を裏付けています。ディオニュシオス・ホ・アレオパギテースは、エロスの観念を神の名のなかで第一のもので最も尊重すべきものとして神に適用しています」（Marion, *La rigueur des choses, op. cit.*, p. 190）。

（11）Marion, *Le phénomène érotique, op. cit.*, p. 27.

（12）*Ibid.*, p. 37.

（13）*Ibid.*, p. 41.

（14）*Ibid.*
（15）*Ibid.*
（16）*Ibid.*
（17）*Ibid.*, p. 51.
（18）*Ibid.*, pp. 47-48.
（19）*Ibid.*, p. 41.
（20）プルーストの『失われた時を求めて』には、多くの恋愛心理の分析があるが、話者と恋人アルベルチーヌとの関係にしぼれば、『ソドムとゴモラ』、『囚われの女』、『逃げ去る女』の三つの巻を参照していただきたい（M. Proust, *À la recherche du temps perdu*, III et IV, Gallimatd, Bibliothèque de la pléiade, 1988 et 1989）。
（21）Marion, *Le phénomène érotique*, *op. cit.*, p. 75.
（22）*Ibid.*, p. 89.
（23）*Ibid.*, p. 115.
（24）*Ibid.*, pp. 118-119.
（25）*Ibid.*, p. 119.
（26）*Ibid.*, pp. 128-129.
（27）*Ibid.*, p. 129.
（28）*Ibid.*, p. 133.
（29）*Ibid.*, pp. 134-135.
（30）*Ibid.*, p. 136.
（31）*Ibid.*, p. 138.
（32）*Ibid.*, p. 139.
（33）*Ibid.*, p. 140.
（34）*Ibid.*, p. 142.
（35）マリオンの多くの著作でディオニュシオスが参照されており、その影響は彼自身の思想において重要な位置をしめている。主なものとして、『偶像と距離』では、第四研究をディオニュシオスに捧げている（J.-L. Marion, *L'idole et la distance*, Grasset, 1977, pp. 183-251）。『剰余』でも、デリダへの反論においてディオニュシオスを論じている（Id., «

Au nom ou comment le taire », *De surcroît*, PUF, Quadrige, 2010, pp. 161-204)。マリオンによる部分訳は、« Denys l'Aréopagite », in J. Laurent et C. Romano (eds.), *Le Néant. Contribution à l'histoire du non-être dans la philosophie occidentale*, PUF, Épiméthée, 2006, pp. 187-193。またマリオンとディオニュシオスの関係については、岩野『贈与の哲学』（前掲）の第三章「キリスト教と贈与」を参照のこと。

（36）ディオニュシオスの著作のなかでも、特に『神秘神学』が徹底した放棄について語っている。J.-P. Migne(éd), « De mystica theologia », *Patrologiae Graecae*, t. III, Turhnot, Brepols, 1990. また、ディオニュシオスの思想全体については、熊田陽一郎『美と光　西欧思想史における光の考察』国文社、一九八六年を参照。

（37）トマスにとって神を知る一番重要なやり方は「類比（アナロギア）」であるが、彼の体系にはディオニュシオスの「否定」の論理も「神を知る」やりかたのひとつとして取り入れられている。『神学大全』では次のように述べられている。「神は、全然存在しないという意味で、存在しないものと言われるのではなく、ご自身の存在であるかぎりにおいて、存在するものすべてを超え出ているから、そのように言われるのである」（S. Thomae Aquinatis, *Summa theologiae*, I, Madrid, Biblioteca de Autores cristianos, 1951, p. 71）。この箇所はディオニュシオスの『神名論』から引かれた文句についての、トマス自身の結論である。

（38）Meister Eckehart, *Deutsche Predigten und Traktate*, herausgegeben und übersetzt von Josef Quint, München, Carl Hanser, 1963.

（39）Marion, *Le phénomène érotique, op. cit.*, p. 341.

（40）*Ibid.*, p. 342.

（41）Marion, *La rigueur des choses, op. cit*, p. 342.

終章

（1）Mauss, *op. cit.*, p. 90.

（2）『聖書』前掲、一・二六―一・二七。

（3）例えばデカルトの『方法序説』第五部の後半を読んでみていただきたい（R. Descartes, *Discours de la méthode, Œuvres philosophiques*, t. I, Classiques Garnier, 1976, pp. 627-632）。こういった流れがあるとはいえ、動物に人間と同じ能力を認めたモンテーニュ、それから動物も苦しみを感じるという考えから動物の権利を主張したベンサムもいたことも忘れてはならない。近世から現代にかけての、哲学の領域での動物の問題については、金森修『動物に魂はあるのか　生命を見つめる哲学』中公新書、二〇一二年を参照のこと。

（4）煎本孝『アイヌの熊祭り』雄山閣、二〇一〇年を参照。
（5）ポール・ナタスディ「動物に潜む贈与　人と動物の社会性と狩猟の存在論」近藤祉秋訳、奥野克己・山口未花子・近藤祉秋共編『人と動物の人類学』所収、春風社、二〇一二年、三〇二―三〇三頁。
（6）同、三四一頁。
（7）同。
（8）同、三三九頁。
（9）同、三四一頁。
（10）西田利貞『新・動物の「食」に学ぶ』京都大学学術出版会、二〇〇八年、一〇九―一一〇頁、西田利貞・保坂和彦「霊長類における食物分配」西田利貞編『ホモニゼーション　講座・生態人類学8』所収、京都大学学術出版会、二〇〇一年、二七三―二八二頁、二九三―二九六頁をそれぞれ参照。
（11）岩田有史・田島知之「贈与以前　ヒト科類人猿の食物分配」岸上伸啓編『贈与論再考　人間はなぜ他者に与えるのか』所収、臨川書店、二〇一六年、四二―六九頁。
（12）西田、前掲、一〇八―一〇九頁。西田・保坂、前掲、二六四―二七二頁。
（13）平川克美「介護の経験と贈与論」『現代思想　特集＊老後崩壊』二〇一六年二月、六七―六八頁。『21世紀の楕円幻想論』でも、平川はもっと簡略されたかたちでこの経験を取り上げているが、ここではより具体的に生き生きと描写された『現代思想』のヴァージョンをとりあげる。
（14）平川「介護の経験と贈与論」、六八頁。Sarthou-Lajus, *op. cit.*, pp. 10-13. 平川はこの介護の経験をもとに『21世紀の楕円幻想論』で、グレーバーやサルトゥー＝ラジュを踏まえながら、贈与の考えを発展させている。ただ、彼のモース解釈は力業と言うべきだろう。僕らも取り上げたマオリの贈与の話であるが、平川は贈り物をもらったら、「必ず第三者に再贈与しなければならない」と述べているが、モースがこの件で言いたいのは何らかのかたちで最初の贈与者に返礼が行われなければならないということである。第三者にさらにまた贈与することは義務化されてはいない。最初に受け取った者が最初の贈与者に返礼することが禁止されているわけではないのだ。しかし、こういった強引な解釈にもかかわらず、モースのテクストに「贈与のパス」の動きを読み取ろうとしたことは、大変興味深い。というのも、そこにはモースの贈与解釈を開いていく可能性が見られるからである。バタイユは、モースに一方的な贈与の可能性を読み取ったし、デリダは贈与と返礼の際の時間的な差異を「差延」と結び付けて読解している。贈与を閉じたものとして考えようとするモースの意図とは裏腹に、平川の解釈は贈与の新たな可能性を示してくれているのではないだろうか(平川克美『21世紀の楕円幻想論』ミシマ社、二〇一八年、七四―七七頁)。

(15)デヴィッド・グレーバー『負債論　貨幣と暴力の五〇〇〇年』酒井隆史監訳、以文社、二〇一六年、一四三頁。同じ著者の『資本主義後の世界のために　新しいアナーキズムの視座』高祖岩三郎訳、以文社、二〇〇九年、五一―五六頁も参照。

(16)同書、一四三―一四四頁。

(17)J.-L. Nancy, *La communauté désœuvrée*, Christian bourgeois, 1986, M. Blanchot, *La communauté inavouable*, Le Éditions de Minuit, 1983、岩野卓司「序　共同体を考えるために」岩野卓司編『共にあることの哲学』書肆心水、二〇一六年。

(18)同、一四四頁。

(19)今村薫『砂漠に生きる女たち　カラハリ狩猟採取民の日常と儀礼』どうぶつ社、二〇一〇年、特に第九章「シェアリングの全体像」を参照。

(20)平川もグレーバーも互酬的でない贈与が、根本において、人間を繋いでいくことに注目しており、この点で僕は彼らの考えを評価するが、同時に贈与の危険性についてもここで強調しておきたい。互酬的でない贈与による相互扶助について考えていくことは重要であるが、この相互扶助を壊す可能性をも贈与は秘めているのだ。グレーバーに影響を与えているアナキズムの先駆者クロポトキンの『相互扶助論』は、弱肉強食をベースにしたダーウィニズムに対して、アリなどの様々な動物たちの相互扶助の例をあげながら、動物から人間までの進化の過程で種の保存のため「相互扶助」の本能が受け継がれていると考えている。この本能が展開して、未開の部族の人たちの相互の協力、中世社会のギルド、近代の労働運動にまで発展していったのだ(ピョートル・クロポトキン『相互扶助論』大杉栄訳、同時代社、二〇一七年)。僕らが問題にしている文脈に引きつければ、この相互扶助においても贈与が重要な役割を果たしているということになる。ただ、贈与の本性を考慮に入れて考えていくのであれば、贈与による相互扶助が相互関係の破壊の危険を伴うことを考えていくべきではないだろうか。モースも『ニーベルンゲンの歌』で財宝を手に入れた者は非業な最期を遂げた例を挙げて、贈与には悪意が込められているものもあると指摘している。この場合、贈り物はまた毒なのである。しかも、この悪意が無意識のうちに込められている場合もある。善意からの人助けや経済的援助が、逆に相手の人生を狂わせるときがそれだ。急に大枚を受け取った者が怠けだしたり、放蕩に身を持ち崩したりすることもある。たしかに、災害時などで生命の危険の際には、人も本能的に相互扶助を行うだろう。また、プロジェクトで効率よく仕事をするためにも同じことがなされるだろう。ただ、相手を助けるときに意地の悪い願望が頭をもたげてきた場合や、仕事の効率より相手への嫉妬が勝った場合はどうだろうか。そういったとき、贈与に悪意や攻撃性が込められていることを忘れてはならない。無意識のレヴェルまで掘り下げてみると、贈与は根本的に両面的なものではないだろうか。

（21）S. Freud, » Drei Abhandlungen zur Sexualtheorie «, *Studienausgabe*, Bd. 5, Frankfurt am Main, S. Fischer, 1972, SS. 87-89.

（22）メラニー・クライン「躁うつ状態の心因論に関する寄与」と「離乳」『著作集3』西園昌久・牛島定信編訳、誠信書房、一九八三年、二一―五四頁、五五―七四頁。フロイトやクラインたちの精神分析は生後の幼児の観察から人間の人格形成を考えていくが、贈与の視点を徹底していくと、母親による母乳の贈与以前に、胎児は母親の体内のなかで臍の緒を通して栄養を受け取っており、母親の感情の流れも胎児の無意識に影響を与えていることを補足せざるをえない。胎教が勧められるのも、母親の意識的な行為や無意識の上での行為が胎児とのコミュニケーションになるからである。出産以前に、広い意味での贈与はすでに始まっているのだ。また、体内での栄養補給や授乳においても、子供は母親の体の一部を体内化するのであるから、ここに一種のカニバリズムを見ることができる。人の生命の始まりにおいて、贈与とカニバリズムは密接な関係にあるのだ。どんな人でもまずはカニバリストなのではないのだろうか。

補章

（1）マルティン・ハイデッガー「『ヒューマニズム』に関する書簡」『ハイデッガー全集　第九巻　道標』辻村公一・ハルトムート・ブフナー訳、創文社、一九八五年、四二六―四二七を参照。

（2）マルセル・モース『贈与論』吉田禎吾・江川純一訳、ちくま学芸文庫、二〇〇九年、一一〇頁。

（3）同、三四頁。

（4）「超越論的なもの」や「可能性の条件」は、カントの批判哲学の遺産ともいうべきものであるが、さらに深められたかたちで、ハイデッガー、フーコー、デリダにも受け継がれている。しかし、近年隆盛を誇る思弁的実在論は、「超越論的なもの」に批判的である。カンタン・メイヤスーは、超越論的な主体による経験の根拠づけを相関主義と批判する。「超越論的なもの」による思考では、人類出現以前といった、人間の経験を越えたものを根拠づけることはできないのだ。相関主義を放棄した彼は、世界の絶対的偶然を肯定する。とはいえ、彼は数学をモデルにしてこの偶然を説明しようとしている。そこにあるのは、超越論的主体のない超越論的なものの可能性、あるいは相関主義に陥らないかたちでの超越論的なものの可能性ではないのか。メイヤスーは「相関主義」や「超越論的主体」を放棄しているとはいうものの、数学による説明において、「絶対的なもの」や「可能性の構造そのもの」の考えを提示している。少し乱暴な言い方になるが、これは「超越論的なもの」の考えを、カントとは正反対のかたちで実在論の内部で継承しているのではないのか（カンタン・メイヤスー『有限性の後で』千葉雅也・大橋完太郎・星野太訳、人文書院、二〇一六年）。一方、デリダの弟子のカトリーヌ・マラブーは、カント哲学のなかの「超越論的なもの」をテクストに沿って読み直しながら、哲学と生物学の関係についても、これまで哲学が一方的に生物学を根拠づけていたが、根拠づけが双方向的になり、知の相互貫入が生じ、これにより「超越論的なもの」は手つかずの純粋なものではなくなるが、現代生物学の知見を取り入れながら発展することができると指摘している（カトリーヌ・マラブー『明日の前に』平野徹訳、人文書院、二〇一八年）。メイヤスーの方向にしろ、マラブーの方向にしろ、「超越論的なもの」や「可能性の条件」の遺産は、そのままのかたちではなく、批判されたり、読み直されたりしながらも、深化し変容しながら、なおも継承されているように、僕には思われる。

(5) エマニュエル・レヴィナス『存在の彼方へ』合田正人訳、講談社学術文庫、一九九九年、四三頁。

(6) 同、二八一頁。

(7) 同、二八三頁（訳文を変更）。

(8) Marion, *Étant donné*. *op. cit.*, p. 368.

(9) マリオンに関しては、岩野『贈与の哲学』（前掲）を参照していただきたい。

(10) ジョルジュ・バタイユ「消費の概念」『バタイユ著作集　第六巻　呪われた部分』生田耕作訳、二見書房、一九七八年、二七五頁（訳文を変更）。

(11) ジークムント・フロイト「性理論のための3篇」渡邉俊之訳『フロイト全集　第六巻』岩波書店、二〇〇九年、二三八—二四〇頁、二五四—二五五頁。

(12) バタイユ前掲、二七五頁（訳文を変更）。

(13) 同、二七六頁（訳文を変更）。モース前掲、一六一頁。

あとがき

それにしても何とも恐れ多いタイトルをつけてしまった。

別にマルセル・モースの名著の向こうを張ったわけではない。あるいは、誰かそそっかしい人がネットで検索してモースの著作と間違えて購入することを狙ったわけでもない。ただ、素朴に贈与について考えていたら、自然とこのタイトルが浮かんできただけである。

しかし、タイトルをつけられた本の立場としては、ずいぶんと迷惑かもしれない。僕の近辺にも有名人と同姓同名の人がいるが、そのことでだいぶ居心地の悪い思いをしている。この本に人格があれば、さぞや肩身の狭い思いをしていることだろう。まあ、そうこう言ってもはじまらないから、タイトルの姓名判断に照らして、いい運勢を期待したい。

ジャンル的には、人類学の本ではない。贈与について考えた人類学者や哲学者のうちの何人かを取り上げて論じたものである。むしろ思想史のカテゴリーに分類されるだろう。ただ、個々の思想家を網羅的に論じる研究書とはいささか趣が異なる。というのも、それぞれの思想家のテクストから、こちらの関心に照らし合わせて、いくつかの部分を自由に論じたものだからである。僕が試みたかったことは、今日の社会や日常的な出来事を例に挙げながら、これらのテクストを読み直して、読者とともに贈与について考えていくことなのである。客観性と実証性を重んじる研究書から少しスタンスをずらしながら、アクチュアルなテーマとしての贈与を論じたかったのだ。

僕が贈与のテーマに取り組むようになったのは、ここ数年のことである。もちろん、バタイユを研究してきたし、マリオンのもとで博士論文を書いてきたこともあり、贈与についてまったく関心がなかったわけではない。ただ、贈与の重要性を頭でわかっていても、素直にそれを認めるのには抵抗があり、贈与を違う問題系のなかで処理しようという気持ちのほうが強かったのだ。そういったときに、贈与を贈与として考えるきっかけを与えてくれたのは、中沢新一さんである。それは、二〇一三年に明治大学「野生の科学研究所」での三回にわたるジャン゠リュック・マリオンの贈与の哲学についての講義を通してだった。贈与の現象学、デリダとマリオンとの対比、キリスト教について講義を行わせてもらい、講義自体はとても楽しかったのだが、中沢さんとの対話などを通して、僕自身の贈与の考えに社会性が欠落していることにあらためて気づかされた。その後、中沢さんの著作を読みかえしたりしながら、贈与の奥深さについて少しずつ知るようになった。新しい目を開かせてくれた中沢さんには心より感謝したい。

それからは幅が広がっていった。一方でモースの著作を読み直し、MAUSS（Mouvement anti-utilitariste dans les sciences sociales 社会科学における反功利主義運動）の社会学者たちの仕事にも接していき、もう一方で日本という文脈でも宮沢賢治や折口信夫などを贈与の視点から論じたりしていった。そんななか、白水社の雑誌『ふらんす』に一年間連載をしないかというお誘いがあった。それならば、と「新・呪われた部分　贈与に憑かれた思想家たち」のタイトルで書いたのが、本書の原形である。バタイユの「呪われた部分」を踏まえたタイトルのつもりだったが、よく見てみると、ホラー映画を連想させるようなおどろおどろしいタイトルではないか。それでも、タイトルの意味がよくわからないぶん読者の好奇心を掻き立てるのではないか、というのが編集部の見解だった。「けっこう大胆じゃん」と思いつつ、毎月原稿を編集長の丸山有美さんに送り、その都度送られてくる彼女からのさまざまなコメントを毎回楽しみにしていた。丸山さんにはいろいろとお世話になった。感謝の意をここで表したい。

連載は各回二三〇〇字程度のエセーだったので、書籍化するにあたりもうすこしふくらませて論文に近づけてもいいかなと思った。改稿するにあたって反省点もあり、少し時間はかかったが、かなり手を加えたので、書き下ろしに近いかたちになったと思う。その際、引用文はできる限り僕自身が訳すようにした。それはあくまで訳文どうしの統一と、地の文との統一のためである。もちろん、既訳のあるものは参照させていただいた。訳者の方々には感謝したい。序章から第11章までは『ふらんす』掲載原稿をふくらませたものであるが、終章は書き下ろしである。不十分かもしれないが、それまでの章の内容を踏まえながら、現在僕自身が贈与について考えていることをまとめたものである。補章は『ａｔプラス』に書いたレヴューであるが、注をひとつ書き加えた以外は軽微な修正にとどめている。補章ということもあり、できるだけそのとき書いたものを尊重したかったからである。

本書の構想から仕上げまで、青土社の赤羽健さんにお世話になった。書籍化に関する適切なアドヴァイスや書物に対する真摯な情熱には、本当に頭の下がる思いである。赤羽さんの力がなければ、本書は世に問えなかっただろう。心よりお礼を申し上げたい。

二〇一九年八月　岩野卓司

初出一覧

序章　「新・呪われた部分　贈与に憑かれた思想家たち　1　贈与のアクチュアリティ」『ふらんす』九〇巻第四号、二〇一五年四月

第1章　「新・呪われた部分　贈与に憑かれた思想家たち　2　マルセル・モース（1）贈与にはお返しを！」『ふらんす』九〇巻第五号、二〇一五年五月

第2章　「新・呪われた部分　贈与に憑かれた思想家たち　3　マルセル・モース（2）理想と危険」『ふらんす』九〇巻第六号、二〇一五年六月

第3章　「新・呪われた部分　贈与に憑かれた思想家たち　4　クロード・レヴィ＝ストロース（1）ワインとインセスト」『ふらんす』九〇巻第七号、二〇一五年七月

第4章　「新・呪われた部分　贈与に憑かれた思想家たち　5　クロード・レヴィ＝ストロース（2）クリスマスとハロウィン」『ふらんす』九〇巻第八号、二〇一五年八月

第5章　「新・呪われた部分　贈与に憑かれた思想家たち　6　ジョルジュ・バタイユ（1）贈与のスカトロジー」『ふらんす』九〇巻第九号、二〇一五年九月

第6章　「新・呪われた部分　贈与に憑かれた思想家たち　7　ジョルジュ・バタイユ（2）太陽の贈与」『ふらんす』九〇巻第一〇号、二〇一五年一〇月

第7章　「新・呪われた部分　贈与に憑かれた思想家たち　8　シモーヌ・ヴェイユ　愛の狂気」『ふらんす』九〇巻第一一号、二〇一五年一一月（「『死』と『破滅（カタストロフ）』をめぐって　『社会批評』の時代におけるバタイユとヴェイユの対立、そしてそのひとつの帰結」『水声通信』（三四号）、二〇一一年八月。それから「シモーヌ・ヴェイユの贈与と狂気」『別冊水声通信　シモーヌ・ヴェイユ』水声社、二〇一七年一二月によって補う）

第8章　「新・呪われた部分　贈与に憑かれた思想家たち　9　ジャック・デリダ（1）贈与は贈与でない⁉」『ふらんす』九〇巻第一二号、二〇一五年一二月

第9章　「新・呪われた部分　贈与に憑かれた思想家たち　10　ジャック・デリダ（2）死の贈与」『ふらんす』九一巻第一号、

二〇一六年一月

第10章 「新・呪われた部分　贈与に憑かれた思想家たち　11　ジャン＝リュック・マリオン（1）贈与を哲学すると？」『ふらんす』九一巻第二号、二〇一六年二月

第11章 「新・呪われた部分　贈与に憑かれた思想家たち　12　ジャン＝リュック・マリオン（2）贈与としての愛」『ふらんす』九一巻第三号、二〇一六年三月

終章 書き下ろし

補章 「『借りの哲学』補完計画」『ａｔプラス』二一号、太田出版、二〇一四年八月

参考文献

欧文文献

Auffret, D., *Alexandre Kojève. La philosophie, l'État, la fin de l'Histoire*, Grasset, 1990

Badiou, A. et Truong, N., *Éloge de l'amour*, Flammarion, 2009

Bataille, G., *L'anus solaire, Œuvres complètes*, I, Gallimard, 1979

———, « La notion de dépense », *Œuvres complètes*, I, Gallimard, 1979

———, « L'œil pinéal », *Œuvres complètes*, II, Gallimard, 1971

———, *Le petit, Œuvres complètes*, III, Gallimard, 1979

———, « La valeur d'usage de D.A.F. de Sade (1) », *Œuvres complètes*, II, Gallimard, 1971

———, *La Part maudite, Œuvres complètes*, VII, Gallimard, 1976

———, *Théorie de la religion, Œuvres complètes*,VII, Gallimard, 1976

———, «La victoire militaire et la banqueroute de la morale qui maudit», *Œuvres complètes*, XI, Gallimard, 1988

Benveniste, E., *Problèmes de linguistique générale*, 1, Gallimard, tel, 1985

———, *Problèmes de linguistique générale*, 2, Gallimard, tel, 1985

———, *Le vocabulaire des institutions indo-européennes 1. économie, parenté, société*, Les Éditions de Minuit, 1969

———, *Le vocabulaire des institutions indo-européennes 2. Pouvoir, droit, religion*, Les Éditions de Minuit, 1969

Blanchot, M. , *L'Entretien infini*, Gallimard, 1969

———, *La communauté inavouable*, Les Éditions de Minuit, 1983

Breton, A., « Second manifeste du surréalisme », *Œuvres complètes*, I, Gallimard, Bibliothèque de la pléiade, 1988

Caillé, A., *Critique de la raison utilitaire. Manifeste du MAUSS*, La Découverte, 2003

———, *Anthropologie du don*, La Découverte, 2010

———, *Anti-utilitarisme du don. Pour quoi ?*, Le bord de l'eau, 2014

Derrida, J., *La voix et le phénomène*, puf, Épiméthée, 1967

———, *De la Grammatologie*, Les Éditions de Minui, 1967
———, « La pharmacie de Platon », *La dissémination*, Éditions du Seuil, 1972,
———, *Positions*, Les Éditions de Minui, 1972
———, *Éperons. Les styles de Nietzsche*, Flammarion, Champs, 1978
———, *Donner le temps 1 la fausse monnaie*, Galilée, 1991
Derrida (J.), *Anne Dufourmantelle invite Jacques Derrida à répondre de l'hospitalité*, Calmann-Lévy, 1997
———, *Donner la mort*, Galilée, 1999
Descartes, R., *Œuvres philosophiques*, t.I, Classiques Garnier, 1976
———, *Œuvres philosophiques*, t.II, Classiques Garnier, 1983
Foucault, M., *La volonté de savoir, Histoire de la sexualité*, t.1 , Gallimrd, Tel, 1976
———, *L'usage des plaisirs ,Histoire de la sexualité*, t.2, Gallimard, Tel, 1984
———, *Le souci de soi, Histoire de la sexualité*, t.3, Gallimard, Tel, 1984
Eckehart (Meister), *Deutsche Predigten und Traktate*, herausgegeben und übersetzt von Josef Quint, München, Carl Hanser, 1963.
Fournier, M., *Marcel Mauss*, Fayard, 1994
Freud, S., » Vorlesungen zur Einführung in die Psychoanqlyse «, *Studienausgabe*, Bd. 1, Frankfurt am Main, S. Fischer, 1994
———, » Das Ich und das Es «, *Studienausgabe*, Bd. 3, Frankfurt am Main, S. Fischer, 1972
———, » Das ökonomische Problem des Masochismus «, *Studienausgabe*, Bd.3, S. Fischer Verlag, 1975
———, » Drei Abhandlungen zur Sexualtheorie «, *Studienausgabe*, Bd.5, Frankfurt am Main, S. Fischer, 1972
Graeber, D., *Debit. The first 5000 years*, Brooklyn/London, Merville House, 2011
Hegel, G.W.F., *Phänomenologie des Geistes*, Werke 3, Frankfurt am Main, Suhrkamp, 1970
Heidegger, M., *Sein und Zeit*, Gesamtausgabe, Bd.2, Frankfurt am Main, Vittorio Klostermann, 1976
———, » Brief über den » Humanismus « «, *Wegmarken, Gesamtausgabe*, Bd.9, Frankfurt am Main, Vittorio Klostermann, 1976
———, » Die Frage nach der Technik «, *Vorträge und Aufsätze, Gesamtausgabe*, Bd.7, Frankfurt am Main, Vittorio Klostermann, 1983
———, » Nachwort zu » Was ist Metaphysik? « «, *Wegmarken, Gesamtausgabe*, Bd.9, Frankfurt am Main, Vittorio Klostermann, 1976
Hénaff, M., *Le don des philosophes. Repenser la réciprocité*, Édition du Seuil, 2012
Hollier, D., « L'inénarrable. Les vases non-communicants », in Denis Hollier (éd), *Georges Bataille après tout*, Belin, 1995
Husserl, Ed., *Logische Untersuchungen*, II/1, Tübingen, Max Niemeyer, 1967

———, *Philosophie als strenge Wissenshaft*, Frankfurt am Main, Vittorio Klostermann, 1965
———, *Cartesianische Meditationen, Husserliana*, Bd.1, Haag, Martinus Nijhoff, 1973
Janicaud, D., *Le tournant théologique de la phénoménologie française*, Éditon de l'éclat, 1991
———, *Die Idee der Phänomenologie. Fünf Vorlesungen, Husserliana*, Bd.2, Haag, Martinus Nijoff, 1958
Godelier (M.), *L'énigme du don*, Flammarion, 2008
Kierkegaard, S., *Crainte et tremblement, Œuvres complètes*, t.V, tr. P.H. Tisseau et E.M. Jacquet-Tisseau, Éditions de l'Orante, 1972
Kojève, A., *Introduction à la lecture de Hegel*, Gallimard, 1976
Latouche, S., *Pour Sortir de la société de consommation*, Les Liens qui libèrent, 2010
———, *Le pari de la décroissance*, Pluriel, 2010
Leibniz, G.W., *Principes de la nature et de la grâce fondés en raison • Principes de la philosophie ou Monadologie*, PUF, 1954
Lévinas, E. , *Totalité et Infini. Essai sur l'extériorité*, Matinus Nihjof, 1961
———, *Autrement qu'être ou au-delà de l'essence*, Martinus Nijhoff, 1986
Lévi-Strauss, C., *Les strucrures élémentaires de la parenté*, Mouton, 1967
———, « Le Père Noël supplié », *Les Temps modernes*, no77, mars 1952
Malabou, C., *Avant demain. Epigenèse et rationalité*, PUF, 2014
Malraux, A., *La condition humaine, Œuvres complètes*, I, Gallimard, Bibliothèque de la pléiade, 1989
Marion, J.-L., *L'idole et la distance*, Grasset, 1977
———, *Étant donné. Essai d'une phénoménologie de la donation*, PUF, Quadrige, 1998
———, *Le phénomène érotique*, Grasset, 2003
———, *De surcroît*, PUF, Quadrige, 2010
———, *La rigueur des choses*, Flammarion, 2012
Mauss, M., *Essai sur le don*,PUF, Quatrige, 2012
———, *Œuvres 1. Les fonctions sociales du sacré*, Les Éditions de Minuit, 1968
———, *Œuvres 2. Représentaions collectives et diversité des civilisations*, Les Éditions de Minuit, 1969
———, *Œuvres 3. Cohésion sociale et divisions de la sociologie*, Les Éditions de Minuit, 1969
———, *Écrits politiques*, Fayard, 1997
Meillassoux, Q., *Après la finitude. Essai sur la nécessité de la contingence*, Éditions du Seuil, 2006

Merville, H., *Bartleby, the scrivener, Billy Budd, Bartleby and Other Stories*, Penguin Books, 2016
Migne, J.-P., (éd), *Patrologiae Graecae*, t.III, 1857
Nancy, J.-L., *La communauté désœuvrée*, Christian bourgeois, 1986
———, *Je t'aime, un peu, beaucoup, passionnément... Petite conférence sur l'amour*, Bayard, 2008
Nietzsche, F., *Jenseits von Gut und Böse, Kritische Studienausgabe*, München, Deutscher Taschenbuch Verlag; Berlin/New York, Walter de Gruyter, 1988
Pascal, B., *Pensées, Œuvres complètes*, Gallimard, Bibliothèque de la pléiade, 1954
Perroux, F., *Le Plan Marshall ou l'Europe nécessaire au monde*, Librairie de Médicis, 1948
Peeters, B., *Derrida*, Flammarion, 2010
Pétrement, S., *La vie de Simone Weil*, Fayard, 1973
Piketty, T., *Le caital au XXIème siècle*, Éditions du Seuil, 2013.
Platon, *Le Banquet*, Texte et Traduction, Les belles lettres, 1999
Proust, M., *À la recherche du temps perdu*, III, Gallimard, Bibliothèque de la pléiade, 1988
———, *À la recherche du temps perdu*, IV, Gallimard, Bibliothèque de la pléiade, 1989
Pseudo-Denys l'Aréopagite, *Œuvres complètes*, Traduction, commentaire et notes par Maurice de Gandillac, Aubier, Bibliothèque philosophique, 1980
Sahlins , M., *Stone Age Economics*, Routledge, 1988
Sarthou-Lajus, N., *Éloge de la dette*, PUF, 2012
Thomae Aquinatis, *Summa theologiae*, I, Madrid, Bibliotteca de Autores cristianos, 1951
Weil, S., « À propos de la « La Condition humaine » », *Œuvres complètes*, II*, Gallimard, 1988
———, « Dieu dans Platon », *La source grecque*, Gallimard, 1953
———, « Lettres à Maurice Schumann », *Écrits de Londres et dernières lettres*, Gallimard, 1957
———, « Luttons-nous pour la justice ? », *Écrits de Londres et dernières lettres*, Gallimard, 1957
———, « La personne et le sacré », *Écrits de Londres et dernières lettres*, Gallimard, 1957
———, « Lettres à ses parents », *Écrits de Londres et dernières lettres*, Gallimard, 1957
———, *L'Enracinement, Œuvres complètes*, V, Gallimard, 2013
———, *Cahiers IV, Œuvres complètes*, VI, Gallimard, 2002

Weiner A., *Inalienable possessions: the paradox of keeping-while-giving*, University of California Press, 1992

邦訳文献

ヴァルテール、フィリップ『中世の祝祭　伝説・神話・起源』渡邉浩司・渡邉裕美子訳、原書房、二〇〇七年
ヴェイユ、シモーヌ『重力と恩寵』冨原眞弓訳、岩波文庫、二〇一七年
――『ギリシアの泉』みすず書房、一九九八年
――『ロンドン論集とさいごの手紙』田辺保・杉山毅訳、勁草書房、二〇〇九年
――『根をもつこと（上・下）』冨原眞弓訳、岩波文庫、二〇一〇年
『別冊水声通信　シモーヌ・ヴェイユ』水声社、二〇一七年
『エックハルト説教集』田島照久編訳、岩波文庫、一九九〇年
オットー、ルドルフ『聖なるもの』久松英二訳、岩波文庫、二〇一〇年
カイエ、アラン『功利的理性批判　民主主義・贈与・共同体』藤岡俊博訳、以文社、二〇一一年
キエルケゴール、ゼーレン「畏れとおののき」尾崎和彦訳『キェルケゴール著作全集　3（上）』、創言社、二〇一〇年
グレーバー、デヴィッド『資本主義後の世界のために　新しいアナーキズムの視座』高祖岩三郎訳、以文社、二〇〇九年
――『負債論　貨幣と暴力の五〇〇〇年』、酒井隆史監訳、高祖岩三郎・佐々木夏子訳、以文社、二〇一六年
クライン、メラニー「躁うつ状態の心因論に関する寄与」『著作集3』西園昌久・牛島定信編訳、誠信書房、一九八三年
――「離乳」『著作集3』西園昌久・牛島定信編訳、誠信書房、一九八三年、
クロポトキン、ピョートル『相互扶助論』大杉栄訳、同時代社、二〇一七年
――『相互扶助再論』大窪一志訳、同時代社、二〇一二年
サイード、エドワード・W『オリエンタリズム』板垣雄三・杉田秀明監修、今沢紀子訳、平凡社ライブラリー、二〇〇一年
サーリンズ、マーシャル『石器時代の経済学』山内昶訳、法政大学出版局、二〇一二年
サルトゥー＝ラジュ、ナタリー『借りの哲学』高野優監訳、小林重裕訳、太田出版、二〇一四年
――「借りとは何か」小林重裕訳『ａｔプラス』二〇号、二〇一四年五月
ジャニコー、ドミニク『現代フランス現象学　その神学的転回』北村晋・阿部文彦・本郷均訳、文化書房博文社、一九九四年
シンガー、ピーター『動物の解放』戸田清訳、人文書院、二〇一一年
『聖書』新共同訳、日本聖書協会、一九八七年
ソポクレース『アンチゴネー』呉茂一訳、岩波文庫、一九六一年

ディオニュシオス・ホ・アレオパギテース「神名論」「神秘神学」熊田陽一郎訳『キリスト教神秘主義著作集　第一巻』教文館、一九九二年
デカルト、ルネ『方法序説』山田弘明訳、ちくま学芸文庫、山田弘明訳、二〇一〇年
――『省察』山田弘明訳、ちくま学芸文庫、山田弘明訳、二〇〇六年
デリダ、ジャック『声と現象』林好雄訳、ちくま学芸文庫、二〇〇五年
――『他者の言語　デリダの日本講演』高橋允昭編訳、法政大学出版局、一九八九年
――『尖筆とエクリチュール』白井健三郎訳、朝日出版、一九七九年
――『死を与える』廣瀬浩司・林好雄訳、ちくま学芸文庫、二〇〇四年
トマス・アクィナス『神学大全』山田晶訳、中央公論社、中公バックス、一九八七年
ナタスディ、ポール「動物に潜む贈与　人と動物の社会性と狩猟の存在論」近藤祉秋訳、奥野克己・山口未花子・近藤祉秋共編『人と動物の人類学』所収、春風社、二〇一二年
ナンシー、ジャン＝リュック『恋愛について』メランベルジェ眞紀訳、新評論、二〇〇九年
――『無為の共同体　哲学を問い直す分有の思考』西谷修・安原伸一朗訳、以文社、二〇〇一年
ニーチェ、フリードリッヒ『全集　第二巻（第Ⅱ期）善悪の彼岸』吉村博次訳、白水社、一九八三年
ハイデッガー、マルティン『存在と時間』原佑・渡辺二郎訳、中央公論社、一九八〇年
――『全集　第二巻　有と時』辻村公一・ハルトムート・ブフナー訳、創文社、一九八五年
――『全集　第九巻　道標』辻村公一・ハルトムート・ブフナー訳、創文社、一九八五年
バタイユ、ジョルジュ『バタイユ作品集　マダム・エドワルダ　死者　眼球譚　他二編』生田耕作訳、角川文庫、一九七六年
――『眼球譚〔初稿〕』生田耕作訳、河出文庫、二〇〇三年
――『バタイユ著作集　第一巻　眼球譚』生田耕作訳、二見書房、一九七一年
――『太陽肛門』酒井健訳、景文館書店、二〇一八年
――『異質学の試み　バタイユ・マテリアリストⅠ』吉田裕訳著、書肆山田、二〇〇一年
――『バタイユ著作集　第六巻　呪われた部分』生田耕作訳、二見書房、一九七八年
――『呪われた部分　全般経済学試論』酒井健訳、ちくま学芸文庫、二〇一八年
――『宗教の理論』湯浅博雄訳、ちくま学芸文庫、二〇〇二年
――「呪詛する道徳の軍事的勝利と破綻」『バタイユ著作集　第十二巻』山本功・古谷健三訳、二見書房、一九七九年
パスカル、ブレーズ『パンセ』前田陽一・由木康訳、中公文庫、一九七三年

――『パンセ（中）』塩川徹也訳、岩波文庫、二〇一五年
バンヴェニスト、エミール『一般言語学の諸問題』岸本通夫監訳、みすず書房、一九八三年
――『言語と主体　一般言語学の諸問題』阿部宏・前島和也・川島浩一郎訳、岩波書店、二〇一三年
――『インド＝ヨーロッパ諸制度語彙集１経済・親族・社会』前田耕作・蔵持不三也訳、言叢社、一九九九年
――『インド＝ヨーロッパ諸制度語彙集２王権・法・宗教』前田耕作・蔵持不三也訳、言叢社、一九八七年
ピケティ、トマ『21世紀の資本』山形浩生・守岡桜・森本正史訳、みすず書房、二〇一四年
フーコー、ミシェル『知への意志　性の歴史１』渡辺守章訳、新潮社、一九八六年
――『快楽の活用　性の歴史２』田村俶訳、新潮社、一九八六年
――『自己への配慮　性の歴史３』田村俶訳、新潮社、一九八七年
フッサール、エドムンド「厳密な学としての哲学」小池稔訳『世界の名著62　ブレンターノ　フッサール』中央公論社、一九八〇年
――『デカルト的省察』浜渦辰二訳、岩波文庫、二〇〇一年
プラトン「饗宴」『全集５』鈴木照雄訳、岩波書店、一九七四年
ブランショ、モーリス「断言（欲望、不幸）」岩野卓司訳『終わりなき対話　Ⅱ限界‐経験』筑摩書房、二〇一七年
――『明かしえぬ共同体』西谷修訳、ちくま学芸文庫、一九九七年
プルースト、マルセル『ソドムとゴモラⅠ　失われた時を求めて７』鈴木道彦訳、集英社文庫ヘリテージシリーズ、二〇〇六年
――『ソドムとゴモラⅡ　失われた時を求めて８』鈴木道彦訳、集英社文庫ヘリテージシリーズ、二〇〇六年
――『囚われの女Ⅰ　失われた時を求めて９』鈴木道彦訳、集英社文庫ヘリテージシリーズ、二〇〇七年
――『囚われの女Ⅱ　失われた時を求めて10』鈴木道彦訳、集英社文庫ヘリテージシリーズ、二〇〇七年
――『逃げ去る女　失われた時を求めて11』鈴木道彦訳、集英社文庫ヘリテージシリーズ、二〇〇七年
ブルトン、アンドレ『シュルレアリスム宣言集』森本和夫訳、現代思潮社、一九八二年
フロイト、ジークムント「性理論のための三篇」渡邊俊之訳『全集　第六巻』岩波書店、二〇〇九年
ヘーゲル、G・W・F「精神現象学　序論」山本信訳『世界の名著　第44巻　ヘーゲル』中公バックス、一九七八年
――『精神現象学』長谷川宏訳、作品社、一九九八年
ペータース、ブノワ『デリダ伝』原宏之・大森晋輔訳、白水社、二〇一四年
ペトルマン、シモーヌ『評伝シモーヌ・ヴェイユ（Ⅰ・Ⅱ）』杉山毅・田辺保訳、勁草書房、一九七八年

マラブー、カトリーヌ『明日の前に』平野徹訳、人文書院、二〇一八年
マルロー、アンドレ「人間の条件」小松清・新庄嘉章訳、『現代世界文学全集　第二十三巻』新潮社、一九五三年
メイヤスー、カンタン『有限性の後で』千葉雅也・大橋完太郎・星野太訳、人文書院、二〇一六年
メルヴィル、ハーマン『バートルビー／漂流船』牧野有通訳、光文社、二〇一五年
モース、マルセル『贈与論』吉田禎吾・江川純一訳、ちくま学芸文庫、二〇〇九年。
――『贈与論　他二編』森山工訳、岩波文庫、二〇一四年
――『国民論』森山工訳、岩波文庫、二〇一八年
ラトゥーシュ、セルジュ『経済成長なき社会発展は可能か？〈脱成長〉と〈ポスト開発〉の経済学』中野佳裕訳、作品社、二〇一〇年
――『〈脱成長〉は世界を変えられるか？　贈与・幸福・自律の新たな社会へ』中野佳裕訳、作品社、二〇一三年
レヴィ＝ストロース、クロード『親族の基本構造』福井和美訳、青弓社、二〇〇一年
――『火あぶりにされたサンタクロース』中沢新一訳、角川書店、二〇一六年
レヴィナス、エマニュエル『全体性と無限』（上）熊野純彦訳、岩波文庫、二〇〇五年
――『全体性と無限』（下）熊野純彦訳、岩波文庫、二〇〇六年
――『存在の彼方へ』合田正人訳、講談社学術文庫、一九九九年

その他文献

赤羽悠「「国民」と社会的現実　マルセル・モース」宇野重規・伊達聖伸・高山裕二編『共和国か宗教か、それとも　十九世紀フランスの光と闇』白水社、二〇一五年
伊藤幹治『贈与交換の人類学』筑摩書房、一九九五年
井上智洋『人工知能と経済の未来　二〇三〇年雇用の大崩壊』文春新書、二〇一六年
伊原木大祐「キリストの現象について　ミシェル・アンリとジャン＝リュック・マリオン」『宗教学研究室紀要』一三号、京都大学宗教学研究室、二〇一六年
今村薫『砂漠に生きる女たち　カラハリ狩猟採取民の日常と儀礼』どうぶつ社、二〇一〇年
今村仁司『暴力のオントロギー』勁草書房、一九八二年
――『交易する人間』講談社学術文庫、二〇一六年
煎本孝『アイヌの熊祭り』雄山閣、二〇一〇年

岩田有史・田島知之「贈与以前　ヒト科類人猿の食物分配」岸上伸啓編『贈与論再考　人間はなぜ他者に与えるのか』臨川書店、二〇一六年
岩野卓司『ジョルジュ・バタイユ　神秘経験をめぐる思想の限界と新たな可能性』水声社、二〇一〇年
――「「真面目な」バタイユ　バタイユからデリダへの「継承」について」『言語と文化』(10)、法政大学　言語・文化センター、二〇一三年二月
――『贈与の哲学　ジャン＝リュック・マリオンの思想』明治大学出版会、二〇一四年
――編『共にあることの哲学』書肆心水、二〇一六年
――編『共にあることの哲学と現実』書肆心水、二〇一七年
金森修『動物に魂はあるのか　生命を見つめる哲学』中公新書、二〇一二年
柄谷行人『帝国の構造　周辺・中心・亜周辺』青土社、二〇一四年
――『世界史の構造』岩波現代文庫、二〇一五年
――『憲法の無意識』岩波新書、二〇一六年
熊田陽一郎『美と光　西欧思想史における光の考察』国文社、一九八六年
郷原佳以「近い他者　遠い他者　デリダと文学的想像力」『早稲田文学』二〇一五年夏号
鈴木順子『シモーヌ・ヴェイユ『犠牲』の思想』藤原書店、二〇一二年
瀬川拓郎『アイヌと縄文』ちくま新書、二〇一六年
――『縄文の思想』講談社現代新書、二〇一七年
関根小織『レヴィナスと現われないものの現象学』晃洋書房、二〇〇七年
菅原和孝『動物の境界　現象学から展成の自然誌へ』弘文堂、二〇一七年
冨原眞弓『シモーヌ・ヴェイユ』岩波書店、二〇一二年
寺嶋秀明『平等論　霊長類と人における社会と平等性の進化』ナカニシヤ出版、二〇一一年
永井晋『現象学の転回　「顕現しないもの」に向けて』知泉書館、二〇〇七年
中沢新一『純粋な自然の贈与』講談社学術文庫、二〇〇九年
――『カイエ・ソバージュ』講談社、二〇一〇年
――『日本の大転換』集英社新書、二〇一一年
――『野生の科学』講談社、二〇一二年
――『レヴィ＝ストロース『野生の思考』(NHKテキスト100分de名著)』NHK出版、二〇一六年

人名索引

あ行
アガサンスキー、シルヴィアヌ　180
アビラのテレサ　95, 242
アラン　108-9
アリストテレス　119-20, 132, 148, 192
アリストパネス　221-2
アルチュセール、ルイ　56
アロン、レイモン　100
アンジェラ・ダ・フォリーニョ　95
アンチゴネー　125-6, 179-80
アンリ、ミシェル　291, 310, 312
イエス・キリスト　10, 16, 58-9, 77, 106, 112, 118, 123, 125-6, 173-4, 309, 311
井上智洋　297
伊原木大祐　312
今村薫　318
今村仁司　299, 306
煎本孝　317
ヴェイユ、エリック　100
ヴェイユ、シモーヌ　105-19, 121-6, 252, 254, 305-6
ウェーバー、マックス　87
エックハルト、マイスター　241-2
エッシャー、マウリッツ　135
オットー、ルドルフ　165
折口信夫　56

か行
カイエ、アラン　15, 17, 278-9
カイヨワ、ロジェ　100
金森修　316
カミュ、アルベール　106-7, 305
亀井大輔　308
柄谷行人　16-8, 297-8, 309
カント、イマヌエル　132, 208, 211, 256, 282, 319
キルケゴール、ゼーレン　165, 168-9, 175-6, 179
クノー、レイモン　100, 110
グレーバー、デヴィッド　266-9, 274, 276, 317-8
熊田陽一郎　316
クライン、メラニー　270, 319
クロポトキン、ピョートル　318
ゲーデル、クルト　135
郷原佳以　309
コジェーヴ、アレクサンドル　100-1
ゴドリエ、モーリス　188, 299

さ行
サーリンズ、マーシャル　188, 298
サイード、エドワード・W　34, 300
サッフォー　220
サルトゥー＝ラジュ、ナタリー　266, 270, 279-88, 290, 292, 295, 297-8, 317
サルトル、ジャン＝ポール　56, 189, 193, 250
ジャニコー、ドミニク　310
十字架のヨハネ　95, 123, 241-2
蒋介石　113
ジョレス、ジャン　32
スヴァーリン、ボリス　109
鈴木順子　306
スターリン、ヨシフ　87, 113, 161
スピノザ、バルーフ・デ　222
聖ニコラウス　59-62
関根小織　310
ソクラテス　137, 192, 221-2

た行
ディオニュシオス・ホ・アレオパギテース　95, 123, 241-2, 314-6

デカルト、ルネ　98, 132-3, 192, 211, 222-3, 227, 230, 250, 256-7, 291, 316
デリダ、ジャック　41-2, 130-45, 147, 149-55, 162, 164-6, 168-71, 173-85, 188-9, 192-3, 252, 254, 271, 278, 282-3, 288, 291, 298-9, 308-10, 314-5, 317, 319
ド・ゴール、シャルル　106, 116
ドゥルーズ、ジル　206
トマス・アクィナス　241, 316
トルーマン、ハリー・S　92, 96-8

な行

永井晋　310
中沢新一　17-8, 56, 101, 248, 279, 298, 301-3, 305
中村安希　297
ナタスディ、ポール　258, 260-1, 317
ナンシー、ジャン＝リュック　220, 268
ニーチェ、フリードリッヒ　85, 119, 158, 192, 224, 279, 292, 308, 314
仁平典宏　297

は行

ハイデッガー、マルティン　9, 119, 133-4, 148, 188-93, 204-8, 213-6, 229, 249, 278, 283-4, 288, 291, 298, 302, 308, 310, 313, 319
パスカル、ブレーズ　113, 161
バタイユ、ジョルジュ　8, 18, 70-82, 84, 86-102, 106-16, 122, 149, 154, 158, 188, 252, 254, 268-9, 271, 275-6, 292-4, 297, 305-6, 317, 320
バディウ、アラン　220
パトチュカ、ヤン　166
バルト、ロラン　56
バンヴェニスト、エミール　32, 41-2
ピカソ、パブロ　210
ピケティ、トマ　14
ヒトラー、アドルフ　118-9
平川克美　265-6, 267, 317-8
廣瀬浩司　309
フーコー、ミシェル　56, 189, 220, 319
藤岡俊博　308
フッサール、エドムンド　133, 193-4, 196, 202-8, 211, 215-6, 229, 256, 291, 312
プラトン　42, 134, 192, 221-2
ブランショ、モーリス　106-7, 124, 130-1, 189, 268, 305
プルースト、マルセル　210, 231, 315
ブルトン、アンドレ　113
フロイト、ジークムント　48, 81, 96, 105, 146, 170, 221, 270, 287, 293, 303-4, 307, 320
ヘーゲル、G・W・F　100, 148, 180, 224, 226, 256
ペトルマン、シモーヌ　108-9, 114-6
ペルー、フランソワ　93-4
ベンサム、ジュレミ　316
ホフスタッター、ダグラス　135

ま行

マーシャル、ジョージ　93, 96-8
マラブー、カトリーヌ　319
マリオン、ジャン＝リュック　104, 193, 195-6, 198-212, 214-6, 218, 225-7, 229-30, 232-3, 235-43, 248-9, 252, 254, 271, 278, 293, 288, 291, 298, 310-6, 320
マリノフスキー、ブロニスワフ　266
マルクス、カール　15, 23, 101, 106, 112, 117, 122, 274
マルロー、アンドレ　110, 113-5
宮﨑裕助　280, 282-3, 287, 291, 296
宮沢賢治　248
メイヤスー、カンタン　319
メルヴィル、ハーマン　169, 309

メルロ＝ポンティ、モーリス　100, 189, 193, 215, 310
モース、マルセル　9, 17-8, 20-5, 27-9, 32-42, 51, 53, 80, 86, 122, 142, 148-54, 158-9, 171, 188, 195, 197, 200, 248-54, 257, 261, 266, 269, 271-2, 274, 278, 282-3, 285-6, 292, 294-5, 298-300, 302, 308, 317-20
モンテーニュ、ミシェル・ド　316

や行

矢野智司　280-1, 283, 287, 291, 296
山崎吾郎　297
山藤章二　140

ら行

ライプニッツ、G・W　237
ラカン、ジャック　56, 100, 189, 287
ラトゥーシュ、セルジュ　16-7
ルリア、イツハク　124
レヴィ＝ストロース、クロード　44, 46-53, 56-7, 61, 63-6, 140, 142, 148, 188, 195, 200, 250-3, 269, 286, 301-2
レヴィナス、エマニュエル　106-7, 189, 193, 213-5, 278, 283, 288-91, 298, 305, 308, 310, 313, 320
レーニン、ウラジーミル　274
レリス、ミシェル　110

わ行

ワイナー、アネット　299

仲正昌樹『〈ジャック・デリダ〉入門講義』作品社、二〇一六年
中村安希『N女の研究』フィルムアート社、二〇一六年
西田利貞『新・動物の「食」に学ぶ』京都大学学術出版会、二〇〇八年
西田利貞・保坂和彦「霊長類における食物分配」西田利貞編『ホモニゼーション　講座・生態人類学8』京都大学学術出版会、二〇〇一年
仁平典宏『「ボランティア」の誕生と終焉　〈贈与のパラドックス〉の知識社会学』名古屋大学出版会、二〇一一年
原田泰『ベーシック・インカム　国家は貧困問題を解決できるか』中公新書、二〇一五年
平川克美「介護の経験と贈与論」『現代思想　特集＊老後崩壊』二〇一六年二月
――『21世紀の楕円幻想論』ミシマ社、二〇一八年
藤岡俊博「待期の贈与　モース・デリダ・レヴィナス」、齋藤元紀・澤田直・渡名喜庸哲・西山雄二編『終わりなきデリダ』法政大学出版局、二〇一六年
宮﨑裕助「「借りの礼賛」と贈与の出来事」『atプラス』二〇号、二〇一四年五月
モース研究会『マルセル・モースの世界』平凡社新書、二〇一一年
矢野智司「負債の教育と贈与の教育」『atプラス』二〇号、二〇一四年五月
山崎吾郎『臓器移植の人類学　身体の贈与と情動の経済』世界思想社、二〇一五年
山森亮『ベーシック・インカム入門　無条件給付の基本所得を考える』光文社新書、二〇〇九年
渡辺公三『闘うレヴィ＝ストロース』平凡社新書、二〇〇九年

著者　岩野卓司（いわの・たくじ）

パリ第4大学哲学科博士課程修了。現在、明治大学大学院教養デザイン研究科長・教授。専門は思想史。パリ大学でジャン゠リュック・マリオンに師事する。博士論文の題目は「ジョルジュ・バタイユにおける経験と神性」。留学時代はパリの屋根裏部屋で貧乏生活をしていた。1987年から1998年まで海外にいたため、ニュー・アカデミズム終息後の日本では右も左もわからない浦島太郎となって帰国。2013年、野生の科学研究所での講義をきっかけに「贈与」についてめざめ、現代社会に生じる諸問題に哲学がどのように応答できるかを真面目すぎるほどに考えている。著書に『贈与の哲学　ジャン゠リュック・マリオンの思想』（明治大学出版会、2014）、訳書にドゥニ・オリエ『ジョルジュ・バタイユの反建築　コンコルド広場占拠』（共訳、水声社、2015）などがある。

贈与論

資本主義を突き抜けるための哲学

2019年9月30日　第1刷発行
2024年7月10日　第5刷発行

著者——岩野卓司

発行人——清水一人
発行所——青土社
〒101-0051　東京都千代田区神田神保町1-29　市瀬ビル
［電話］03-3291-9831（編集）　03-3294-7829（営業）
［振替］00190-7-192955

印刷・製本——シナノ印刷

装幀——菊地信義

Printed in Japan
ISBN978-4-7917-7213-1　C0010